马克思主义新闻观
教育统编教材

丛书主编　李昌文
常　庆

新闻理论

主　编　戴俊潭　王淑芹
副主编　王殿英　杜明艳

图书在版编目(CIP)数据

新闻理论 / 戴俊潭，王淑芹主编. —济南：山东大学出版社，2022.5

马克思主义新闻观教育统编教材 / 李昌文，常庆主编

ISBN 978-7-5607-7435-0

Ⅰ.①新… Ⅱ.①戴… ②王… Ⅲ.①新闻学—教材 Ⅳ.①G210

中国版本图书馆 CIP 数据核字(2022)第 065536 号

策划编辑　滕希功
责任编辑　刘森文
文案编辑　朱若翌
封面设计　张　荔

出版发行　山东大学出版社
社　　址　山东省济南市山大南路 20 号
邮政编码　250100
发行热线　(0531)88363008
经　　销　新华书店
印　　刷　山东和平商务有限公司
规　　格　720 毫米×1000 毫米　1/16
　　　　　17.5 印张　323 千字
版　　次　2022 年 5 月第 1 版
印　　次　2022 年 5 月第 1 次印刷
定　　价　46.00 元

前言

伟大的时代产生伟大的理论，伟大的理论引领时代的发展。“一个民族要想站在科学的最高峰，就一刻也不能没有理论思维。”①习近平总书记指出：“只有聆听时代的声音，回应时代的呼唤，认真研究解决重大而紧迫的问题，才能真正把握住历史脉络、找到发展规律，推动理论创新。”②新闻理论以新闻传播活动为研究对象，着重研究新闻传播的基本概念、基本原理和基本规律，探讨新闻事业与社会生活的关系，研究新闻工作的基本原则、新闻事业管理和新闻队伍建设等基本问题。它是新闻学专业学生必备的知识，在新闻传播学学科体系中起着统领作用。

一、教材编写的时代背景

新闻学作为一门实践性极强的学科，其理论来源于媒体实践，随媒体实践发展而发展。当前，随着国内形势的深刻变化、国际格局的深刻调整以及传播格局的深刻变革，党的新闻舆论工作面临新课题、新挑战、新使命与新要求。面对新的实践变化、技术演化与理论深化，作为新闻学专业学生的理论教材，也需要与时俱进、发展创新。

（一）习近平新闻舆论观为新闻理论的研究与教学提供了根本遵循

作为习近平新时代中国特色社会主义思想的重要组成部分，习近平新闻舆论观继承了马克思主义经典作家关于新闻舆论工作的思想精髓，总结了我们党在革命、建设、改革各个历史时期运用新闻舆论武器传播真理、动

---

① 《马克思恩格斯选集》第 3 卷，人民出版社 2012 年版，第 875 页。

② 习近平：《在哲学社会科学工作座谈会上的讲话》，人民出版社 2016 年版，第 14 页。

员群众、夺取胜利的宝贵经验，立足时代发展大势，顺应世界前进潮流，把握媒体变革趋势，作出新的判断、新的概括、新的阐述、新的升华，标志着我们党对新闻舆论工作的理论认识和实践探索达到了新高度。①

习近平新闻舆论观对新闻舆论工作作出了一系列系统深入的理论阐述和高瞻远瞩的战略部署，深刻指出了新闻舆论工作的地位作用、职责使命、任务要求、根本保证。② 它丰富和发展了马克思主义新闻观，是马克思主义新闻观的最新成果；它明确了新闻舆论工作的地位和职责使命，是进行伟大斗争、建设伟大工程、推进伟大事业、实现伟大梦想的重要保证；它明确了党的新闻事业发展的任务书和路线图，是做好新形势下新闻舆论工作的行动纲领；它贯穿马克思主义立场、观点、方法，是新闻舆论战线履职尽责的方法论宝库。作为新时代的新闻学专业学生，要“讲好中国故事，传播好中国声音”，必须对这些思想“入耳、入脑、入心”，并转化为自觉的行动。

（二）国内外形势的深刻变化为新闻理论的创新与发展提供了社会基础

从国内形势来看，中国特色社会主义进入新时代，我国社会主要矛盾已经转化为人民日益增长的美好生活需要和不平衡不充分的发展之间的矛盾。这一关系全局的历史性变化，对党和国家工作提出了许多新要求。党的十八大以来，以习近平同志为核心的党中央领导全党全国人民取得了一系列全方位、开创性的辉煌成就，如何宣传好党的理论和路线方针政策，宣传好党中央的重大决策部署，统一全党全国人民的思想和行动，增强对中国特色社会主义的道路自信、理论自信、制度自信、文化自信，是党的新闻舆论工作者义不容辞的职责使命。同时也要看到，中国特色社会主义进入新时代，我们仍面临各种长期、复杂、严峻的考验，特别是各种社会矛盾相互叠加、集中呈现，意识形态领域斗争依然复杂。如何更好地在多元中立主导、在多样中谋共识、在多变中定方向，更好地引导舆论、凝聚共识、鼓舞士气、汇聚力量，是新闻舆论工作必须回答好的时代命题。③

从国际格局来看，当今世界正处于“百年未有之大变局”，随着我国综合国力和国际地位的不断提升，中国已经站在世界的聚光灯下。加快形成与我国综合国力和国际地位相适应的国际传播能力，把国家发展优势转化为

① 参见习近平：《习近平新闻舆论思想要论》，新华出版社 2017 年版，序言第 2 页。

② 参见习近平：《习近平新闻舆论思想要论》，新华出版社 2017 年版，第 10 页。

③ 参见习近平：《习近平新闻舆论思想要论》，新华出版社 2017 年版，第 6 页。

话语优势，有效提升中国话语的国际影响力，用融通中外的话语体系讲好中国故事、发出中国声音、阐释中国特色，让全世界都能听到并听清中国声音，是新闻舆论工作必须承担的历史重任。当然，我们也必须清醒地认识到，随着不同制度模式和发展道路之间的博弈加剧、国际格局和国际秩序的加速调整演变，我国与外部世界在交往融合日趋演化的同时，各种摩擦更加频繁，国际舆论斗争更加激烈。对此，新闻舆论工作必须积极作为，努力争夺国际话语权，逐步改变“西强我弱”的国际舆论格局，在国际重大事务中更加有效地表达中国立场、阐述中国主张、提出中国方案，更好地维护中国的国际形象和国家利益，为中国走近世界舞台中央提供强大的舆论支持。①

（三）传播格局的深刻变革为新闻理论的更新与迭代提供了技术条件

当今传媒领域，舆论环境、媒体格局、传播方式正发生着深刻变革。云计算、大数据、物联网、人工智能等新技术引发的新一轮科技革命和产业变革，使信息传播方式发生了前所未有的巨变。传媒业界限消融，呈现出跨行业、全链条、全时空等竞争态势。传统媒体举步维艰，生存和发展面临巨大挑战；新媒体狂飙突进，覆盖面、影响力不断扩大，传媒格局面临全面重构。

在社交网络、互联网和移动革命交互叠加产生的“三重革命”背景下，信息传播方式日益呈现移动化、智能化、个性化、数据化趋势，新媒体的“新移民”日增，而旧媒体的“原住民”日减，“网络化个人”(Networked Individuals)使舆论的形成与扩散机制发生重大变化，国际与国内、线上与线下、虚拟与现实等界限愈发模糊，构成了更为复杂的舆论场，新媒体日益成为舆论斗争的主战场，以主流声音引领社会舆论的难度越来越大。如何适应传媒格局新变革和舆论生态新变化，高度重视传播手段建设和创新，有效占领新旧媒体的舆论阵地，抢占信息传播制高点，构建舆论引导新格局，提高新闻舆论传播力、引导力、影响力、公信力，既是新闻舆论工作面临的重大课题②，也是新时代新闻理论研究的重要命题。

二、本教材的特色

本书坚持以马克思主义新闻观为指导，在继承国内外相关新闻理论研究成果的基础上，结合中国国情与传媒业界的新实践、新探索，力求凸显中

① 参见习近平：《习近平新闻舆论思想要论》，新华出版社 2017 年版，第 8 页。
② 参见习近平：《习近平新闻舆论思想要论》，新华出版社 2017 年版，第 8～9 页。

国特色、中国风格、中国气派，在教材理念、内容编写与形式上具有以下明显特色。

（一）坚持习近平新时代中国特色社会主义思想，帮助学生牢固树立马克思主义新闻观

习近平新时代中国特色社会主义思想，是对马克思列宁主义、毛泽东思想、邓小平理论、“三个代表”重要思想、科学发展观的继承和发展，是马克思主义中国化最新成果，是党和人民实践经验和集体智慧的结晶，是中国特色社会主义理论体系的重要组成部分，是全党全国人民为实现中华民族伟大复兴而奋斗的行动指南。

马克思主义新闻观是马克思主义对新闻现象和新闻传播活动的总的看法和规律性认识，是马克思主义关于无产阶级及其政党新闻事业和社会主义新闻事业根本性质、工作原则及运行规律的一系列基本观点和理论，是经过历史和实践反复检验的科学真理。习近平新闻舆论观蕴含着唯物辩证的思维方法、实事求是的思想路线、与时俱进的理论品格、赤诚真挚的为民情怀、务实担当的实践要求，具有鲜明的中国特色、时代特征和战斗精神。党的新闻舆论工作者必须坚持马克思主义新闻观，将习近平新闻舆论观融入新闻事业和传播实践中，才能真正成为党的政策主张的传播者、时代风云的记录者、社会进步的推动者、公平正义的守望者。

2016年，习近平总书记在党的新闻舆论工作座谈会上强调，党的新闻舆论工作要“牢牢坚持党性原则，牢牢坚持马克思主义新闻观，牢牢坚持正确舆论导向，牢牢坚持正面宣传为主”，这“四个坚持”是马克思主义新闻观、习近平新闻舆论观的具体化。党性原则是马克思主义新闻观的核心要义，是习近平新闻舆论观的鲜明主线，本书在第三章重点阐述了新闻工作的党性原则和基本方针，在第六章深入分析了新闻宣传必须秉持“坚持正面宣传为主”理念，在第七章突出了新闻与舆论必须秉持“坚持正确的舆论导向”理念，在第十章强调了新闻工作者“坚持正确政治方向、舆论导向、新闻志向、工作取向”。关于马克思主义新闻观的内容，则渗透在新闻的本质、新闻事业的性质和功能、新闻自由与社会责任、新闻职业道德规范、新闻事业经营与管理等基本概念、基本理论和基本规律的分析、论述中。

（二）适应我国新时代媒体融合的发展与实践，深描媒体实践新特征，阐释新闻理论新发展，力求做到基础理论与前沿实践相融合

本书从新闻实践出发，结合当前传播格局新变革与舆论生态新变化，对我国新闻传播发展中的新问题、新现象、新特征进行探讨，对新闻传播发展中的新概念、新原理、新特点和新规律进行了阐释与总结，内容较为详尽，覆盖面较广。其中，第一章对社交媒体时代新出现的几种新闻形态，如移动新闻、数据新闻、短视频新闻、动画新闻、H5新闻等进行了全面介绍，对媒体实践的新特点进行深描。第二章增设一节，对“建设新型主流媒体”这一战略布局进行了系统梳理和阐述。此外，新闻真实、新闻价值、新闻受众、新闻媒介的经营与管理等章节，在对新闻学术领域的一些普遍问题进行论述时，也对其在新时代的新闻实践进行了总结和概括，阐释新闻理论新发展，力求做到基础与前沿相融合。

（三）案例丰富，内容鲜活，力求做到理论与实践相结合

理论源于实践，又指导实践。新闻学属于应用性较强的学科，新闻学的诸多概念、理论都是从实践中提出又在实践中检验的。本书立足于丰富多彩的新闻现实，既重视基本理论的阐释，也关注新闻实践的热点、焦点、难点问题。本书在继承国内外先进教材内容的基础上，增加了大量丰富而鲜活的案例材料，以激发学生学习兴趣与深入思考，从中探究新闻实践中的规律与特点，努力做到新闻理论“从实践中来，到实践中去”。

编 者

2021年1月

目 录

第一章　新闻的概念

“新闻”是新闻学的基本概念，是新闻学的基础，更是新闻传播活动的基本元素，一切新闻研究和新闻实践都是围绕新闻进行的。因此，研究新闻学必须从新闻着手，理清新闻的起源、内涵及形态，对于新闻理论的建构和新闻实践的展开具有十分重要的意义。

第一节　新闻的起源与来源

伴随着媒介的发展，人类进入了媒介化时代，这是一个无时不传播、无处不传播的时代。人们每时每刻都在和新闻发生着千丝万缕的关系。新闻活动是人类最古老的一种信息传收活动，在人类还远远没有新闻意识的情况下，它就自然自发地开始了。[①] 对于“新闻到底从哪里来”，古今中外新闻传播研究者从不同立场和角度给予了不同的解释。

一、好奇心

这是西方比较流行的一种说法，认为新闻产生于人的本能欲望，人类对外部世界的好奇心是新闻传播活动产生的根本动力。直至 20 世纪 40 年代，西方报刊理论家通常认为，好奇的本能是新闻媒介产生的首要原因。[②] 好奇是人的天性，人类天生具有好奇心，它使人们对周围的事物产生兴趣，关心他人的行为举止。这种对事物的好奇心和兴趣是新闻活动产生的源泉，也是人类文化产生和发展的基础。

---

① 参见杨保军:《新闻理论教程》，中国人民大学出版社 2019 年版，第 15 页。

② 参见刘建明编著:《当代新闻学原理》，清华大学出版社 2003 年版，第 3 页。

二、新闻欲

有研究者认为，新闻之所以产生，实际上源于人类自身的新闻欲，也就是人类天生具有想了解未知事物和未知世界的本能。这种本能是人们为了自身的生存和发展在社会生产和生活实践中产生的某种需要的反映和体现，正是这种本能促使人们进行信息交流和社会交往活动。日本学者杉村广郎在其《新闻概论》一书中指出，“欲知道，欲使人知道，欲被人知道”是人类共通的欲望，这种欲望是新闻纸产生的原因：“欲知道”产生读者，“欲使人知道”产生新闻纸，“欲被人知道”产生广告。[①] 正是人类的新闻欲，推动了人类的新闻传播和社会交往，进而推动了人类的进化和文化的发展。

三、群居说

这种学说认为，人类新闻传播活动的产生起源于人类群居生活的需要。从人类社会的发展历史来看，人类很早就开始集群而居。在原始恶劣的自然环境中，作为个体的人是无法在自然界中独立生存的，求生的本能迫使个体聚集起来成为交往的群体。为了生活，他们需要共同猎取动物和采摘植物；为了生存，他们不仅需要同自然灾害和自然界中的凶禽猛兽作斗争，有时还要抵御其他部落、氏族的侵扰。在劳动和生活过程中，为了适应环境，更好地进行生产和生活，他们需要相互联络、交流情况、传递信息来了解周围的情况，以便及时采取应对措施。正是这种相互依存状态下的信息交流和社会交往的需要，导致了人类最初的信息传播活动的产生，也导致了新闻这种特殊社会现象的产生。[②]

四、劳动起源说

马克思认为人与动物最本质的区别就是人能够进行生产劳动，能够通过劳动来改造自然，进而改造人自身。恩格斯则认为人类社会区别于猿群的特征是劳动。“劳动的发展必然促使社会成员更紧密地互相结合起来，因为它使相互支持和共同协作的场合增多了，并且使每个人都清楚地意识到这种共同协作的好处。一句话，这些正在生成的人，已经达到彼此间不得不

① 参见童兵：《理论新闻传播学导论》，中国人民大学出版社 2000 年版，第 16 页。

② 参见郑保卫：《新闻理论教程》，北京师范大学出版社 2012 年版，第 24 页。

说些什么的地步了。"[①]马克思、恩格斯用唯物主义的需要论解释了信息交流和传播的产生。

（一）劳动创造了新闻传播活动的主体：人

人是新闻传播活动的主体，而人的出现是劳动的结果。劳动使类人猿的手脚出现了分工，开发了其大脑；直立行走，使类人猿能够发出更多的声音。因此，首先是劳动，然后是语言和劳动一起，共同推动了类人猿向人类的转化。

（二）劳动创造了新闻传播活动的客体：新闻

类人猿没有新闻传播活动，新闻传播活动是人类在生产、生活等劳动过程中出现的。人类在选择从个体劳动向群体劳动转变的过程中，需要进行信息的交流。人类最初传播的信息是人类对自然界的切身体验，它的产生带有很大程度的偶然性，多为危险警告和食物信息等。早期人类的思维简单，传播的内容都是直接听到或者看到的，没有深刻的思想内涵。后来，随着人类劳动越来越复杂，创作的信息交流和传播的客体新闻也越来越丰富。劳动创造了新闻传播活动，创造了各种生产和生活的信息。因此，可以说新闻是人类在共同劳动的过程中，为了协同劳作、趋利避害进行信息交流和社会交往的产物。人类的信息交流和社会交往是新闻传播活动得以产生的源头，也是"新闻"现象得以出现的源头。

人类社会是关系的社会，人们的日常生活和劳动生产都是围绕各种社会关系展开的，无论是物质层面还是精神层面，想要维系社会关系都离不开信息的交流与传播。伴随着人类社会的发展、物质文化生活的丰富，人类社会交往的范围越来越大，信息交流与传播成为常态的存在，新闻也逐渐成了人们进行社会生产和日常生活的不可或缺的部分。

认识新闻的起源，对于把握新闻的本质、树立正确的新闻观具有非常重要的意义。好奇心、新闻欲、群居说都是从人的本能出发，从心理和生理的角度探讨新闻的起源，表面看起来似乎很有道理。但是，人是社会性的存在物，是劳动的产物，从根本上来看，人类所有的感觉都来源于社会生产活动。因此，从本能出发，只能从现象上对新闻的起源进行解释，带有浓厚的唯心

① 《马克思恩格斯选集》第4卷，人民出版社2012年版，第991页。

主义色彩，唯有透过现象对新闻的本质进行深层的挖掘，才能得出科学的结论，即新闻起源于人们的生产劳动和社会交往。

第二节　新闻的内涵与外延

新闻每时每刻都在发生，人们每天都通过媒介接触到大量的新闻信息，然而对于什么是新闻，人们的想法与看法却各不相同。虽然人们对所接触的信息很容易判断它是不是新闻，但是要给“新闻”下一个准确的定义，却不是一件容易的事。古今中外，学界业界都对新闻有着各种各样的解释，但直到今天，人们依然在探索“新闻”的准确定义。

一、新闻的内涵

据考证，“新闻”一词最早出现在南朝宋朱昭之撰写的《难顾道士夷夏论》中，距今1500多年，其文曰：“仁众生民，黩所先习，欣所新闻。”这里的“新闻”就是新近听闻、了解的意思。

从《辞源》来看，“新闻”一词在唐代就已出现。《旧唐书》卷一百九十二记载，初唐有位名叫孙处玄的人，因抱怨当时缺少记载海内外新鲜事的书刊而感叹：“尝恨天下无书以广新闻。”唐代中期尉迟枢写过一本书《南楚新闻》，此书记载了南方的新奇风俗、奇闻趣事。晚唐诗人李咸用在他的诗《春日喜逢乡人刘松》中记载了互相传递战争信息的新闻。

故人不见五春风，异地相逢岳影中。
旧业久抛耕钓侣，新闻多说战争功。
生民有恨将谁诉，花木无情只自红。
莫把少年愁过日，一尊须对夕阳空。

李咸用把战争的信息称作“新闻”，说明当时对新闻的理解与现在对新闻的理解是比较接近的。由此可见，唐代已将“新闻”一词用于指社会新闻、战争新闻等海内外新鲜事。

宋代出现了“邸报”，与“邸报”同时并用的还有“进奏院状”“报状”“邸吏状报”“朝报”等多种称谓。赵升在《朝野类要》中将“朝报”列为文书的一个品种，“朝报，日出事宜也。每日门下后省编定，请给事判报，方行下都进奏院，报行天下”。从某种意义上可以说，“朝报”已经成为宋朝的政府机关报，是传播官方新闻的重要渠道。此外，宋代还出现了“小报”，即未经官方审查自行抄传(或刻印流传)的报纸。这种报纸的新闻来自官方，但传播者各取所需，甚至会加入一些自己的材料。“其有所谓内探、省探、衙探之类，皆衷私小报，率有泄漏之禁，故隐而于之曰新闻。”也就是说，从皇宫内廷、中央政府部门到官府衙门都有打听消息、制作小报的，小道消息成了新闻。

“新闻”一词在此后元、明的文献典籍中偶能见到，但是直到清代，“新闻”才有了现代意义，多指“新鲜消息”。如《红楼梦》第二回中出现的“新闻”：“近日都中可有新闻没有?”还有《桃花扇》中出现的“新闻”：“晚生在朝房里藏着，打听新闻来。”

在英语中，“新闻”用的是“news”。美国新闻学者卡斯伯·约斯特对“news”一词的起源进行考证。他认为，虽然“news”一词在上古时代的语言中就已发现，但是根据牛津词典的解释，正式将其解释为“新鲜报道”则是在15世纪。1423年，苏格兰国王詹姆士一世在英语世界首次使用了“news”一词。“news”一词是由“new”(新的、新近出现的)这个词引申出来的，与现代“新闻”的含义相吻合。此外，西方也有观点认为“news”由“north”“east”“west”“south”四个单词的首字母组成，意指来自四面八方的消息。但是约斯特考证后认为，这种说法仅仅是一种幻想，没有切实的依据。在德语中，“新闻”是“Zeitung”，是由德国北部的俗语“Tidender”(报道)演变而来的，是指一般商人或者旅行者传播的逸闻趣事。15世纪后逐步演变成“Zeitung”，意思是“在时间上绝对新颖的事物”。① 16世纪报纸出现以后，“Zeitung”被用作印刷物的代名词，意思是“报纸”。

从以上对“新闻”一词内涵的分析来看，虽然经历了古今中外多年的演化和变迁，但它所表达的基本内涵却日趋清晰与明确，即“新鲜事物”“新鲜报道”。也有人认为“新近或正在发生的事实”是新闻最重要的内涵。②

二、新闻的外延

明确新闻的内涵，可以更好地定义新闻。但是要给“新闻”下定义、将新闻的不同属性进行概括凝练，比识别新闻要难得多。尽管如此，古往今来人

---

① 参见骆正林：《新闻理论教程》，北京大学出版社2010年版，第41页。

② 清华大学刘建明教授认为，新闻存在于客观世界中，记者的报道只是扩大了它的传播范围，并不能决定它的性质，更不能决定它的存在。因此，他提出“新近或正在发生的事实”是新闻最重要的内涵。参见骆正林：《新闻理论教程》，北京大学出版社2010年版，第44页。

们也从来没有停止过对“新闻”定义的探索与尝试，并逐步形成了两种基本范式、多种类型的新闻定义。

（一）新闻定义的两种范式

定义新闻的方式有两种基本范式——学院派范式和实践派范式[①]，也有人称之为“理论派范式”和“实务派范式”。学院派范式是指那些从事新闻学研究的学者根据他们对新闻传播的研究对新闻进行的界定。这种范式多从理论的角度出发，从逻辑思维的高度抽象出新闻的定义。不仅从新闻是什么，而且从新闻应该是什么的角度去界定新闻，既简明扼要，又能全面深刻地揭示新闻的本质。例如：

> 新闻是新近报道的事实。
>
> ——美国密苏里新闻学院原院长莫特
>
> 新闻是已经发生或者正在发生的事情的报道。
>
> ——美国新闻学者约斯特

实践派范式是指那些直接从事新闻传播活动的人根据自己对新闻传播实践的直接体验对新闻的理解和界定。这种范式从新闻传播实际出发，看似简单却内涵丰富，直接反映新闻传播的现实状况，有助于人们形象地理解新闻传播的实际样式。例如：

> 狗咬人不是新闻，人咬狗才是新闻。
>
> ——20 世纪 70 年代美国《纽约太阳报》编辑部主任约翰·博加特
>
> 凡是能让女人喊一声“哎呀，我的天哪”的东西，就是新闻。
>
> ——美国堪萨斯州《阿契生市环球报》主笔爱德华

（二）多种类型的新闻定义

尽管定义“新闻”很难，但是随着新闻学科和新闻事业的快速发展，“新闻”的定义也层出不穷。“国人有好事者，曾经收集到 300 多个新闻定义，国外更有人扬言，新闻定义在千种之上。”[②]根据强调的要点或者定义的落脚点不同，综合考察对“新闻”的各种定义，可以发现不外乎以下几种类型。

---

① 参见杨保军：《新闻理论教程》，中国人民大学出版社 2019 年版，第 74 页。

② 童兵：《理论新闻传播学导论》，中国人民大学出版社 2000 年版，第 24 页。

1.报道型/活动型

这一类型将新闻视为一种报道或传播活动，以陆定一在《我们对于新闻学的基本观点》中的定义为典型代表，即“新闻是新近发生的事实的报道”。此外，许多中外学者也给出了类似的定义。例如，李大钊的“新闻是现在新的、活的社会状况的写真”[①]，王中的“新闻是新近变动的事实的传布”[②]，刘建明的“新闻是对新近或正在发生发现的，公众需要知悉的事实的陈述”[③]，美国学者约斯特的“一件新近发生的事情本身不会成为新闻，而关于这件事情的报道就构成了新闻”[④]，日本学者小野秀雄的“新闻就是事实的报道”[⑤]。

2.事实型/事物型

这一类型将新闻看作一种事实、事物、现象，而且是指事实、事物、现象本身。[⑥] 我国著名学者徐宝璜在《新闻学》中写道：“新闻者，乃多数阅读者所注意之最近事实也。”[⑦]著名记者范长江的定义是：“新闻就是广大群众应知、欲知而未知的重要事实。”[⑧]新闻学家萨空了认为“凡世界上所发生的与人类生存有关的事实与现象，都是新闻”[⑨]。

3.功能型/手段型

功能型把新闻视为实现某种目标的功能或手段，注重新闻的功能。甘惜分的“新闻是报道或评述最新的重要事实以影响舆论的特殊手段”[⑩]，就是将新闻视为影响舆论的手段。将海量的信息提炼成新闻是一种理解世界的方式，新闻可以是有趣的、娱乐的甚至是愚蠢的。日本新闻研究所原所长小野秀雄认为“新闻是根据自己的使命对具有现实性的事实的报道和批判，是用最短的时间有规律地连续地出现来进行广泛传播的经济范畴内的东西”[⑪]，此定义认为新闻有影响经济的作用。尽管认同此类定义和观点的人不多，但不可否认的是，该定义很好地契合了新闻的实际情况，实现了新闻

---

① 转引自郑保卫：《新闻学导论》，新华出版社 1990 年版，第 5 页。

② 王中：《论新闻》，《新闻大学》1981 年创刊号。

③ 刘建明等：《新闻学概论》，中国传媒大学出版社 2017 年版，第 31 页。

④ [美]卡斯珀·约斯特：《新闻学原理》，王海译，中国传媒大学出版社 2015 年版，第 26 页。

⑤ 转引自童兵：《理论新闻传播学导论》，中国人民大学出版社 2000 年版，第 24 页。

⑥ 参见郑保卫：《新闻理论教程》，北京师范大学出版社 2012 年版，第 28 页。

⑦ 徐宝璜：《新闻学》，中国人民大学出版社 1994 年版，第 10 页。

⑧ 转引自荣乐娟主编：《新闻写作概论》，中国政法大学出版社 2005 年版，第 95 页。

⑨ 萨空了：《科学的新闻学概论》，香港文化供应社 1946 年版，第 57 页。

⑩ 甘惜分：《新闻理论基础》，中国人民大学出版社 1982 年版，第 50 页。

⑪ 蔡铭泽：《新闻传播学》，暨南大学出版社 2014 年版，第 43 页。

本体功能和派生功能的有机统一。

4.信息型

信息型将新闻视为一种信息。信息型“新闻”定义是在20世纪80年代,受到信息论的影响,中外学者对新闻与信息的关系进行了比较研究后得出的定义。从信息论的角度来看,新闻实际上就是一种信息,新闻传播的并不是事实本身,而是与事实有关的信息。这一类型的典型代表是宁树藩对“新闻”的定义,他认为“新闻就是经报道(或传播)的新近事实信息”[①]。把新闻从认识论意义上认定为一种信息,在新闻界也逐渐得到认同。全国20所高校联合编写的教材《当代新闻学》,将新闻定义为是及时公开传播的非指令性信息。美国学者米切尔·斯蒂芬斯认为“新闻就是公众共同关心的新信息”[②]。

有的学者以“新闻”定义选择的“本位”为标准,将其分为传者本位型、受者本位型和信息本位型。[③] 传者本位型就是从新闻传播的主体出发界定“新闻”,该定义强调了新闻与传播者的关系。受者本位型就是从新闻传播收受主体出发界定“新闻”,该定义充分考虑了收受者的需求。信息本位型强调新闻即信息,新闻传播实际上就是信息的传播。

以上各种对“新闻”的定义,可以说是见仁见智,从不同的角度界定就会得出不同的结论。作为一个开放的系统,伴随时代的变迁,新闻也在不断地扩展其内涵和外延,虽然新闻的事实属性在网络时代面临诸多挑战,但无论何种定义依然脱离不开新闻的事实属性。因此,本书依然采用当前在国内影响深远的陆定一对“新闻”的定义,即新闻就是新近发生的事实的报道。

第三节　社交媒体时代的几种新闻形态

形态即形状神态,亦指事物在一定条件下的表现形式。新闻形态就是新闻的表现形式,即新闻是以什么样的形式存在或传播。

从新闻的发展历史来看,新闻信息经历了与其他信息混沌不分到相对分离、分立再到统一共存的过程,并呈现出不同的形态。在与其他信息不分的混沌形态中,新闻与历史、情报、生产、生活等其他各类信息共存于自然和

① 宁树藩:《新闻定义新探》,《复旦学报》(社会科学版)1987年第5期。

② [美]米切尔·斯蒂芬斯:《新闻的历史》,陈继静译,北京大学出版社2014年版,第3页。

③ 参见杨保军:《新闻理论教程》,中国人民大学出版社2019年版,第74～75页。

社会中，在传播中也浑然一体。随着近代新闻业的发展，新闻逐渐与其他信息分离，并逐步形成自己的独立形态。这一分离过程经历了漫长的演变，"关于传播信息中的一类——新闻，能够从一般信息中分离出来，仅是最近几百年的事情"①。新闻与其他信息分离后，形成了分门别类的信息传播形式。但是从实际情况来看，即便社会有了专门的新闻传播媒介，也不存在仅仅传播新闻而不传播任何其他信息的新闻媒介，新闻信息与其他信息共存于同一媒介中，以共同的形态向社会传播。

从新闻的传播过程来看，新闻存在本源态与传播态。本源态是指新闻最初的存在状态或表现形式。关于新闻的本源态有两种观点：一是事实论，二是信息论。事实论主张客观存在的事实是新闻的本源形态，任何新闻都是对事实的反映、再现、陈述、叙述、塑造或建构，事实第一，新闻第二。信息论则主张新闻的本源是客观存在的事实信息，新闻是对一定事实信息的反映或呈现。

人们常说的"新闻"，实际上是指处于传播态的新闻，也就是处在传播中以一定的形式（文本、数据、声音、图像等）存在的新闻。传播态的新闻是事实经过传播者的编码化和符号化后的产物。新闻事实"一旦被发现、转述、传播，就不再是事实本身，而是传播者对事实的反映，成为客观事物的某种信息形态了"②。当前媒介生态的变革，不仅带来了媒介融合，更促成了新闻形态的创新。"传统新闻业时代，只有三大媒介形态构成的新闻报道方式，也只能生成三种基本样态的新闻——印刷新闻、广播新闻和电视新闻。"③这些媒介形态往往各自独立，难以形成共识性、互补性的新闻报道。在以技术为驱动的数据时代，新闻不仅可以通过多种具体的媒介呈现，还可以通过多种媒介融合的方式呈现。在网络技术、数字技术、大数据技术等技术支持下，多种新的新闻形态不断生成，当文字、数据、图形、图像、视频、动画等新闻元素按照不同的方式融合在一起时，便可以形成不同的新闻形态，如网络图文新闻、数据新闻、短视频新闻、动画新闻、H5 新闻等。

社交媒体时代，新的媒介形式层出不穷，新闻生产面临极大的挑战。传统媒体向网络媒体、全媒体、融媒体的线性转型与融合，已无法适应社交媒体用户的个性化需求。新媒介创造了全新的用户使用习惯，场景化、碎片化

---

① 陈力丹：《世界新闻传播史》，上海交通大学出版社 2002 年版，第 1 页。

② 王中义：《记者传播模式论》，新华出版社 1996 年版，第 17 页。

③ 杨保军：《论新媒介环境中新闻报道真实的实现》，《编辑之友》2017 年第 4 期。

成为社交媒体时代新闻传播和消费的主要特点，场景成为用户新闻消费的重要因素。场景代表着用户对内容更深的理解和体验，意味着对个人需求的满足和情感的共鸣，也意味着更强烈的付费和分享欲望以及更高的忠诚度和黏性。为适应不同场景用户的需求，信息必须进行重组和整合而不是简单的迁移和移植，以生产出适配社交媒体不同场景需求的新闻形态。社交媒体时代用户新闻信息的获取已经深深地嵌入到场景之中，这些场景包括移动场景、消费场景、游戏场景、客厅场景等，新闻也伴随着场景的变化而呈现出不同的形态。基于技术的交互，这些新型新闻形态的概念会时有交叉，但彼此并不能完全涵盖。

一、移动新闻

移动新闻不仅是播出和收视平台的移动化，还包含了新闻制作的移动化，即以手机为主要传播媒介的移动新闻传播形态。移动新闻虽然特指专业记者、自由记者运用移动终端进行新闻报道，但非专业公民用手机进行新闻事件的纪录，也从公民新闻行动的立场为移动新闻贡献了丰富的实践案例。社交媒体时代，许多人习惯从手机上获取信息，但事实上多数内容都是传统媒体的延伸。这样的信息显然满足不了用户的需求，只有开发适合小屏阅读的新闻产品，才能适应用户移动阅读的需要。早在 2014 年，英国三一镜报集团(Trinity Mirror)负责数字化创新的编辑阿利森·格罗(Alison Gow)就预测“短时间内所有新闻都将移动化”。当读者注意力从大屏转向小屏时，传统内容生产与移动平台相结合进行信息传播的方式，已经无法满足用户对个性化信息的需求，无论是传统媒体巨头还是新兴媒体网站都在探索如何从移动端读者的角度去呈现新闻故事，移动端原生新闻制品便应运而生。英国广播公司(British Broadcasting Corporation，BBC)亦提出了“移动优先”策略，自 2014 年起陆续开发并推出多款移动新闻产品，为用户在移动端全方位地呈现各类信息。其中有代表性的包括视频产品 BBC 短新闻“Instafax”。用户只要在 Instagram 上关注 BBC 官方账号，就能收看 15 秒的视频新闻。短视频新闻产品在满足用户轻量化需求的同时，也为媒体带来了更多的基于社交媒体 Instagram 的分享和流量。可视化产品“猜猜看”(Go Figure)。这是基于 Facebook 和 Twitter 平台推出的一款新产品，每天定期推送一张数据新闻图片，每周对其发布的图片进行分类汇总，并用可视化方式向用户呈现。

我国媒体近几年在移动新闻产品的开发方面也进行了很多尝试，从微信、微博到手机客户端，主流媒体和自媒体各显神通，推出各种各样的移动新闻产品。2012 年 7 月 22 日，人民日报法人微博上线；2013 年 1 月 1 日，定位为“参与、沟通、记录时代”的人民日报微信公众号上线；2014 年 6 月 12 日，人民日报手机客户端上线，“两微一端”布局完毕。2015 年 10 月，人民日报新媒体中心正式成立。此后，人民直播、人民日报英文客户端、人民号等产品也陆续上线。《人民日报》、新华社等官方主流媒体在微博时代大放光彩，人民日报微博总粉丝超过 1.3 亿，新华社微博粉丝数也超过 1 亿，主流媒体微博博文也纷纷冲顶微博热搜。新华社官方微信则创造了“刚刚体”等写作方式，俘获了众多粉丝的心。主流媒体微信推文“10 万＋”的现象成为常态，2017 年 3 月 27 日，《人民日报》微信订阅用户数突破 1000 万。2017 年 7 月 2 日，新华社微信公众号用户突破 1000 万。众多主流媒体微信公众号不断探索创新，在内容生产、产品体验、用户拓展以及运行机制等各个方面都呈现出崭新气象。作为国内颇具影响力的主流媒体，《新京报》在坚持原创新闻内容的基础上，于 2016 年提出了“移动优先”策略，强调第一时间将新闻内容，优先通过移动互联传播平台发布，让移动端成为《新京报》传播的主战场。“两微一端”已经成为《新京报》原创内容生产传播的重要阵地，新京报微信矩阵里，“头部号”和“细分号”并行，新京报、政事儿、新京报官微、新京报书评、剥洋葱等诸多公众号已发展成为同行业翘楚。

二、游戏新闻

游戏新闻是指将要报道的新闻内容利用游戏场景的方式表现出来，用户通过参与游戏和互动获取新闻内容或体验新闻。内容的“游戏化”是新闻报道的新形式，它通过游戏这一载体来传达新闻信息。早在 2015 年，众多媒体公司就开始了新闻游戏化的探索和实践，并开发了一系列新闻游戏产品。游戏新闻带给用户的不仅仅是游戏体验，还有对新闻的切实体验和感受，可以通过与用户进行积极对话，从而影响用户的认知和行为。美国的新闻聚合网站 Buzzfeed 已经有了自己的游戏开发工作室。游戏已经深深地扎根于人们的日常生活之中，游戏不仅是娱乐，更是一种交流媒介。尤其是青少年群体，他们已经习惯了与屏幕上的东西互动，游戏不仅是他们生活的一部分，也是他们的社交方式。

由英国《金融时报》团队开发的优步游戏基于现实生活中和 Uber 相关

的新闻报道以及对 Uber 司机的采访。游戏的设计类似于《模拟人生》一类的模拟、经营、生活游戏，但是不同的是，所有的故事情节都是基于真实的新闻事实。

《金融时报》开发的这个新闻游戏，主要目的是想通过新的方式来帮助人们在情感上理解一个新闻事件。他们希望引导玩家通过游戏的方式，体验优步司机的生活，从而能做出更有意义的选择。他们试图改变受众对某个群体的特定印象，激发受众的好奇心，并促使媒体和市场尝试去研究像优步和其他经济平台这样的系统带来的限制和偏见。这样做不仅会扩大新闻报道的作用，还能与用户展开对话，更直接地了解和引导用户。

2014 年，BBC 出品了新闻游戏《叙利亚之旅》，其本质是一则关于叙利亚难民的新闻报道。这款游戏中，玩家将作为一名叙利亚难民，亲身体验难民逃难过程中的经历，对随身携带物品做出选择，更加直观地了解叙利亚难民的处境。游戏规则非常简单，玩家模拟自己是一名叙利亚难民，根据游戏中的新闻内容和文字提示，思考并做出自己的选择。游戏过程中玩家可以通过讨论标签（# whatwouldyoutake 和 # SyrianJourney）进行互动，随后 BBC 会将玩家们的互动评论收集起来，最后以视频的形式发布到网上反馈给玩家。《叙利亚之旅》作为游戏新闻的代表，体现了游戏新闻的两大功能：游戏不再是纯粹的娱乐，可以拓展至严肃话题；新闻不再是枯燥的文字，可以通过游戏感知。

2017 年底，半岛电视台发布了一款新闻游戏纪念这一年的结束。他们让受众在全球范围内基于 Google 地图技术进行了一次视觉旅行，受众可以亲临新闻事件的发生地，并且每回答正确一个问题，受众就可以在他们的虚拟护照上收集到一枚邮票作为奖励。

当然“游戏化”只是辅助新闻报道的一种形式，我们不能舍本逐末而忽略了内容。前 BBC 记者珍妮特 · 琼斯（Janet Jones）认为“在未来，新闻是可以玩的，而不是读的”[①]。虽然在很多人看来这是无法想象的事情，但是不可否认的是游戏已经发展成为一种新的媒介形式，与之相适应的消费新闻也会越来越多。

三、互动新闻/交互新闻

互动对新闻业来讲并不陌生，传统媒体时代的读者来信、听众来信、互

① 《〈叙利亚之旅〉：新闻是否可以游戏化？》，2015 年 4 月 7 日，https://www.ifanr.com/508672。

动热线、邮件往来等都是互动。但是互动新闻与上述互动有着本质的区别，这种互动是以互联网技术为基础，用户深度参与并体验新闻报道过程的互动。社交媒体时代的新闻业转型，不仅体现在文本和传播媒介层面，更需要创新适应新技术和新“传—受”关系的新闻形态，互动新闻就是当前媒体的转型创新。

随着技术、文化和经济的变迁而兴起的互动新闻，可以定义为：一种通过代码来实现故事叙事的视觉化呈现，通过多层次的、触觉的用户控制，以便实现获取新闻和信息的目标。它的实践者被归类为互动记者，尽管他们有不同的背景、技能和职位名称。[①]

互动新闻最显著的特征就是互动性，产品与用户可以进行全方位的交流。虽然产品的设计者仍然会对用户的操作进行限制，但是用户可以遵循自己的路径去发现和体验。《纽约时报》前多媒体编辑安德鲁·德维盖尔(Andrew De Vigal)表示，互动新闻通过整合视频、图像、音频、地图和文本等多种形式，讲出了只有互联网才能讲述的故事。“互动新闻是一种精心设计的体验感，能够吸引用户并让他们根据内容创建属于自己的故事。”[②]互动新闻的互动性让用户可以根据自己的节奏来体验故事，不必遵循以前获取新闻的线性逻辑，用户的个性得到彰显和尊重。

2012 年 12 月 20 日《纽约时报》推出特别报道《雪崩：特纳溪事故》。这是一件完全孕育于新媒体技术的新闻作品，它先在《纽约时报》网站上发表，6 天之内就收获了 350 万次页面浏览，3 天后才在印刷版报纸中刊出。该作品获得普利策新闻特稿奖，该奖评审委员会评委称赞它是“通过巧妙地整合多媒体元素而增值”的产品。[③] “《雪崩》对遇难者经历的记叙和对灾难的科学解释使事件呼之欲出，灵活的多媒体元素的运用更使报道如虎添翼。”[④]雪崩(Snow Fall)是个多媒体项目，包括六部分扣人心弦的故事，由《纽约时报》普利策获奖作家约翰·布兰奇(John Branch)撰写，此文的报道灵感来自对

---

① 参见[美]尼基·厄舍：《互动新闻：黑客、数据与代码》，郭恩强译，中国人民大学出版社 2020 年版，第 26 页。

② 《互动新闻的前世今生：当看新闻变成一种游戏体验》，2021 年 7 月 16 日，http://www.ichmw.com/show-10-11439-1.html。

③ 参见[美]尼基·厄舍：《互动新闻：黑客、数据与代码》，郭恩强译，中国人民大学出版社 2020 年版，第 3 页。

④ 陈力丹、向笑楚、穆雨薇：《普利策奖获奖作品〈雪崩〉为什么引起新闻界震动》，2014 年 7 月 14 日，http://media.people.com.cn/n/2014/0714/c386273-25279769.html。

滑雪场上高死亡率的高度关注。故事通过交互式图片、采访视频以及知名滑雪者的传记等多元化的方式呈现。资深科技记者欧姆·马利克对“雪崩”项目大加赞赏，认为《纽约时报》可以“以这类型的数字化报道模式为起点，开创一种新的商业模式，重新定义新闻报道”。

我国近年来在互动新闻制作方面也做过多种尝试，从“扫一扫”“摇一摇”到“集福”抢红包等多家媒体展开深度合作，实现了各种跨屏互动，尤以每年春晚的“集福”为代表。2015 年俄罗斯红场阅兵式，腾讯新闻在网络直播和手机移动端之间进行了跨屏互动，用户在观看直播时可以用手机登录客户端，参与直播答题互动。这些互动都是简单的跨屏互动，离真正意义上的互动新闻尚有很大的差距，但是可以看出媒体对互动新闻形态的创新，如《复兴大道 70 号》。

“穿越”到 50 年代，人们吃着“九二米”“八一面”、追求“婚姻自由”、进行土地改革。60 年代，人们坐煤气包公交车、分享原子弹氢弹成功爆炸的喜悦……2019 年，人民日报客户端联合快手推出了《复兴大道 70 号》，用户可手动“观览”70 年发展路，并且在恢复高考等具有鲜明时代特点的场景里“打卡”留影。此外，产品还通过声效、动画、AI 换脸等多项互动，让用户更好地体验新闻产品，获得全维度、沉浸式的体验。

四、H5 新闻

H5 实际上是中国人专用的一个名词，它最初的含义是 HTML5 的缩写，代表着一项技术标准，但是在 2014 年之后它出现在各个领域，成为在中国兴起和流行的一种独立的作品形态。[①] H5 技术具有融媒体、强交互、跨终端、跨平台等特点，当前在新闻传播领域的应用非常广泛。在主流媒体生产的代表性新闻作品中，H5 作品已经占据了半壁江山。第 28 届、第 29 届中国新闻奖媒体融合奖获奖作品共 26 件，其中 20 件都是 H5 新闻作品，占比达到 77%。多件 H5 新闻成为爆款，如人民网在 2019 年 7 月 29 日针对建军节发布的《“军装照”H5》，作品一发表，立刻开始了裂变式传播，仅 8 月 1 日建军节当天浏览次数达到 3.94 亿，不到 10 天的时间，浏览次数超过 10 亿。

央视财经的《幸福照相馆》也是近年来的爆款之一。2018 年是中国改革开放四十周年，这年春节央视财经频道基于腾讯天天 P 图首创的“多人脸融

① 参见樊荣编著：《H5 交互融媒体作品创作》，中国人民大学出版社 2020 年版，第 2～3 页。

合”技术，以“致敬改革开放 40 周年”为主题推出了《幸福照相馆》H5 多媒体融合创意互动项目，上传家人的单人照片，就可一键生成不同年代的全家福，见证 40 年中国家庭生活的巨大变迁。该作品获得第 29 届中国新闻奖新媒体创意互动一等奖。

随着技术的日趋成熟，长图 H5 新闻也成了目前颇受欢迎的形式。长图新闻融入了新闻摄影图片和简洁明了的文字报道，长页面搭配按钮、动画、音视频等多种元素，形成很强的视觉冲击力和现场感，犹如精美的动态海报，增强了新闻的可读性和趣味性。如央视新闻中心新媒体新闻部策划的《震撼！一张长图带你领略港珠澳大桥》通过央视新闻微信公号和客户端推送后，被诸多主流媒体、商业网站转载，仅央视新闻微信公号的阅读量就超过 830 万，点赞 12 万，创央视新闻微信历史第一阅读量和点赞纪录，也是 2018 年微信文章阅读、点赞双 10 万+的作品之一。

五、沉浸式新闻/VR 新闻/360 度全景影像新闻

沉浸式新闻/VR 新闻概念经常与虚拟现实新闻、沉浸式传播等概念等同使用。最早对沉浸式新闻进行界定的是美国前《新闻周刊》记者诺妮·德拉佩纳。她认为：“沉浸式新闻是一种可以让人们在新闻描述的事件或情况中获得犹如亲身体验(First-Person Experience)的新闻形式。”[①]国内有学者认为，沉浸式新闻可以表述为一种基于虚拟环境来复现真实场景或还原新闻事实的报道形式，并且在终端设备辅以各类视觉、听觉、触觉等传感系统模拟用户反应，营造“沉浸”或“在场”的沉浸式体验，以此建立使用者和新闻报道之间的互动关系。[②] 此类新闻最显著的特征就是沉浸性，用户从“看”新闻转变为“亲身体验”新闻，成为新闻事件的“在场者”和“亲历者”。2017 年 4 月 20 日，我国首艘货运飞船“天舟一号”在文昌航天发射场执行飞行任务。为了能让受众更身临其境地感受我国首单“太空快递”的运送过程和中国航天事业的发展，CCTV-1 与《中国相册》栏目联手央视网，对此次发射进行了近距离 VR 直播，并开创了三个“首次”：首次航天领域 VR 直播、首次最近距离全程直播火箭发射、首次在 VR 直播中引入专业讲解员。此次最近的机位离发射塔只有不到 100 米的距离，VR 直播的沉浸式体验可以让用户仿佛

---

① Nonny De La Pena, et al., “Immersive Journalism: Immersive Virtual Reality for the First-Person Experience of News”, *Presence: Teleoperators and Virtual Environments*, 19 (4), 2010, pp.291-301.

② 参见李鲤、吴瑾：《沉浸式新闻：概念辨析、叙事重构与观念反思》，《中国出版》2020 年第 18 期。

就在发射塔脚下近距离观看，感受火箭发射的震撼瞬间。2017 年 10 月 22 日，由新华社打造的 360 度全景影像新闻《全息全景！身临其境看报告》首发，作品紧紧围绕党的十九大重大报道主题，创新党的十九大报告解读模式，在国内媒体中第一次将“全息”理念应用到新闻报道中，采用全息投影特效、360 度全景交互、3D 建模、视频、音频等多种融媒手段，打造富有科技感、立体感、沉浸感与真实感的报道界面，获得了访问量超过 1 亿的传播效果。同时作品在互联网社交平台上被网民广泛点赞、分享，好评如潮，呈现“刷屏”之效。

六、消费新闻

社交媒体时代，消费场景全面开启“互联网＋”模式，日常生活消费围绕衣食住行各种场景展开，与场景中的用户画像相对应的是用户的消费模式和商家的盈利模式。处在消费场景中的新闻媒体也在积极寻找自己的利益诉求和新的增长点，如何生产适配消费场景的媒体内容成为媒体关注的重点。许多传媒公司开始进军细分化的消费领域，并主动开发各种内容产品，推出对应品牌的新闻报道和适应行业的新闻报道。如针对美容时尚等场景推出的美容新闻、时尚潮流、美容产品、美容服务等一切与美容相关的报道内容，最终实现内容传播与商业推广的互利共赢。近年来兴起了媒体电商直链消费模式，媒体利用自身的用户资源和专业服务能力转型电商。在新闻报道中植入软性广告内容，如产品的性能、价格、优势等，提前为用户做了详尽的产品研究，最后在新闻内容底部设置购买链接。此类报道不仅为媒体带来流量的提升，也带来新的盈利空间。利益驱动之下，众多时尚传媒纷纷发力电商领域，因为它们的读者的确会在阅读新闻的过程中产生购买行为，完成从读者到消费者的自然转换。适配场景的信息已经成为社交媒体时代的宠儿，“内容为王”和阅读固然重要，但是分享已成为势不可挡的趋势。社交媒体时代，分享和阅读同样重要，如何满足广大社交媒体用户的个性化需求，就需要针对用户的不同消费场景，创造出适配场景的新型新闻形态也就是消费型新闻来吸引用户对新闻议题的关注。

七、《主播说联播》新闻

《主播说联播》是中央电视台针对社交媒体用户推出的系列短视频新闻产品。社交媒体的迅猛发展，不仅给报纸、广播等媒介造成了冲击，对曾经的新媒体电视也带来了同样的冲击和挑战。在传统媒体转型的过程中，电视媒体也在不断探索和实践适合自己的转型模式和融合路径。早期的融合基本局限在电视娱乐、综艺、电视剧、纪录片等节目上，这类节目经过简单的形式调整就可以在网络播放，有的甚至可以直接复制到网络。伴随着融合的深入，网络综艺节目、网络电视剧等相伴而生并获得了迅速的发展。但电视新闻节目的网络融合却一直没有找到适合自己的方式。伴随着社交媒体的不断发展，用户获取新闻的方式不断增多，电视新闻因其时效性差、形式单一、过于严肃、缺乏创新等原因，对公众的吸引力持续下降。2019 年，有着 40 多年历史的老牌电视新闻栏目《新闻联播》开始了融媒体的破冰之旅；7 月 29 日正式推出短视频栏目《主播说联播》，结合当天的重大新闻和热点事件，用通俗语言传递主流声音；8 月 16 日，《新闻联播》推出微信公众号；8 月 24 日《新闻联播》官方抖音号和快手号同步上线。《主播说联播》系列短视频新闻产品成为《新闻联播》在微博（央视新闻微博号）、微信、抖音、快手等平台发布的主要内容。《主播说联播》系列短视频不仅在形式上一改新闻联播的高高在上和严肃庄重，在内容上也做出了很大的调整，使用众多网络流行语和自创词汇来贴近年轻用户，如“打 call”“打脸”“任性”“硬核”“怼”“灵魂一问”“怒赞”“翻车”“快闪”“嗨”“get”“蒙圈”“拉黑”“我太难了”“王者归来”等。

2019 年 8 月 27 日《主播说联播》李梓萌：围绕这一通“电话”，谁在演戏？

> 这两天有一通所谓的“电话”搅动着市场。美方声称在上周末接到了中方打来的电话，内容和贸易有关，而中国外交部发言人则表示，没有听说过这事。对此网友调侃，难道美国接到的是诈骗电话吗？对于这事要我说，与其说美方表示接到了中方的电话，不如说是美国自己想给股市打“电话”。上周五，道琼斯指数下跌了 600 多点，而本周一，有了通所谓的电话，指数又上涨了。
>
> 这出戏演的，原来是想给美国股市“打 call”啊！未来这样的戏码很有可能还会继续又加戏。不过看归看，该打脸的时候还是要打脸，因为我们有底气。昨天的中央财经委会议提到了这样一句话，我国制造业规模居全球首位，而且是全世界唯一拥有全部工业门类的国家。今天《新闻联播》也播出了，7 月份工业利润增速转正的消息。数据会说话，

你能任性，我有韧性，坚韧的韧。①

2021 年 4 月 28 日，《主播说联播》严於信：总书记广西行提到桂林山水、螺蛳粉：背后有一道“大餐”。

这几天习近平总书记在广西考察调研，重点聚焦的是高质量发展。观察总书记的这次广西之行，我们不妨把推进高质量发展比喻成烹饪一道大餐。咱们中餐讲究的是色香味俱全，这颜色可以分为两方面，外在的颜色是绿色，总书记在桂林说，桂林山水天生丽质，绿水青山一定要呵护好；而内在的底色是红色，要传承红色基因。总书记提到湘江战役时说：“红军成功的奥秘，靠的就是理想信念，未来战胜各种风险挑战，也需要这样的信念”。说到“香”，总书记提到了网红美食螺蛳粉，这螺蛳粉闻着“臭”但吃着“香”。受大家欢迎的一个重要原因就是有特色，总书记多次点赞过特色产业，像小木耳、沙县小吃等等。发展好特色产业，本身也是高质量发展的一部分，把特色做足，想必也会特香。至于“味”，这就要看“食材”了，推进高质量发展，这“食材”本身就是实体经济。总书记在考察中，也再次强调要发展壮大实体经济。色香味俱全的大餐，谁来享用呢？当然是大家，是你是我。总书记在广西明确说，让人民生活幸福，就是“国之大者”。②

可以看出，《主播说联播》打破了《新闻联播》多年来带给社会公众的刻板印象，以更加平易近人的话语、更加接地气的播出方式实现了严肃新闻的互联网转型，通过对新老媒介的优势重组，创新了电视新闻形态。

推荐阅读

1.杨保军：《新闻理论教程》，中国人民大学出版社 2019 年版。

2.樊荣编著：《H5 交互融媒体作品创作》，中国人民大学出版社 2020 年版。

3.[美]尼基·厄舍：《互动新闻：黑客、数据与代码》，郭恩强译，中国人民

① 李梓萌：《围绕这一通“电话”，谁在演戏？》，2019 年 8 月 27 日，https://mp.weixin.qq.com/s/uTqNxhyFKDhES-gBBRLKUA。

② 严於信：《总书记广西行提到桂林山水、螺蛳粉：背后有一道“大餐”》，2021 年 4 月 28 日，https://mp.weixin.qq.com/s/yL74vSw59OGLjfZwemDy1w。

大学出版社 2020 年版。

4.[美]米切尔·斯蒂芬斯:《新闻的历史》,陈继静译,北京大学出版社 2014 年版。

1.你认为哪种新闻起源说更加合理,为什么?

2.除了书中列举的新闻形态,你还发现了哪些新型新闻?

3.未来新闻形态是怎样的?

第二章　新闻事业的性质与功能

“新闻事业”是一切新闻机构及其全部业务活动的总称。现代新闻事业包括报社、广播电台、电视台、新闻通讯社、新闻图片社、新闻杂志社、互联网新闻网站、数字新媒体等新闻机构及其业务活动。“党、政府和人民的喉舌”,是对我国新闻事业性质的形象表述。新闻事业的性质决定了其在社会政治、经济、文化和社会生活中的地位和作用。

第一节　新闻事业的一般属性

属性强调某物区别于其他事物的内在规定性,某物的本质属性是某物成为其自身的根本特质。新闻事业的属性指新闻业区别于社会其他行业的独特特性,能体现新闻业根本性质。新闻活动是人类社会精神文化活动的极为重要的组成部分,新闻事业具有文化属性、政治属性和经济属性。

一、文化属性

新闻活动是人类社会精神文化活动的重要组成部分,新闻事业是一种面向社会、服务社会的社会文化事业。广义的文化是人类社会物质和精神的创造物的总和,狭义的文化仅指人类精神的创造物。社会文化主要指狭义的文化,包括人们创造的知识、技能、社会规范、价值观念等。

新闻事业的文化属性首先体现在新闻事业通过传播信息、娱乐休闲及各种相关服务满足人民群众的精神文化需求,其次体现在通过信息的交流能对社会文化和社会生活产生强大的渗透力和影响力。新闻作为一种精神性的产品，对社会成员发挥着价值引导、社会文化传承与规范等作用，对社会文化影响巨大。

新闻的文化属性要求新闻媒体需承担社会文化建设的责任，新闻报道应注重价值导向等社会效益。新闻媒体要自觉加强社会主义核心价值观宣传，宣传以爱国主义为核心的民族精神和以改革创新为核心的时代精神，推动中华优秀文化创造性转化、创新性发展，发展社会主义先进文化。

基于此，新闻工作者应该树立以下观念：新闻事业是文化事业，新闻机构是文化机构，新闻媒介是文化工具。

二、政治属性

新闻事业作为一种重要的精神生产资料，在任何一个国家都会受到统治阶级的控制和影响。马克思和恩格斯指出："统治阶级的思想在每一个时代都是占统治地位的思想。这就是说，一个阶级是社会上占统治地位的物质力量，同时也是社会上占统治地位的精神力量。支配着物质生产资料的阶级，同时也支配着精神生产资料。"[①]也即在经济上占统治地位的阶级必然在精神上占统治地位。现代社会，新闻事业的政治属性集中体现为新闻媒体通过反映和引导舆论服务于政治，服务于一定阶级、政党和社会集团。

新闻事业的政治属性是一种客观存在，不以人的主观意志为转移。资本主义国家的新闻媒体虽然标榜"社会公器""第四势力"，但总体上仍然体现资本主义国家统治阶级的意识形态，其政治属性会或隐或显地表现出来。政治党派、经济财团和政府机构会通过各种公开或隐蔽的方式对新闻媒体施加影响、进行控制，以使其符合统治阶级利益。

我国新闻事业作为党领导下的宣传舆论阵地，明确强调其意识形态属性，公开申明其政治属性。中国共产党是执政党，是中国特色社会主义事业的坚强领导核心。党和国家各项事业的发展，都离不开中国共产党这个坚强的领导核心。党性原则是马克思主义新闻观的核心要义。习近平总书记在党的新闻舆论工作座谈会上指出："党性原则是党的新闻舆论工作的根本原则。党管宣传、党管意识形态、党管媒体是坚持党的领导的重要方面。"[②]他强调，党的新闻媒体的所有工作都要体现党的意志、反映党的主张、维护

① 《马克思恩格斯全集》第3卷，人民出版社1960年版，第52页。

② 中共中央文献研究室编：《习近平关于全面建成小康社会论述摘编》，中央文献出版社2016年版，第124页。

党中央权威、维护党的团结，做到爱党、护党、为党，服务于全党和全国工作大局。

三、经济属性

现代新闻事业也被称为“传媒产业”。新闻事业的经济属性体现在，传媒业要进行信息产品的生产和经营，具有一般文化产业的基本特征。

具体来说，新闻事业的产业属性表现在四个方面：一是产品具有生产特征，可以进行大批量生产；二是受众具有消费者特征，受众作为信息的消费者，通过直接或间接购买来满足其需求；三是经营具有企业特征，可以使用现代企业管理和经营方式来改善经营，提高经济收益；四是运作具有市场化特征，可以运用市场手段来组织生产。目前我国广播电视栏目，除新闻、社会访谈类外，其他诸如综艺、体育、生活、科教等栏目，均可实行制播分离，探索市场化运作。①

历史上，资本主义商业报纸在诞生之初就具有鲜明的商品特征。16 世纪在地中海出现的手抄小报被认为是世界新闻业的诞生，其发源于意大利境内的威尼斯。威尼斯是当时的东西方交通枢纽和贸易中心，造船、纺织、玻璃等行业相当发达，手工工场林立，工人达 19 万人之多。这里的手工业主、商人、航海界人士十分关心商品的销路、各地的物价、来往的船期，于是有人专门打听这些消息，抄写后出售。后来，需要相同消息的人多了，他们就抄写多份，谁需要就卖给谁，这就是手抄小报。诞生伊始的手抄小报便被作为刊载信息的商品，而读者则是其消费者。当今，西方媒体的商业属性展现得更加充分，媒体经营者把扩大发行、吸引广告、增加利润作为目标，把媒体当作一种可以大量生产供社会公众消费的大众化文化产品的企业，经营媒体成为一种能够获得高额回报的商业行为。

我国传媒业的经营与发展经历了一个曲折过程。计划经济条件下排斥传媒的产业特征和经济属性，不讲经营。社会主义市场经济条件下逐步认识到新闻事业中属于经营的部分，如广告、发行、社会信息服务等传媒产业具有经济属性，需要遵循市场经济规律，按照企业管理方式进行经营。认识这一属性，对于全面认识我国新闻事业的性质，处理好事业同产业双重属性的关系，在确保社会效益的前提下实现经济效益、更好地发挥经济效能和作

① 参见《马克思主义新闻观十二讲》编写组编：《马克思主义新闻观十二讲》，高等教育出版社 2019 年版，第 60 页。

用具有重要意义。

在社会主义市场经济体制下，作为经营性产业，传媒业应当根据现代企业制度要求，运用市场手段，实行科学的经营和管理，尽可能地增加经济效益，成为有强大竞争力的信息与文化产业。21 世纪以来，随着互联网媒介的发展，媒介竞争日趋激烈，我国加大了对文化产业发展的支持力度，媒体实行集团化、传媒融合等发展战略，初步形成了一批有规模、有实力的传媒集团。

从新闻发展的进程看，把媒体当作商品，按照商业原则来经营媒体，是新闻业的巨大进步。但片面强调媒体的经济属性，盲目逐利，会损害新闻事业作为社会文化事业的特征，对人民的精神文化生活造成污染，会损坏新闻事业的政治属性，影响其服务于全党和全国工作大局。因此，新闻媒体要正确处理社会效益和经济效益的关系，坚持把社会效益放在首位，在确保社会效益的前提下努力实现社会效益和经济效益的统一。“社会效益第一，经济效益第二”是我国媒体运行的基本方针，在媒体实践中，要警惕“唯收视率论”“唯流量论”，切忌片面追求经济效益，甚至以牺牲社会效益为代价换取一时的经济效益。

第二节　新闻事业的一般功能

事物的特性和作用是息息相关的，事物有什么样的特性决定了该事物能发挥什么样的作用。新闻事业的文化、政治和经济属性决定了新闻事业的一般功能。

一、沟通情况，提供信息

自然与社会环境是不断变化的，只有及时了解并适应这种变化，人类社会才能保证自己的生存和发展。新闻媒体作为人们获得外界信息的主要渠道，首要功能是沟通情况，提供信息。新闻媒体通过有组织的、不间断的新闻报道，使人们了解外部世界的动向和变化，以帮助人们作出正确决策，不断发展与进步。

从诞生与发展过程看，世界新闻业诞生于人们对经济信息的需求，整部新闻史是一个信息越来越丰富、快速、准确的过程。报纸诞生初期，受限于信息的远距离传输成本和纸张篇幅等，报纸内容以电报式的简短报道为主，版面少，篇幅短，信息量少。后来，随着印刷和发行技术的进步，报纸越办越厚，信息越来越丰富。20世纪出现的广播电视媒体以其同步、现场的媒介优势带来声画并备的信息盛宴，进一步丰富了人们的信息需求。21世纪出现并迅速普及的网络媒体让信息呈爆炸式增长，信息的获取变得越来越容易。

就我国社会而言，沟通情况、提供信息对于民众和国家都有重要意义。新闻媒体沟通信息是保持社会稳定的最有效手段，尤其在重大事件发生时，信息沟通尤为重要。2020年初我国暴发新冠肺炎疫情，初期因为事态不够清晰，民间谣言纷纷，人心不稳。2020年1月21日《新闻联播》栏目正式播发信息并宣布“启动应对新型冠状病毒感染的肺炎疫情联防联控工作机制，武汉等地也积极采取措施，严防疫情扩散。联防联控机制将向各地派出国家工作组和专家组，指导疫情防控措施落实”。这条消息对于稳定人心、增强抗疫信心起到重要作用。以中央电视台为首的中央级主流媒体，每天公布新冠肺炎疫情新增确诊数据，实时更新抗击新冠肺炎疫情进展，全国人民众志成城，显示出空前的团结和奋进，显示了新闻媒体信息沟通的巨大作用。

二、进行宣传，整合社会

社会由不同部分组成，是一个建立在分工合作基础上的有机体，只有实现各组成部分之间的联络、协调和统一，社会才能更好地运转。现代社会，新闻媒体是实现这种联络、沟通和协调社会关系的重要手段。具体来说，新闻媒体承担的宣传功能主要体现在以下几个方面。

首先，新闻媒体要通过阐明国家发展的目标，把整个民族的力量凝聚在一起，从而实现共同目标和理想。近年来，主流媒体把中国特色社会主义和“中国梦”的宣传与讲述百姓身边事结合起来，推出了一系列生动鲜活的主题报道。2017年春节前后，中央电视台《新闻联播》推出“厉害了，我的国”系列主题报道，以普通人的第一人称视角讲述百姓身边生活的变化，生动展示了我国社会主义现代化建设的伟大成就，传递出“我为祖国自豪，祖国为我骄傲”的家国情感，进一步坚定了全国各族人民团结奋斗的共同理想。

其次，新闻媒体要维护主流价值系统。社会主义核心价值观是我国社会主义价值体系中最核心的部分，对于社会和谐稳定、国家长治久安有重要作用。新闻媒体要自觉加强社会主义核心价值观的宣传，把社会主义核心价值观转化为人们的情感认同和行为习惯，为人们提供精神指引。

法国哲学家雅克·埃吕尔(Jacques Ellul)在其著作《宣传:塑造态度》(1965)一书中指出,宣传不断地生产着一种标准的生活方式,向个人推销何种行为对国家社会有用、何种生活方式会得到他人尊重等观念。媒体的长期宣传,能够使社会主流价值观深入人心,获得人们的认可。在传播学中,这一功能体现为大众传媒的"社会地位赋予功能"。该功能指任何一种事物,只要得到新闻媒体的广泛报道,都会成为社会瞩目的焦点,获得很高的知名度和社会地位,亦即大众传媒支持的事物能获得一种正统化的效果。丽江华坪女子高级中学校长张桂梅将全部身心投入到边疆民族地区女性教育事业和儿童福利事业,以坚韧执着的拼搏和无私奉献的大爱,诠释了共产党员的初心使命,先后被授予"全国优秀共产党员"称号、"时代楷模"称号、"全国脱贫攻坚楷模"荣誉称号,2021年6月29日,中共中央授予张桂梅"七一勋章"。主流媒体对张桂梅的先进事迹进行了集中、大量报道,积极宣传其爱国、奉献、拼搏、大爱精神,让全国人民了解其事迹,感动其行为,学习其精神,形成一股良好风尚。

需要注意的是,这种价值观的输出是无所不在的,即便是综艺娱乐节目也会输出价值观,维护主流价值系统。如美国的真人秀节目更强调冲突而非合作,强化通过个人奋斗赢得成功的个人英雄主义,我国的真人秀节目则更强调合作而非冲突,强化团结就是力量的集体主义观念。

最后,新闻媒体要沟通不同民族、种族、地区、职业和群体之间的关系,缓解社会冲突。一个国家的民众往往具有民族、种族、地区、群体等差异,存在多种生活方式和传统习俗、文化。新闻媒体作为黏合剂,能够沟通双方,发挥增进了解、缓和矛盾的作用。

总之,新闻媒体是实现国家和社会目标的重要手段,通过宣传报道能够实现社会整合,缓和社会矛盾,妥善处理国家内部不同民族、不同地区的利益冲突,保持社会稳定,从而为经济发展创造良好的社会环境。

三、实施舆论监督,推动社会进步

舆论监督指社会公众通过舆论对各种权力组织及其工作人员以及社会上违法、违纪、违背民意的不良现象或行为进行的监督。舆论监督的主体是社会公众,对象是社会问题及不良现象。

新闻媒体是舆论监督的重要途径,运用新闻媒体开展舆论监督,对社会的进步与发展有着重要作用。新闻的舆论监督具有强大的震慑力,能够起到维护党、国家和人民的利益不受侵犯、保证社会公平正义、健全社会法制、促进政府科学决策等作用，从而推动社会进步发展。

中西方的舆论监督表现出不同的方式和特点。西方的舆论监督呈现出对抗式、揭黑式的特点，监督对象集中在政府身上，如美国新闻史上的"扒粪运动"，虽然有一定的进步意义，但也具有很大的虚伪性。与西方世界标榜新闻媒体是政府的制衡者、对抗者立场不同，发展传播学认为，发展中国家的媒体是政府实现国家发展的工具之一，媒体在很大程度上和政府保持一致，服从、配合政府的工作安排，推动社会协调发展。因此，我国媒体在履行舆论监督时要接受党的领导。只有在党的领导下，在各级党组织的支持配合下，新闻的舆论监督才会正确、健全、充分地开展起来。

我国的新闻工作历来重视发挥舆论监督的作用。早在新中国成立初期，党中央就专门作出《关于在报纸刊物上展开批评和自我批评的决定》。党的十八大报告指出，要确保党内监督、民主监督、法律监督、舆论监督，让人民监督权力，让权力在阳光下运行。

习近平总书记高度重视舆论监督。他指出，舆论引导和舆论监督是社会主义新闻事业的两大功能，舆论监督是加强党的建设和民主政治建设的一项重要内容，新闻媒介的舆论监督是最经常、公开、广泛的一种监督方式。当前，要特别发挥新闻的舆论监督功能，使腐败现象暴露在光天化日之下。他在党的新闻舆论工作座谈会上指出："新闻媒体要直面工作中存在的问题，直面社会丑恶现象，激浊扬清、针砭时弊，对人民群众关心的问题、意见大反映多的问题，要积极关注报道，及时解惑，引导心理预期，推动改进工作。"①

舆论监督是人民群众行使监督权利的重要形式，是党和人民赋予新闻媒体的重要职能。新闻舆论工作应在坚持正面宣传为主的原则下，注意加强舆论监督，关注问题，主动发声，发挥好舆论监督的重要作用。2013 年 1 月，新华社记者采写了《网民呼吁遏制餐饮环节"舌尖上的浪费"》一文，反映了广大群众对餐饮浪费特别是公款浪费的强烈不满。该文受到中央的高度重视，由此展开了一场轰轰烈烈的宣传活动，在全社会形成了"节约光荣、浪费可耻"的风气，有效地纠正了餐饮浪费特别是公款浪费的现象。

① 中共中央文献研究室编：《习近平总书记重要讲话文章选编》，中央文献出版社、党建读物出版社 2016 年版，第 426 页。

四、传播知识，启迪大众

新闻媒体作为社会文化的规范与传承者，在社会中起到传播知识、启迪大众的作用。

新闻媒体传播的知识主要和人们当前的生产、生活密切相关。近年来，我国因电动车引发的火灾、交通事故频发，电动车安全成为关系人民群众生命财产安全的重要问题。为此，新闻媒体开展了持续不断的报道，内容涉及电动车安全充电、安全骑行等知识，积极宣传不在室内给电动车充电、戴头盔骑行等规则，取得了较好的效果。

新闻媒体传播的知识还可以使人们不断了解人类社会科学文化的发展与进步。近年来，中央电视台陆续推出《中国汉字听写大会》《中国诗词大会》《经典咏流传》《典籍里的中国》等系列文化节目，让观众感受到中华文明的博大精深，传承与弘扬了中国传统文化。2020 年 11 月 24 日，"嫦娥五号"探测器进入预定轨道，开启我国首次地外天体采样返回之旅。同年 12 月 17 日凌晨，"嫦娥五号"返回器携带月球样品着陆，任务圆满完成。其间，媒体围绕"嫦娥五号"探月展开专题报道，既宣传了我国航空航天事业的伟大成就，也向民众科普了航空航天、月球的形成和演变等科学知识，是一次难得的科普知识"现场教学"。

同时，新闻媒体还肩负启迪大众的任务，要教育大众遵纪守法，竭力促进人的现代化，推进包括人的思想观念、素质能力、行为方式、社会关系等方面的现代转型。例如，19 世纪 80 年代到 20 世纪 20 年代美国移民热潮时期，美国媒体针对新移民开展公民教育，培养新移民的现代行为习惯。近年来，随着我国城市化进程的加快，城市人口急剧增加，新闻媒体也承担着提升国民素质的重要任务。

五、提供娱乐，丰富生活

"使用与满足"理论指出，人们接触媒体不仅为了获取有用的信息，也有消遣休闲的需求。所以，新闻媒体中的内容并不都是实用性的，也有相当一部分是为了满足人们的休闲娱乐的需求。如文学的、艺术的、消遣性的内容等，使我们能够暂时摆脱工作、生活的紧张压力，享受丰富的精神生活，获得轻松和休息。现代社会，随着物质文明的发展，人民群众更加关注精神生活追求，大众娱乐需求愈加旺盛，娱乐成为人们美好生活的重要内容。

长期以来，报纸上的副刊具有较强的文艺性，主要刊登文学、文艺作品，内容丰富多彩，趣味盎然，广泛采用杂文、散文、诗歌、绘画等形式，能够开阔视野，启迪智力，增长知识，已成为我国报纸的一大特色。

在广播电视和网络媒体中，娱乐性内容更是占到节目总量一半以上，成为人民群众日常休闲娱乐的重要方式。电视娱乐节目占据电视节目的半壁江山，节目形式丰富，不断创新，屡屡推出“破圈”之作。中央电视台 2018 年推出的《经典咏流传》节目“和诗以歌”，将古诗词和近代诗词配以现代流行音乐，邀请一众唱作歌手现场演绎，兼顾诗词文化的意境悠远和表现形式的通俗易懂，受到观众广泛好评。2021 年推出的《典籍里的中国》节目聚焦优秀中华文化典籍，通过时空对话的创新形式，以“戏剧＋影视化”的表现形式，讲述典籍在五千年历史长河中源起、流传及书中的闪亮故事。节目设立“历史空间”“现实空间”两大舞台，创新节目形态，在历史空间中采用影视化拍摄手法，邀请影视嘉宾进行故事演绎，结合环幕投屏、AR、实时跟踪等舞台技术，对典籍的故事进行可视化呈现，大大增强了节目的可看性，以文艺娱乐的形式传承了中华民族的传统文化。这些宝贵的经验值得借鉴和传承。

第三节　中国社会主义新闻事业的性质与任务

“党和人民的喉舌”这一特性决定了我国社会主义新闻事业有着特殊的作用和任务。我国新闻事业作为党和人民的喉舌，要把为人民服务、为社会主义服务、为党和国家工作大局服务作为自己工作的方向，始终不渝地完成党和人民赋予的职责和使命。

一、中国社会主义新闻事业的性质

我国新闻媒体的根本性质是：新闻媒体既是党和政府的喉舌，也是人民的喉舌。

这一说法可追溯至马克思，马克思把充当人民的喉舌视作报刊的重要使命。1848 年马克思在主编《新莱茵报》时指出报纸要做“热情维护自己自由的人民精神的千呼万唤的喉舌”[①]，报纸要积极反映人民群众的呼声和要求，忠实表达人民群众的思想和感情。后来，做人民的喉舌成为无产阶级政

① 《马克思恩格斯全集》第 6 卷，人民出版社 1961 年版，第 275 页。

党报刊的共识和传统。

我国报人第一次提出“耳目喉舌”，可追溯到1896年梁启超的《时务报》，他将报纸的职能定性于与政治的关系，并比喻为“喉舌与耳目”。他在《论报馆有益于国事》的文章中写道：“上有所措置不能喻之民，下有所苦患不能告之君，则有喉舌而无喉舌。其有助耳目喉舌之用而起天下之废疾者，则报馆之为也。”也就是说，皇帝和百姓都长着喉舌却不能相互沟通，那么，现代报刊要成为他们的喉舌，让双方相互沟通。这反映了梁启超的新闻理想和报业观。

党和国家领导人继承和发扬马克思的办报思想，充分肯定媒体作为党和人民的喉舌的性质。邓小平要求新闻宣传工作者与人民打成一片，要了解人民大众的问题，并帮助他们解决这些问题。江泽民指出：“我们国家的报纸、广播、电视是党、政府和人民的喉舌。这既说明了新闻工作的性质，又说明了它在党和国家工作中的极其重要的地位和作用。”① 习近平关于新闻舆论工作发表了一系列重要讲话，继承和创新了马克思为人民办报的新闻初心，尊重和重视人民的知情需求，并尽量去满足，努力做到信息透明、公开，又提醒新闻工作者在怎样满足的问题上要具体分析，推动了马克思主义新闻观的新发展。

二、积极发挥“喉舌”的功能和作用

新闻事业作为党和人民的喉舌，就要为党和人民群众去听、去看、去说。新闻事业作为“耳目”，要眼观六路耳听八方，随时把各种信息收集起来，传播出去；作为“喉舌”，要对国内外发生的重大事件以及人民群众关心的各种问题发表看法，阐述主张。

首先，新闻媒体要做好党和政府的“喉舌”，既要自觉宣传党和政府的纲领路线、方针政策，使之广泛地被群众知晓，又要帮助党和政府去观察和了解人民群众的生活状况，并及时传达给党和政府。新华社社长、党委书记蔡名照说：“新华社是党中央的‘喉舌’‘耳目’……无论时代如何变迁，这一条都必须毫不动摇坚持下去。（新华社）要把宣传好党的理论和路线方针政策作为重中之重……让党的主张成为时代最强音。”②

其次，新闻媒体要做好人民的“喉舌”，既要深入了解人民群众的需求和

① 中共中央文献研究室编：《十三大以来重要文献选编》（中），人民出版社1991年版，第766页。
② 蔡名照：《始终履行好党中央“喉舌”“耳目”职能》，《求是》2016年第6期。

心声，充分反映群众的利益要求，又要积极为人民群众行使知情权、参与权、表达权和监督权提供方便条件，把人民的意见、建议和呼声及时反映给党和政府。

总之，新闻媒体要在党和政府同人民群众之间发挥好桥梁作用，努力做到把体现党的主张和反映人民心声统一起来，在党和政府同人民群众之间发挥上情下达的作用。

三、中国社会主义新闻事业的任务

我国社会主义新闻事业的基本任务，要遵照党的基本方针政策，依据党在一段时间内的工作目标而确定。在当前以及今后一段时期内，就是要以习近平新时代中国特色社会主义思想为指引，为决胜全面建成小康社会，夺取新时代中国特色社会主义伟大胜利而努力奋斗。

2016 年 2 月 19 日，习近平总书记在党的新闻舆论工作座谈会上发表重要讲话，明确指出："在新的时代条件下，党的新闻舆论工作的职责和使命是：高举旗帜、引领导向，围绕中心、服务大局，团结人民、鼓舞士气，成风化人、凝心聚力，澄清谬误、明辨是非，连接中外、沟通世界。"[①]这为我国新闻媒体当前及今后相当长时期内确立了基本任务。

（一）高举旗帜，引领导向

高举旗帜，引领导向，就是要坚持马克思主义指导地位，高举中国特色社会主义伟大旗帜，引领舆论导向，做到所有工作都有利于坚持中国共产党领导和我国社会主义制度，有利于推动改革发展，有利于增进全国各族人民团结，有利于维护社会和谐稳定。[②]

新闻媒体作为重要的舆论工具，在意识形态领域担负着思想引领和舆论导向的重要任务。习近平新时代中国特色社会主义思想是中国共产党划时代的重大理论创新，是马克思主义中国化的最新成果，是党实现"两个一百年"奋斗目标的指导思想。在当前及今后一段时间，新闻媒体要高举习近平新时代中国特色社会主义思想伟大旗帜，为实现中华民族伟大复兴的中国梦做好舆论工作。

2021 年恰逢建党一百周年，站在"两个一百年"的历史交汇点，全面建设

① 习近平：《习近平谈治国理政》第 2 卷，外文出版社 2017 年版，第 332 页。

② 参见新华通讯社课题组编：《习近平新闻舆论思想要论》，新华出版社 2017 年版，第 33 页。

社会主义现代化国家新征程开启。在这伟大而庄严的日子，上至《人民日报》、中央广播电视总台、新华社等中央级主流媒体，下至全国各地各级媒体，围绕建党一百周年，精心组织，统筹安排，围绕党史学习教育、庆祝大会、开展"七一勋章"评选颁授和全国"两优一先"评选表彰等系列活动，推出一系列重磅报道，在全国上下形成一心向党的热烈氛围，极大地增强了中华民族的向心力和凝聚力。

（二）围绕中心，服务大局

围绕中心、服务大局，就是要围绕党的中心工作，服务党和国家工作大局，认真贯彻中央的决策部署，坚持在大局下思考、在大局下行动，做到不缺位、不错位。

当前以及今后相当长时期内，我国的中心任务是按照"五位一体"[①]的总体布局和"四个全面"[②]的战略布局，决胜全面建成小康社会，决胜"两个一百年"[③]的奋斗目标，实现中华民族的伟大复兴。这是党的中心工作、党的大局。我国社会主义新闻事业要围绕这个中心进行新闻宣传工作，宣传、动员和组织广大群众投身到社会主义国家的建设事业中，使党的中心工作化为全党全国全军的统一意志，实现全国上下同心同德。

（三）团结人民，促进和谐

新闻媒体要坚持以人民为中心的工作导向，弘扬主旋律，传播正能量，团结人民，激励人民奋进，促进社会和谐。要坚持团结稳定鼓劲、正面宣传为主的方针，激发全社会团结奋进的强大力量。通过加强主题宣传和典型宣传，实现正面宣传和舆论监督的有机统一，从而安抚群众的情绪，维护社会稳定，促进社会和谐。

这就要求新闻媒体既要研究宣传规律，又要研究新闻传播规律。融媒体环境下媒体关于"两会"报道多有创新，在增强互动性、语态转化、场景传播等方面进行了创新，实现可视化呈现、互动化传播，让报道更鲜活、更接地气、更具亲和度。2021 年全国"两会"期间，中央广播电视总台和各卫视全方

---

① "五位一体"指经济建设、政治建设、社会建设、文化建设和生态文明建设一起协调发展。

② "四个全面"指全面建成小康社会、全面深化改革、全面依法治国和全面从严治党。

③ "两个一百年"指到建党一百年时，使国民经济更加发展，各项制度更加完善；到本世纪中叶建国一百年时，基本实现现代化，建成富强民主文明的社会主义国家。

位、多视角聚焦会议议程，推出诸多特别节目、专题专栏，丰富融媒体产品，让“两会”信息快速、精准地传达受众，全方位、立体化、交互式报道，将严肃的内容以活泼的方式进行可视化呈现，有力提升了“两会”报道的活力与声量。这些创新报道使党和政府的主张、代表和委员的建议与人民群众的诉求和期待融合在一起，形成强大的主流舆论，弘扬了主旋律，传播了正能量，获得了很好的传播效果。

（四）成风化人，培育风尚

我国新闻事业承担着建设社会主义先进文化、引领社会风尚、促进社会主义精神文明建设的重要使命。因此，弘扬社会主义核心价值观，营造风清气正的社会风气，形成不忘初心、砥砺前行的精神面貌，造就既有统一意志又有个人心情舒畅的、生动活泼的局面，是我国传媒业的义不容辞的职责和使命。

2016 年，习近平总书记在第一届全国文明家庭表彰大会上指出：“要积极传播中华民族传统美德，传递尊老爱幼、男女平等、夫妻和睦、勤俭持家、邻里团结的观念，倡导忠诚、责任、亲情、学习、公益的理念，推动人们在为家庭谋幸福、为他人送温暖、为社会做贡献的过程中提高精神境界、培育文明风尚。”秉持这一理念，近年来我国主流媒体很重视对普通人“好人好事”的报道。《人民日报》微信公众号报道过危急时刻挺身而出救护他人的普通人、默默给援鄂医护人员垫付餐费的普通人、快速给载有患儿的车辆放行并且垫付通行费的高速收费员、坚定信念苦练技能打破职业偏见的汽修班女孩、自愿捐献造血干细胞的普通人，他们身上体现了中华民族善良、诚信、奉献、拼搏的精神，这些来自身边的感人事迹，具有强大的感召力。

社交媒体时代，流量变现成为现实，媒介出现了一些乱象，“审丑”盛行。“窃格瓦拉”“马保国”之流言论荒谬、价值观扭曲，却得到诸多流量，成为网络红人。对此乱象，《人民日报》发文驳斥，直言“审丑狂欢，不能无底线”，指出如果放任“审丑”，是对社会风气的伤害，对价值体系的毒化。文章呼吁社会各界共同维护核心价值观，守住底线。

（五）连接中外，沟通世界

连接中外、沟通世界，就是要坚持国家站位、全球视野，提高国际传播能力，讲好中国故事，传播好中国声音，架起中外沟通的桥梁。[①]

媒体是全球化的沟通者，是世界互通互联不可缺少的纽带。当前，中国特色社会主义进入新时代，我国日益走近世界舞台中央，不断为人类做出更大贡献。中国发展离不开世界，世界发展也离不开中国。世界渴望听到更多中国声音，中国也迫切需要提升话语影响力，为实现“两个一百年”目标和中华民族伟大复兴“中国梦”提供良好国际舆论保障。

讲好中国故事、传播好中国声音，是当前我国新闻工作者的重要使命。中国的故事不可谓不精彩，但没有被很好地倾听，“中国音量”与“中国体量”还很不相称，相当多的西方媒体仍然带着“有色眼镜”观察中国、报道中国甚至抹黑中国。为此，我们要加快步伐，加强国际传播能力建设。

习近平高度重视国际传播能力建设工作，指出新时代外宣要“讲好中国故事，传播好中国声音，让世界认识一个立体多彩的中国，展示中国作为世界和平的建设者、全球发展的贡献者、国际秩序的维护者良好形象，为推动建设人类命运共同体作出贡献”[②]。为此，我们要把握历史机遇，加快构建融通中外的话语体系，主动设置议题抢占舆论引导先机，着力报道全球聚焦的中国事务，积极回应国际社会“认知错位”的关键问题，在重大国际事务中积极发出中国声音，不做西方媒体的传声筒，当好中国价值的传播者。

第四节　建设新型主流媒体

“新型主流媒体”的概念最早于 2014 年提出。中央全面深化改革领导小组第四次会议《关于推动传统媒体和新兴媒体融合发展的指导意见》指出：“着力打造一批形态多样、手段先进、具有竞争力的新型主流媒体，建成几家拥有强大实力和传播力、公信力、影响力的新型媒体集团，形成立体多样、融合发展的现代传播体系。”这是中央在宣传思想文化领域的一项战略部署，是传统媒体与新兴媒体融合的背景下提升主流媒体的竞争力、着眼于长远发展的战略部署。

一、相关概念

新型主流媒体是在传统媒体与新兴媒体融合背景下主流媒体的新型

① 参见新华通讯社课题组编：《习近平新闻舆论思想要论》，新华出版社 2017 年版，第 34 页。

② 《习近平致信祝贺中国国际电视台（中国环球电视网）开播》，《人民日报》2017 年 1 月 1 日。

化，在对新型主流媒体进行界定前需要讨论几个相关概念。

（一）主流媒体

主流媒体的概念，国内一般认为来源于美国学者乔姆斯基（Noam Chomsky）。他在1977年发表文章《主流媒体何以成为主流》，通过列举《纽约时报》、哥伦比亚广播公司的例子对主流媒体的特征进行了概括。首先，乔姆斯基将媒体分为两类：一类是以报道娱乐或社会类新闻为主的媒体，直接面向大众群体，属于非主流媒体；一类面向少数社会精英，报道严肃内容，是"精英媒体"，属于主流媒体，如《纽约时报》、哥伦比亚广播公司等。其次，乔姆斯基认为主流媒体也是"议程设置媒体"，能够对其他媒体产生影响，如《纽约时报》的头版往往会被其他媒体转载，成为媒体普遍关注、跟进的议题。因此，西方语境下的主流媒体具有三个特征：读者是非常有特权的社会精英，如在社会上有控制权力的政治和经济管理者、学术领袖与媒体记者等；报道严肃内容、信誉有保障、社会地位高；对其他媒体有影响力。

在我国，主流媒体的概念要结合中国语境。与西方更多地从专业主义角度出发、落脚在精英媒体不同，我国主流媒体的标准更多侧重意识形态属性，传播主流价值观是我国主流媒体的重要属性。2004年，新华社开展了"舆论引导有效性和影响力"研究，提出了主流媒体的六条评判标准，被公认为对我国主流媒体较为权威的界定（见表4.1）。根据这一标准，我国主流媒体一般指具备一定规模，体现并传播社会主流意识形态与主流价值观，坚持并引导社会发展主流和前进方向的主要媒体。[①]

表 4.1　新华社关于主流媒体的评判标准

	主流媒体的评判标准
职责	是党、政府和人民的喉舌，具有一般新闻媒体难以相比的权威地位和特殊影响，被国际社会、国内社会各界视为党、政府和广大人民群众意志、声音、主张的权威代表
价值导向	体现并传播社会主流意识形态与主流价值观，在我国即是社会主义意识形态和与之相适应的价值观，坚持并引导社会发展主流和前进方向，具有较强影响力

① 参见石长顺、梁媛媛：《互联网思维下的新型主流媒体建构》，《编辑之友》2015年第1期。

续表

	主流媒体的评判标准
社会影响	具有较强公信力，报道和评论被社会大多数人群广泛关注并引以为思想和行动的依据，较多地被国内外媒体转载、引用、分析和评判
内容特征	着力于报道国内外政治、经济、社会、文化等领域的重要动向，是历史发展主要脉络的记录者
受众定位	基本受众是社会各阶层的代表人群
覆盖范围	具有较大发行量或较高收听，影响较广泛

同时，课题组还列出了以党报为主体的主流媒体名单，这划定了我国官方对主流媒体所指范围。名单囊括了当前主流媒体的传统形态，也包含了网络媒体形态，主要分为以下四类。

(1)以《人民日报》、新华社、中央电视台、中央人民广播电台、《求是》杂志、《光明日报》《经济日报》为代表的中央级新闻媒体。

(2)以各省(自治区、直辖市)党报、电台和电视台的新闻综合频道为代表的区域性媒体。

(3)以各大、中城市党报、电台和电视台的新闻综合频道为代表的城市媒体。

(4)以新华网、人民网等为代表的国家重点扶持的大型新闻网站。

(二)传统媒体与新兴媒体

在我国，传统媒体主要指报纸、广播、电视、杂志等四种媒介形态。它们诞生时间早、存在时间长、受众广泛、内容稳定，是一批较为成熟的传播组织。

新兴媒体是一种不同于传统媒体的全新的媒介形态，也称为“新媒体”(new media)。当今的新媒体包括从互联网衍生出来的网络媒体与手机媒体，具有数字化和互动性的特征。确切地说，新兴媒体不是传统意义上的媒体，而是一种基于互联网的媒介平台。常见的媒介平台有Google、Facebook、微博、微信、今日头条、抖音、快手等。以抖音为例，抖音诞生之初内容以娱乐为主，发展至2020年，已经成为包含娱乐、学习、社交和分享信息的综合性媒介平台，渗透到用户的日常生活中。

传统媒体与新兴媒体的区别主要体现在功能属性和媒介组织结构两方

面。首先，从功能属性上看，传统媒体主要提供内容，新兴媒体主要提供服务。传统媒体专长内容生产，新兴媒体则通过用户生产内容（UGC）模式充分利用数亿用户每天为其“制造”内容来创造价值。其次，二者的媒介组织结构不同，前者是辐射式结构，以媒体自身的内容生产为中心；后者是分布式结构，以用户为中心。新兴媒体不仅可以聚集更多的资源，而且可以满足用户更多的需求，从而创造新的价值。

需要注意的是，传统媒体与新兴媒体并非更替关系。清华大学新媒体传播研究中心主任熊澄宇说，任何一种媒体都处在发生、发展、变化、完善的过程中。所以，当前我国的媒介形态依旧是新旧并存、功能互补、边缘融合、形态创新。因此，媒介融合才在实践上成为可能。

二、新型主流媒体的内涵与特征

目前学术界对“新型主流媒体”还未形成一致公认的定义，本章仅从一般意义上来描述其内涵和特征。通俗地说，新型主流媒体是主流媒体的新媒体形态，内核是主流媒体，“新型”体现在互联网媒介带来的改变和相应的对内容生产、传播方式的影响上。重塑主流媒体的本质是塑造互联网化的主流媒体，重建主流媒体与用户的连接，使主流媒体重新成为网络社会的中心节点。

具体来说，新型主流媒体的特征主要有以下几点。

（一）党直接领导主流媒体是前提

从管理制度上讲，新型主流媒体属于党的宣传系统，由党直接领导。这一点是刚性的，须保持长期不变。党对主流媒体的管理包括主要领导任免权、重大事项决策权、重要资产配置权、重大报道终审权等。[①]

（二）新型主流媒体是党和政府的喉舌

新型主流媒体的性质与职能和主流媒体是一致的，是党和政府的喉舌，传达的是党和政府的声音。

（三）传播社会主流意识形态与主流价值观

从价值导向看，新型主流媒体传播的是社会主流价值观。当前我国社

① 参见李良荣：《新闻学概论》，复旦大学出版社 2021 年版，第 170 页。

会已经形成多元利益、多元文化的格局,各种社会思潮盛行,网络平台上言论多元,因此新型主流媒体需承担起宣传主流价值观的任务,引导民众思想,传播社会主义核心价值观,凝聚民心。

(四)受众广泛,面向主流人群

和西方主流媒体面向精英群体不同,我国主流媒体以社会各阶层的受众为对象,覆盖范围广。具体来说,新型主流媒体要以中等收入群体为主要受众群体,传播主流声音,传递主流价值。[①]

(五)内容以时政等"硬新闻"为主,兼顾社会生活等领域的新闻

新型主流媒体的报道内容除了一如既往地关注时政新闻等硬新闻,及时传达党和政府的声音外,也关注社会领域发生的热点事件,回应民众需求。

(六)以互联网为载体,形态多样

传统主流媒体以报纸、广播、电视等媒介为主要载体,新型主流媒体则顺应媒体生态变迁,以互联网为载体,探索微博、微信、移动客户端、聚合类音视频平台等多种形态。在新型主流媒体的架构中,报纸、广播、电视等传统媒介形态将与互联网长期共存,但主流媒体最主要的载体和传播渠道一定是互联网,特别是移动互联网。

三、新型主流媒体的综合指标

习近平指出:"坚持正确舆论导向,高度重视传播手段建设和创新,提高新闻舆论传播力、引导力、影响力、公信力。"[②]新闻舆论"四力"是建设新型主流媒体的综合性指标。

新闻舆论"四力"综合体现了主流媒体传播主流价值观和拥有强大影响力的内核。其中,传播力是实现有效传播的能力和效力。主流媒体应当具有较大发行量、较高收听率、较高流量,用户覆盖范围广。引导力是媒体引领用户把握正确方向和纠正舆论偏差的能力。当前我国主流媒体的引导力就是凝聚共识的能力,是动员全国各族人民共同为实现中华民族伟大复兴

① 参见李良荣:《新闻学概论》,复旦大学出版社 2021 年版,第 170 页。

② 习近平:《习近平谈治国理政》第 3 卷,外文出版社 2020 年版,第 33 页。

的中国梦而奋斗的能力。“影响力”是媒体对用户的认知、行为等方面的带动和示范作用，表现为主流媒体的报道和评论会被社会大多数人广泛关注并引以为思想和行动的依据，较多地被国内外媒体转载、引用、分析和评判。“公信力”即民众对媒体的信任，强调新闻媒体在长期的新闻报道活动中所形成的获得社会普遍信任的能力。公信力是以民众认可媒体为前提的，民众对其持续认可，才会逐渐转化为对媒体的信任。民众不认可的媒体，谈不上具有公信力。

新闻舆论“四力”是一个相互作用、不可割裂的整体。具体而言，传播力是前提，引导力、影响力是目标，公信力是保障。一个具有公信力的媒体，才会拥有较强的引导力和影响力。提高主流媒体的引导力、影响力是最终目标。

新闻舆论“四力”对我国主流意识形态宣传工作具有重要意义。我国主流媒体作为党和政府的喉舌，一直是主流意识形态宣传工作的主要阵地。21 世纪以来，互联网与智能手机的迅速普及，使得舆论生态发生深刻变化，一些主流媒体工作理念、方式、手段还没有跟上，受众规模缩小，引导力、影响力下降，主流意识形态宣传阵地受到挑战。因此，打造一批“形态多样、手段先进、具有竞争力的新型主流媒体，建成几家拥有强大实力和传播力、公信力、影响力的新型媒体集团”，是对主流意识形态宣传阵地的夺回与巩固，是实现国家治理体系和治理能力现代化的重要任务。

当前，我国新型主流媒体要正确处理“流量”和“四力”的关系。新型主流媒体当然要考虑点击量、评论量、转发量等流量数据，这是判断媒体传播力的重要指标。但不能唯流量论，而是要综合考虑“四力”。也就是说，相较于有多少用户接触了媒介，主流媒体更应关注媒介内容对用户产生了哪些影响，关注主流媒体对人民群众思想和行动的引导效果。相反，如果只关注流量，唯流量论，容易掉入娱乐化、低俗化的泥沼，丧失主流媒体的权威性和公信力。

四、当前我国新型主流媒体的布局与成就

从媒介形态上分，新型主流媒体可分为两种：一种是建设自有平台，包括网站和自有客户端；一种是入驻微博、微信、聚合新闻客户端、聚合音视频客户端等第三方平台。按照行政等级，新型主流媒体可以分为中央级、省级、市级和县级四级。

自 2014 年中央明确部署建设新型主流媒体以来，我国传统媒体纷纷布局新媒体建设，融合传播矩阵，提升主流媒体“四力”，六年来取得了丰硕成果。目前，我国主流媒体在媒体融合、推进新型主流媒体之路上取得了显著成绩，主要体现在以下四个方面。

（一）主流媒体传播矩阵继续拓展，新型主流媒体布局基本完成

对媒体来说，没有渠道就没有到达，没有到达就产生不了影响力。丰富传播形态和样式，壮大拓展新兴媒体传播渠道，形成全方位、多层次、立体化的传播矩阵，是构建现代传播体系的基础和重要步骤。

2020 年，主流媒体通过建设自有平台、入驻第三方平台等方式，继续壮大融合传播矩阵，我国新型主流媒体布局已基本完成。2021 年初，人民网研究院对 275 份中央、省级、省会城市及计划单列市的主要报纸、287 个中央及省级广播频率、34 家中央及省级电视台的融合传播力进行考察评估，形成《2020 年中国媒体融合传播指数总报告》。报告显示，电视媒体表现出色，自有平台开通率和第三方平台入驻近 100%。报纸媒体的新媒体布局也基本完成，网站开通率和微博、微信、聚合新闻客户端入驻率均在 95%以上，聚合视频客户端入驻率接近 90%。相对而言，广播频率在聚合新闻客户端和聚合视频客户端的第三方平台入驻率较低，还需持续发力。

（二）新型主流媒体覆盖用户总数增长迅速，触达人群广泛

2020 年媒体融合传播矩阵覆盖的用户总数比 2019 年整体增长 123%，触达人群更加广泛，充分体现其覆盖范围广的主流媒体特性。除网站、微信外，平均每份报纸融合传播覆盖用户数总和为 1620 万，平均每个广播频率融合传播覆盖用户数总和为 327 万，平均每家电视台融合传播覆盖用户数总和为 2.48 亿，显示出极高的覆盖率和极强的传播力。

此外，2020 年有 600 余家中央、省、市、县级媒体入驻了哔哩哔哩网站，开设账号发布视频内容等，进一步拓展传播渠道，吸引年轻用户群体。

（三）中央级媒体继续领跑，媒体融合布局下沉至县级融媒体

综合来看，中央级媒体融合传播力继续领跑全国。报纸、广播、电视融合传播力指数第一名分别是《人民日报》、中央广播电视总台“中国之声”和中央广播电视总台，保持了历年的领先优势。

近年来，人民日报社、新华社、中央广播电视总台等中央级主流媒体先后入驻抖音、快手、B站、喜马拉雅等音视频平台，着力改变传统新闻严肃的叙事风格，以多样活泼的话语方式吸引流量，传播主流声音。截至2019年12月31日，中央级报纸、电视台抖音号平均粉丝数分别为363万、229万，平均总点赞量分别超过1.2亿、1427万。其中粉丝量排名前两位分别是人民日报和央视新闻，分别拥有1.3和1.2亿粉丝，受众的覆盖范围极其广泛。其抖音号定位明确，内容产出稳定，品质可控，在播放、点赞、评论及转载方面表现出色，在群众中有极高的关注度和极强的影响力。

在2018年8月21日召开的全国宣传思想工作会议上，习近平总书记提出"要扎实抓好县级融媒体中心建设，更好地引导群众、服务群众"。自此，媒体融合布局下沉至县级媒体。目前全国各地县区一级的融媒体中心建设挂牌工作基本完成，硬件建设和人员配置陆续到位。县级融媒体将在打通媒体融合"最后一公里"、提供上通下达的桥梁等方面发挥积极作用。

（四）新型主流媒体的"四力"得到有效提升

自2014年媒体融合上升为国家战略以来，经过六年多发展，新型主流媒体传播力、引导力、影响力、公信力有效提升。其间，我国主流媒体打造了融媒体传播矩阵，大量现象级融媒体产品成为主流媒体影响力的重要展示平台；在短视频、直播等新兴领域进行了积极尝试，传播力、引导力效果凸显；各县级融媒体中心的新闻技术水平显著增强，新闻资讯的传播速度与广度大大提升，提供的政务服务丰富而实用，传播力、影响力大幅提升。

在国内外重大议题上，主流媒体通盘调动融媒体传播矩阵，积极设置议题，引导舆论，充分体现了主流媒体的"四力"。2020年抗击新冠肺炎疫情期间，各级主流媒体及时发布疫情信息、政策解读、战"疫"故事、辟谣消息等，回应社会关切，主动设置议题，传播主流价值观。报告显示，新冠肺炎疫情防控期间主流媒体的网络传播力大幅提升，在快手、抖音短视频平台，8家央媒平均粉丝量增加1360万，38家省级以上广电机构平均粉丝量增加261万。

当然，建设新型主流媒体的过程中也有一些困难与挑战。如在当前社交媒体流量导向的形势下，主流媒体如何平衡流量与"四力"？自主可控的新媒体平台如何做大做强？新媒体流量如何变现以及形成并增强自我造血功能？面对广告大幅减少，媒体融合如何获得足够的经费？2020年9月，中共中央办公厅、国务院办公厅印发的《关于加快推进媒体深度融合发展的意见》提出："要发挥市场机制作用，增强主流媒体的市场竞争意识和能力，探索建立'新闻＋政务服务商务'的运营模式，创新媒体投融资政策，增强自我造血机能。"这是在对媒体融合规律与当前媒介格局和媒体发展趋势充分认识与把握基础上提出的顶层设计。相信以此政策为导向，新型主流媒体能够增强自我造血机能，拥有经济支撑能力，也能够打造新型主流媒体过程中技术手段、运营推广、内容生产、流量变现等环节，将我国媒体融合事业推向纵深发展。

推荐阅读

1.《新闻学概论》编写组编：《新闻学概论》，高等教育出版社2020年版。

2.李良荣：《新闻学概论》，复旦大学出版社2021年版。

3.新华通讯社课题组编：《习近平新闻舆论思想要论》，新华出版社2017年版。

4.李良荣、袁鸣徽：《锻造中国新型主流媒体》，《新闻大学》2018年第5期。

5.石长顺、梁媛媛：《互联网思维下的新型主流媒体建构》，《编辑之友》2015年第1期。

思考题

1.如何理解新闻事业的一般属性？

2.简述新闻事业的基本功能。

3.如何理解我国社会主义新闻事业的性质与任务？

4.什么是新型主流媒体？具有哪些基本特征？

5.结合媒体实践，谈谈当前我国新型主流媒体发展现状与前景。

第三章　新闻工作的党性原则和基本方针

新闻工作的党性原则与基本方针，是中国共产党在长期革命和建设的实践过程中总结的重要经验和规律性认识，对我国的新闻事业以及宣传工作的发展具有重要的指导意义。

第一节　新闻工作的党性原则

党性是一个政党的政治本质和特性，是其阶级性的最高和最集中体现。[①] 党性原则是马克思主义新闻观最基本、最重要的观点，是马克思主义新闻观的精髓，是社会主义新闻工作的根本原则，是党的新闻工作的根本原则。党性原则要求党报、党刊必须捍卫党的纲领方针，按照党的精神工作，这是对新闻工作人员、新闻单位、宣传机构等提出的根本要求。新闻媒体必须坚持党性原则，才能更好地发挥党、政府和人民的喉舌作用，才能对社会主义建设起到积极的推动作用。

一、党性原则是社会主义新闻工作的根本原则

马克思主义认为，党性是在阶级斗争进入高度发展的阶段即政党斗争阶段时，适应斗争的需要产生和发展起来的。讲党性，就要明确表示自己的阶级属性和政治立场。毛泽东的宣传思想具有鲜明的阶级性，而党性原则是中国革命时期宣传工作阶级性特点的重要体现。

党性是阶级性的集中体现和最高表现形式，同时也是特定政党根本性

① 参见新华通讯社课题组编：《习近平新闻舆论思想要论》，新华出版社 2017 年版，第 51 页。

质的最高体现，社会主义新闻事业必然具有阶级性和党性。马克思主义认为，阶级、政党是阶级社会的产物，世界上存在阶级区分时，新闻事件就不可能没有党性和阶级性。新闻工作者必须坚持党性原则，遵循所属阶级和政党的各项行为准则。

资产阶级声称其新闻事业是商业性质的，是代表社会利益的，其新闻报道奉行客观、公正、自由、平等的准则，并且否认社会主义新闻工作的党性。但在资产阶级发展过程中，其新闻事业一度以政党报刊的姿态，公开宣传资产阶级思想。后期为了掩饰资产阶级与无产阶级的尖锐对立，逐渐以商业报刊的形式来掩盖和模糊这种对立。但商业报刊背后必然有所属财团对其进行影响和支配，因此商业报刊本质上还是在维护资本主义制度和资产阶级的根本利益。特别是在对世界发生的重大事件进行报道时，资产阶级新闻媒体就会在新闻事实的选择、版面标题的处理甚至是对新闻事件的评论等方面，隐晦而充分地表明自身的立场与态度，因此西方国家的新闻工作也具有阶级性与党性是无法否认的事实。而社会主义新闻事业敢于承认自身的党性与阶级性，是由于无产阶级政党是代表最广大人民的根本利益的，是具备实事求是的科学态度的，是为了实现人的全面发展的政党。

二、党性原则是无产阶级新闻工作的宝贵结晶

早期的共产党一定程度上如《共产党宣言》所说，是作为“幽灵”存在的，但马克思和恩格斯已经为共产党制定了一定的纲领和策略。他们要求不管这个党是否成型，在外界看来属于共产党的报刊或者媒体，必须遵循“党的精神”。这种“党的精神”与现在的“党性”基本接近，其标准是党的纲领、章程、策略决议等。恩格斯认为，“在大国里报纸都反映自己党派的观点，它永远也不会违反自己党派的利益”①。

“党的出版物”的党性原则最早是由列宁提出的，这也是他党报思想的核心概念。列宁认为无产阶级的宣传事业是无产阶级整体事业的一部分，是无产阶级政党的重要工作之一。在《党的组织和党的出版物》一文中，列宁详尽地论述了党的出版物的党性。同时，列宁还提出了衡量党性的四个标准：党的纲领、党的章程、党的策略决议和各国的无产阶级自愿联盟的全部经验，具体来说包括党内言行的组织程序规定、近期内党的斗争目标等。

① 《马克思恩格斯全集》第6卷，人民出版社1961年版，第209页。

而“党的出版物的党性”的内涵除了以上标准之外，还包括出版物与党的关系、出版物的基本任务等问题。列宁认为，在观念上必须把党的出版物视为无产阶级事业的一部分，“写作事业应当成为整个无产阶级事业的一部分，成为由整个工人阶级的整个觉悟的先锋队所开动的一部巨大的社会民主主义机器的‘齿轮和螺丝钉’。写作事业应当成为社会民主党有组织的、有计划的、统一的党的工作的一个组成部分”[①]。在组织上，党的出版物和著作家个人要参加党组织，这就要求党的著作家与出版物必须认识到自己的工作是党的事业的重要组成部分，既然自愿加入了党，就是认同党的纲领，就必须以党的利益为重。列宁要求“党的一切出版物，不论是地方的还是中央的，都必须绝对服从党代表大会，绝对服从相应的中央或地方党组织”[②]，因为党的媒体的重要任务在于影响和引导群众，一旦舆论导向出现错误，就可能会导致党的行动失败。

毛泽东善于将马克思列宁主义与中国革命的具体实践相结合，他在宣传实践中继承了党性原则思想，并与中国实际相结合，将其发展为党报理论，提出应该如何实践党性原则。在《中央关于增强党性的决定》中，对党性进行了深刻的阐释，要求“全党党员和党的各个组成部分都在统一意志、统一行动和统一纪律下面，团结起来，成为有组织的整体”。1942 年 9 月 22 日，经毛泽东亲自审定的《解放日报》社论——《党与党报》提出：“报纸是集体的宣传者和集体的组织者，一方面做党的喉舌；另一个方面，还有另一个重要条件，这就是党必须动员全党来参加报纸的工作。”“这样，党报才真正能成为党的喉舌，成为集体的宣传者与集体的组织者。”这一思想是对列宁党报思想的继承和发展。因此，毛泽东认为的党报党性更多的是指党报工作者的宣传工作要符合当前党的策略，同时要有责任意识，要积极地宣传党的方针政策。

战争时期，毛泽东也要求党的宣传工作特别是党报党刊要坚持党性原则，要将党的利益摆在第一位。全面抗战前期，在国民党统治区域有《新华日报》作为党的机关报，在延安有《共产党人》作为中共中央机关刊物，无论是对外的建立抗日民族统一战线的报道，还是对内的针对根据地内部的报道，都体现了党性原则，对战争的发展和中国共产党在抗日战争前期做出的努力进行了报道。解放战争时期，经过整改后的党的宣传机关以及党的宣

① 《列宁全集》第 12 卷，人民出版社 2017 年版，第 93 页。
② 《列宁全集》第 11 卷，人民出版社 2017 年版，第 155 页。

传工作全面跟随和配合党的政治工作,听从党的指挥,不管是长时间段内从报道国民党军队的强势到报道我军英勇应战的转变,还是短时间段内对抗国民党新闻宣传攻势的新闻反击战,都贴合了当时的政治和军事要求,说明党性原则已经在党的宣传系统和宣传工作人员的心里生了根。1949 年 3 月,毛泽东在党的七届二中全会上指出,通讯社报纸广播电台的工作,都是围绕着生产建设这一个中心工作并为这个中心工作服务的。[①] 1957 年,在《关于正确处理人民内部矛盾的问题》中,他提出了"政治家办报"这一概念,要求新形势下中国的新闻从业者应该同时也是政治家,要懂政治、懂理论,才能宣传到位,才能够及时、正确地领会和准确地传播党的政策。

邓小平重视党报和党领导的媒体工作,1950 年在西南区新闻工作会议上的讲话中,他指出:"出报纸、办广播、出刊物和小册子,而又能做到密切联系实际,紧密结合中心任务,这在贯彻实现领导意图上,就比其他办法更有效、更广泛,作用大得多。"[②]在毛泽东强调党报指导工作的意义的基础上号召各级领导同志发挥党报作用。"文革"结束后,邓小平务实地要求媒体转变工作重心,从"以阶级斗争为纲"转变到以经济建设为中心,并为经济建设提供良好的舆论环境,服务于维护安定团结的大局。邓小平将能否正确地把握党的政策作为衡量党报党性的重要标志,"党报党刊一定要无条件地宣传党的主张。对党的工作中的缺点和错误,党员当然有权利进行批评,但是这种批评应该是建设性的批评,应该提出积极的改进意见。现在不是讲什么这样那样的问题可以讨论吗?可以讨论,但是,在什么范围内讨论,用什么形式讨论,要合乎党的原则,遵守党的决定"[③]。邓小平及时将中国导入市场经济的新环境,其具体的宣传方式体现出他一贯倡导的实事求是的思想和态度。

江泽民认为,在新的历史条件下党领导的媒体的首要任务仍然是宣传党的方针政策。在新闻宣传的党性原则上,江泽民认为:"坚持党性原则,就是要求新闻宣传在政治上必须同党中央保持一致。各级党报要这样,部门的和专业性的报纸也要这样。虽然许多新闻本身不带政治性质,但是,任何

---

① 参见《毛泽东选集》第 4 卷,人民出版社 1991 年版,第 1428 页。

② 《邓小平文选》第 1 卷,人民出版社 1994 年版,第 145 页。

③ 中央机构编制委员会办公室:《邓小平论行政管理体制和机构改革》,中央文献出版社 1996 年版,第 38 页。

一个报纸、电台、电视台的总的新闻宣传来说，都不可能脱离政治。"[①]"坚持党性原则，就要求新闻工作者必须同人民群众保持最广泛、最深刻的联系，从群众的实践中汲取力量。""坚持党性原则，就必须在新闻宣传中旗帜鲜明地坚持不懈地反对资产阶级自由化。"[②]江泽民重视新闻工作，在担任党和国家主要领导的十几年间，他多次视察主要媒体。在继承了毛泽东、邓小平新闻宣传思想中关于党性原则的基础上，江泽民对关于新闻宣传的党性的内涵进行了理论化的阐述，这对新闻宣传工作中党性原则的发展有重要意义。

胡锦涛主持党和国家主要工作以来，坚持新闻宣传的党性原则表现出稳健的战略眼光。在人民日报社考察时，胡锦涛将党性原则放在重要地位，认为："必须坚持党性原则，牢牢把握正确舆论导向。舆论引导正确，利党利国利民；舆论引导错误，误党误国误民。要牢固树立政治意识、大局意识、责任意识、阵地意识，把坚持正确导向放在新闻宣传工作的首位，坚持团结稳定鼓劲、正面宣传为主，唱响主旋律，打好主动仗，更加自觉主动地为人民服务、为社会主义服务、为党和国家工作大局服务。要增强政治敏锐性和政治鉴别力，严格宣传纪律，做到守土有责，在重大问题、敏感问题、热点问题上把好关、把好度。"[③]

习近平多次强调，新闻舆论工作必须牢牢坚持党性原则。在全国宣传思想工作会议上，他指出："所有宣传思想部门和单位，所有宣传思想战线上的党员、干部都要旗帜鲜明坚持党性原则。"[④]2016 年 2 月 19 日，习近平主持召开党的新闻舆论工作座谈会并发表重要讲话，重申党性原则的重要性。他强调："坚持党性原则，最根本的就是坚持党对新闻舆论工作的领导。""党和政府主办的媒体是党和政府的宣传阵地，必须姓党。"[⑤]"党性原则是党的新闻舆论工作的根本原则。党管宣传、党管意识形态、党管媒体是坚持党的领导的重要方面。"[⑥]他还强调："党性和人民性从来都是一致的、统一的。坚

① 中国社会科学院新闻研究所、中国新闻学会联合会编：《中国新闻年鉴(1990)》，中国社会科学出版社 1991 年版，卷前第 1 页。

② 中共中央文献研究室编：《十三大以来重要文献选编》(中)，人民出版社 1991 年版，第 772 页。

③ 《胡锦涛在人民日报社考察工作时的讲话》，2008 年 6 月 20 日，http://news.cctv.com/china/20080626/103354.shtml。

④ 习近平：《习近平谈治国理政》，外文出版社 2014 年版，第 154 页。

⑤ 人民日报社评论部：《论学习贯彻习近平总书记新闻舆论工作座谈会重要讲话精神》，人民出版社 2016 年版，第 21 页。

⑥ 人民日报社评论部：《论学习贯彻习近平总书记新闻舆论工作座谈会重要讲话精神》，人民出版社 2016 年版，第 14 页。

持党性，核心就是坚持正确政治方向，站稳政治立场，坚定宣传党的理论和路线方针政策，坚定宣传中央重大工作部署，坚定宣传中央关于形势的重大分析判断，坚决同党中央保持高度一致，坚决维护中央权威。所有宣传思想部门和单位，所有宣传思想战线上的党员、干部都要旗帜鲜明坚持党性原则。坚持人民性，就是要把实现好、维护好、发展好最广大人民根本利益作为出发点和落脚点，坚持以民为本、以人为本。要树立以人民为中心的工作导向，把服务群众同教育引导群众结合起来，把满足需求同提高素养结合起来，多宣传报道人民群众的伟大奋斗和火热生活，多宣传报道人民群众中涌现出来的先进典型和感人事迹，丰富人民精神世界，增强人民精神力量，满足人民精神需求。"①他认为新闻工作必须不断推出平凡生活中的典型人物，推出大家学习的先进榜样。无论是《县委书记的榜样——焦裕禄》中为人尊敬的焦裕禄书记，还是《索玛花儿为什么这样红》中在特殊邮路上行走的王顺友，抑或是《身边的最美警嫂》中的许娜，都是在平常生活中不断发掘的能够以情节和细节感动受众的典型人物，他们的共同特点是业绩突出或者品行高尚，充满积极向上的正能量。党性和人民性从来都不能从单一个体出发，从某个党员或从某一个具体的人出发，而是应该站在全党和全体人民的立场上，才能更好地把握和处理好党性和人民性的关系。因此，必须坚持"政治家办报"，坚持"树立人民为中心的工作导向"，坚持新闻宣传工作的桥梁作用。

三、党性原则的基本要求

党性原则是社会主义新闻工作者和新闻媒体在新闻实践中必须遵循的重要原则。具体来讲，就是要求新闻工作者必须坚持马克思主义的指导地位，同时坚持党对新闻工作的领导。

（一）坚持马克思主义的指导地位

坚持马克思主义在意识形态领域特别是宣传工作中的指导地位，是社会主义新闻工作坚持党性原则的首要工作。革命时期的宣传工作始终以坚持马克思列宁主义为指导，高举马克思主义的旗帜，使党能够在意识形态领域占据领导地位。新中国成立后，党的宣传工作也一直坚持马克思主义的

---

① 习近平：《习近平谈治国理政》，外文出版社 2014 年版，第 154 页。

理论指导，坚持社会主义意识形态的主导性。但近年来，以马克思主义为指导的理论思想，遭到来自国内外的干扰与挑战。外来思想不断侵蚀群众思维，诽谤中国特色社会主义的合理性。这无疑是历史性的错误，这种错误必将导致群众文化自信的缺乏，甚至会导致意识形态的动摇。因此，必须坚持马克思主义在思想上的指导地位，要求新闻工作者必须坚持学好、用好、宣传好马克思主义。

延安时期，毛泽东要求宣传机构必须学习马克思列宁主义的普遍真理，从而更好地为党、为群众服务。当前社会，越来越多的诱惑摆在记者面前，很多思想都包装得无可挑剔。例如，西方新闻思想表面上给记者相当大的权力，但实质上这种自由主义的新闻思想是建立在西方国情的基础上，并不适应我国国情，因此其弊端也是显而易见的。当前必须培养一支能够深刻解读马克思主义著作的宣传队伍，使其不仅能研究马克思主义的原理，而且也能结合不同国家马克思主义发展的情况，进一步厘清马克思主义的发展规律。宣传队伍要在人民群众中普及马克思主义，就必须深入学习马克思主义的原理及其发展现状，否则不仅会徒劳无益，甚至会传播错误的马克思主义观点。因此，党媒记者应当在习近平新闻舆论观的指导下，深入学习马克思主义理论，领会马克思主义对宣传工作的重要作用，要俯下身、沉下心、察实情、说实话、动真情，在采访和写作中深刻感受马克思主义带来的变化，具体领悟马克思主义的科学指导作用。

党的宣传工作要不断宣传马克思主义，要将马克思主义与当前社会问题相结合，使马克思主义具备适应性与应用性，这样才能提升群众对于马克思主义理论的接受程度。面对贫富差距、面对环境问题、面对医疗卫生体系的改革、面对供给侧结构性改革的全面推进，党的宣传工作需要思考什么样的答复才能使群众满意，什么样的文章才能使群众理解。因此，党的新闻工作者要坚持普及马克思主义的真理，用理论与实践相结合的方式，使群众意识到理论并不是假大空，而是就在身边，就在生活中，是触手可及的。同时，要学会运用马克思主义理论解释社会现实与发展要求，使宣传工作更具备逻辑性和层次性，从社会根源找到问题，剖析问题，才能为各级单位解决问题提供依据，才能为群众所信服，使群众积极参与到社会主义建设中来。

（二）坚持党的领导地位

社会主义新闻事业必须持党的领导，坚持正确的政治方向，新闻媒体必须处于党的领导下。

新闻媒体必须服从党的领导。社会主义新闻事业是党的事业的重要组成部分。延安时期，毛泽东要求各类新闻媒体特别是党报、党刊必须做好党的喉舌，服从中央领导，各级党委也要加强对通讯社及报纸的领导，务使通讯社及报纸的宣传完全符合党的政策，因此党委和新闻媒体在革命时期就形成了领导和被领导的关系。当前，各类媒体技术快速发展，不同性质、不同服务对象的新闻媒体数量急剧上升，从国家通讯社、电视台到县级融媒体中心，从大众传播到小众阅读，各类特色媒体在满足受众需求的同时，都得到了长足的发展。但特色与种类的不同，是不能影响媒体接受党的领导的，也无法改变媒体作为党的喉舌的根本性质，新闻媒体必须坚持党的领导，坚持党性原则。

服从党的领导就要遵守党的纪律，在涉及党的路线方针等重大政治问题时，必须无条件地同党中央保持一致，必须坚决执行党组织的决定，决不能公开发表违背党的路线方针政策的言论。必须全面准确地解读党的基本理论，科学严谨地宣传党的基本路线，才能保证党的路线方针政策的全面贯彻与落实。毛泽东指出："报纸的作用和力量，就在于它能使党的纲领路线方针政策、工作任务和工作方法，最广泛、最迅速地同群众见面。"[①]因此，新闻宣传工作必须一方面准确全面又避免简单化地宣传党的路线方针政策，另一方面必须通过生动活泼的文风、群众喜闻乐见的形式、与群众生活相贴近的内容进一步宣传和解读党的路线方针，这样才能使党的政策深入人心，才能让群众乐于接受并自觉执行，才能为方针政策的贯彻和执行营造良好的舆论氛围。

改革开放以来，我国的新闻工作按照经济建设和政治发展的要求，不断更新，在历史的检验下，在革命时期新闻工作的基础上，逐渐形成一套行之有效的新闻管理工作制度。这些制度在确保正确舆论导向的同时，也随技术与时代的进步不断更新发展。在互联网技术飞速发展的今天，新闻管理制度也在继承我国新闻事业长期以来形成的优良传统的基础上，根据实践发展与形势变化不断探索和创新，在坚持党的领导的前提下，为社会主义新闻事业稳健发展提供坚强的保障。

面对日新月异的媒体环境以及快速更新的媒体设施，党的宣传工作一

---

① 中共中央文献研究室、新华通讯社编：《毛泽东新闻工作文选》，新华出版社 2014 年版，第 188 页。

定要在坚持党性原则的基础上，不断提升宣传工作人员的业务素质，培养一支又红又专的新闻队伍，变说教为引导，变训话为叙述，以受众接受的方式保障宣传工作的内容能够贴合社会发展的需要，保障党的政策方针有效传播。

第二节　新闻工作的基本方针

新闻工作的基本方针，是我党在长期实践中得出的重要认识，是做好新闻工作的基本要求。社会主义新闻工作的基本方针是：坚持维护国家利益，为社会主义服务；坚持联系实际，联系群众；坚持以正面宣传为主的舆论导向；坚持实事求是。

一、维护国家利益，做好对内对外报道

国家利益是影响国家对外政策与行动的重要因素，是影响国际关系的核心驱动，具有重要性、独特性和不可替代性。20 世纪 80 年代，邓小平提出将我国的国家利益作为制定中国国际战略的根本出发点，以争取和平、有利的国际环境，加速中国特色社会主义现代化建设进程，全面发展同世界各国的关系。国家利益成为国家战略的出发点，足以说明国家利益的重要性。新闻是党和人民的喉舌，肩负着维护国内稳定和提升国际影响力的重要责任，是维护社会关系的重要抓手。要维护党和人民的利益，必须把国家利益放在第一位，充分认清特殊利益与共同利益之间的矛盾关系，全力做好涉及国家利益方面的报道工作。

国家利益从本质上来说是一种社会关系，就国内政治的视角来说，是为了维护统治阶级的社会关系；就国际政治的视角来说，是通过对外交往形成有利于统治阶级的社会关系。国内政治在国家利益方面起决定作用，即内政决定外交；外交对国家利益有着极其重要的影响，即外交对内政有影响。在我国，国家利益与人民利益是有机统一的。我国是工人阶级领导的，工农联盟为基础的人民民主专政的社会主义国家，人民是国家的主人，因此维护国家利益实际上就是维护人民的利益。

对内来说，新闻工作者对国家利益的宣传起着不可替代的作用。在我国，人民当家作主，国家的利益与人民的利益相关联，维护国家利益不仅仅体现在国家层面，更体现在人民层面上。在人民眼中，国家利益的维护与现实生活似乎相隔甚远，因此新闻工作者必须在了解国家利益基础上积极宣

传国家利益，进一步延伸出如何维护国家利益，用通俗易懂的语言潜移默化地使国家利益深入人心。新闻工作者必须深入宣传以经济建设为中心的根本要求，使群众深刻认识到我国目前仍处于并将长期处于社会主义初级阶段，我国社会主要矛盾已经转变为人民日益增长的美好生活需要和不平衡不充分的发展之间的矛盾，因此要坚持解放发展生产力，坚持以经济建设为中心。新闻工作者必须深入宣传改革开放的基本国策。改革开放是发展中国特色社会主义、实现中华民族伟大复兴的必由之路，新闻工作要让群众认识到改革开放的重要性，从而促使民众自觉维护国家利益。新闻作为对内宣传重要利器，更应顾大局、知大势，要建立不能因个体利益、局部利益而损害国家整体利益的宣传意识，坚持正面宣传为主，宣传“家是最小国，国是千万家”的重要理念。

对外来讲，一方面，国家利益的报道需要有全球视野，积极向海外受众阐释中国梦想，传播中国声音，不断提升国际影响力。只有站在国家利益的高度做好对外报道，才能使中华民族屹立于世界民族之林，才能在新一轮国际竞争中占据制高点，才能维护好国家利益和人民利益，才能真正增强民族自尊心、自信心和自豪感。正如习近平总书记所说：“在全面对外开放的条件下做宣传思想工作，一项重要任务是引导人们更加全面客观地认识当代中国、看待外部世界。”①“要加强国际传播能力建设，精心构建对外话语体系，发挥好新兴媒体作用，增强对外话语的创造力、感召力、公信力，讲好中国故事，传播中国好声音，阐释中国新特色。”②

另一方面，新闻工作者要深耕中国议题，不断阐释好中国特色。国际舆论对各国政治人物的关注点通常集中于他们的人生经历、执政业绩和家庭生活等富有人情味的方面，新华社《中共高层新阵容》的人物特稿系列就是根据中央领导集体成员的丰富素材，用一大批生动的故事和细节，以主动设置议程的方式，有效地抑制了外媒的不实言论。以习近平的人物特稿为例，文章以大篇幅介绍其“五位一体”的执政理念，除此之外，还描写了他曲折的人生经历，如不满十六岁就离家下乡当知青，在炕席下洒农药粉来灭跳蚤；同时，还有一些习近平的日常生活细节，如陪母亲吃饭、散步，除夕夜等夫人彭丽媛演出结束回家后才一起吃团圆饭等。这些细节既能够拉近领导人与公众之间的距离，又能将当代中国社会变迁与富有人情味的细节相联系，在

① 习近平：《习近平谈治国理政》第1卷，外文出版社2018年版，第155页。
② 习近平：《习近平谈治国理政》第1卷，外文出版社2018年版，第162页。

增强报道的吸引力的同时，更好地阐释了中国特色。

新闻工作者需要具备为党和国家工作大局服务的意识，在行动上紧跟党和国家的重大决策，认真贯彻党和政府的正确部署。习近平指出："增强大局意识，就是要站在大局的高度思考问题，按照大局的要求推进工作。"[①]"能否做到顾大局，在多大程度上顾全大局，是新闻宣传工作健康发展的重要前提和支撑。"[②]他要求"宣传工作一定要把围绕中心、服务大局作为基本职责，胸怀大局、把握大势、着眼大事，找准工作的切入点和着力点，做到因势而谋、应势而动、顺势而为。"[③]新闻工作者应该深入宣传，以更加便捷而有效的形式将党和国家的中心任务以及战略部署传达给人民群众，不断提高人民群众的自觉性，奋力为中国特色社会主义开辟更为广阔的前景。

二、牢记人民至上，让文章充满人民情怀

新闻传播事业来自群众，服务群众，回报群众。马克思主义新闻观强调要把维护最广大人民的根本利益作为新闻舆论工作的出发点和落脚点，高度重视人民在新闻过程中的重要作用，重视人民的参与和对新闻的接收与评价。在我国，新闻传播事业是人民联合起来的事业，始终相信群众、依靠群众、尊重群众的首创精神。党提出了"全党办报、群众办报"的开门办报方针，这是马克思主义新闻观在我国新闻事业中的具体体现。毛泽东在《对晋绥日报编辑人员的谈话》中指出："我们的报纸也要靠大家来办，靠全体人民群众来办，靠全党来办，而不能只靠少数人关起门来办。"习近平强调："中国共产党人的初心和使命，就是为中国人民谋幸福，为中华民族谋复兴。""全党同志一定要永远与人民同呼吸、共命运、心连心，永远把人民对美好生活的向往作为奋斗目标。"[④]因此，做好党的新闻舆论工作，必须坚持以人民为中心的工作导向，新闻工作者不论是采访还是写作，整个过程必须勿忘人民，坚持人民至上，解决好"我是谁，依靠谁，为了谁"这一根本性问题。

写出让群众满意的文章是每名新闻工作者的神圣职责。列宁在《苏维

---

① 习近平：《干在实处 走在前列——推进浙江新发展的思考与实践》，中共中央党校出版社 2006 年版，第 309 页。

② 习近平：《干在实处 走在前列——推进浙江新发展的思考与实践》，中共中央党校出版社 2006 年版，第 310 页。

③ 习近平：《习近平谈治国理政》，外文出版社 2014 年版，第 153 页。

④ 习近平：《决胜全面建成小康社会 夺取新时代中国特色社会主义伟大胜利——在中国共产党第十九次全国代表大会上的报告》，人民出版社 2017 年版，第 1 页。

埃政权的当前任务》中说:“把日常的经济问题提交群众评判,帮助他们认真研究这些问题。”[①]刘少奇在《对华北记者团的谈话》中指出,为党和人民鼓和呼的记者,大胆反映民情、民意的记者是真正的好记者。他说:“人民的呼声,人民不敢说的、不能说的、想说又说不出来的话,你们说出来了。如果能够经常作这样的反映,马克思主义的记者就真正上路了。”[②]让群众满意首先要深入群众,从群众的角度出发,从群众的想法入手,要做好上传下达的工作,积极树立对群众负责的态度。一旦脱离群众,新闻不仅不会吸引人,甚至还会使人误入歧途。因此,刘少奇提出新闻记者要走进群众的要求。“你们要了解人民群众中的各种动态、趋向和对党的方针政策的反映。人民包括各阶层,要加以区别。要善于分析具体情况,看各阶层人民有什么困难、要求和情绪。要采取忠实的态度,把人民的要求、困难、呼声、趋势、动态,真实地、全面地、精彩地反映出来。”[③]毛泽东批评有些文艺工作者不熟悉群众,不懂群众语言,他说:“文艺工作者同自己的描写对象和作品接受者不熟,或者简直生疏得很。我们文艺工作者不熟悉工人,不熟悉农民,不熟悉士兵,也不熟悉他们的干部。什么是不懂?语言不懂,就是说,对于人民群众的丰富的生动的语言,缺乏充分的知识。”[④]放在当代,这就表现为以自我为中心,自以为是,仅凭自己的感觉去判断新闻事实,而不是从人民群众的视角去观察事实,缺少与人民群众的深厚感情,缺少扎根基层的能力水平,习惯了泡会议、跑活动、摘材料,这是写不出好文章的。

民生新闻不仅要做到“快”,还要做到“准”,这样才能做好热点话题的引导。新闻工作者要善于把握社会发展规律,从社会现象中寻找顺应时代趋势、反映民众问题的重要选题。在 2014 年“两会”报道中,《光明日报》以“高考改革”为切入点,准确把握时机,结合民众期待,在第一时间发表了《从“冰冷冷的分”到“活生生的人”——代表委员热议高考改革》,解读政策,引领思考,为高考改革奠定了坚定的舆论基础。而新华社 2012 年 4 月到 9 月刊发的专栏“怎么看与怎么办”也直面房市、股市等焦点问题,通过系列报道的形式为群众答疑解惑,在潜移默化的过程中积累共识,避免反向情绪,形成了

① 《列宁全集》第 34 卷,人民出版社 1985 年版,第 172 页。

② 刘少奇:《对华北记者团的谈话》,中共中央宣传部新闻局编:《马克思主义新闻工作文献选读》,人民出版社 1990 年版,第 225 页。

③ 刘少奇:《对华北记者团的谈话》,中共中央宣传部新闻局编:《马克思主义新闻工作文献选读》,人民出版社 1990 年版,第 223 页。

④ 《毛泽东选集》第 3 卷,人民出版社 1991 年版,第 850 页。

较强的社会公信力。

要坚持党性与人民性相统一，人民群众始终是党坚实的执政基础。只有永不动摇信仰、永不脱离群众，党的事业才能无往而不胜。党的新闻媒体必须姓党，必须服从党的领导，坚持党性原则，同时党的新闻媒体必须坚持倾听人民群众的声音，坚持广泛接地气，从人民中汲取智慧和力量，坚持以人民为中心的工作方针，只有这样才能切实提高党的新闻舆论传播力与影响力，才能共同为实现中华民族伟大复兴的中国梦而努力奋斗。

新时代，主流媒体记者要有为人民代言的情怀和为群众服务的意识，同群众打成一片，用心、用情开展宣传，让群众爱听、爱看，增强吸引力和感染力。要深入群众，走进基层，学习社会，从群众的角度想事，走到群众中去，多拜人民为师，多与群众接触，少一些骄傲的自以为是，多想想怎样和群众心对心地交流，想想什么样的文章群众才爱看，这才是评判的标准。在工作中要坚持贴近实际、贴近生活、贴近群众，扎实走基层、转作风、改文风，要把群众当作最好的老师，俯下身、沉下心、察实情、说实话、动真情，努力推出有思想、有温度、有品质的作品。

三、践行记者职责，做好舆论引导工作

坚持正确的舆论导向，是全国各族人民的根本利益所在，也是最重要、最根本的导向。马克思认为，社会舆论是一种“普遍的、隐蔽的和强制的力量”[①]。党的领导人从始至终都很关注舆论的发展。把在人民内部实行舆论不一律与对敌人实行舆论一律相区别。在人民内部，实行舆论不一律方针，让各种舆论百花齐放，让群众能够发出自己的声音，但对于敌人，要实行舆论一律的方针，让阶级敌人和反动分子无法掀起舆论的轩然大波。

舆论的作用是明显的。舆论导向正确，就能凝聚人心、汇聚力量，推动事业发展；舆论导向错误，就会动摇人心、瓦解斗志，危害党和人民的事业。记者作为站在舆情风口浪尖的弄潮儿，应根据党的要求和社会变化不断调整舆情引导方式，加强对马克思主义新闻观的学习，深刻了解当前政策和党的要求，掌握新闻发展规律，坚持以正确舆论引导人，以团结稳定鼓劲、正面宣传为主，使新闻工作有利于坚持中国共产党的领导和社会主义制度，有利于推动改革发展，有利于增进全国人民大团结，有利于维护社会和谐稳定，

① 《马克思恩格斯全集》第 1 卷，人民出版社 1956 年版，第 237 页。

这是党的新闻舆论工作必须遵循的基本方针。同时，又要做好舆论监督，坚持舆论监督和正面宣传相统一，不断提升自身的党性分析能力，讲政治、讲导向，唱响主旋律，传播正能量。

要坚持以正面宣传为主的基本要求，弘扬主旋律。正面宣传是指新闻报道要及时准确地宣传党的路线、方针、政策，反映改革开放的建设成就，反映人民群众的现实生活，使人民群众认识到自己创造的新生活的美好，从而形成鼓舞人民前进的巨大精神力量。改革开放以来，我国的综合国力明显上升，人民群众的生活大幅改善，这是有目共睹的事实，只有如实地报道全国各族人民的伟大壮举，才能不断使人民群众凝聚力量，迎接新的挑战。弘扬主旋律，传播正能量，就必须充分肯定和宣传现实生活的光明面，引导社会舆论朝着党和人民期望的方向发展，主动开展重大主题的宣传，巩固发展积极向上的主流舆论。

新闻舆论工作要注重不断创新，根据党的要求，顺应社会发展，结合群众动向，不断改善舆论引导方式，使新闻舆论工作的理念、内容、体裁、形式、方法、手段、业态、体制、机制等适应分众化、差异化传播趋势，加快构建舆论引导新格局。习近平对新闻工作者提出了明确的要求："要深入开展马克思主义新闻观教育，引导广大新闻舆论工作者做党的政策主张的传播者、时代风雨的记录者、社会进步的推动者、公平正义的守望者。"[①]处在舆论工作第一线的记者一定要了解自己的责任，并践行自己舆论引导的使命。

四、坚持实事求是，让报道经得起检验

实事求是是马克思主义新闻观的精髓和灵魂。事实是第一性的，是新闻的本源；新闻是第二性的，是对客观事实的如实报道。坚持新闻的真实性，增强新闻的可信性和生命力，是马克思主义新闻观的根本观点之一。客观存在的事实是不可改变的，但对它的认识却是逐步深化的。从第一性的事实到第二性的新闻，中间是需要新闻工作者转化的，而新闻的真实性，就来自新闻工作者对事实的处理与取舍，是尊重事实还是歪曲事实对媒体的公信力有着重要的影响。社会主义新闻事业是党和人民相互联系的重要纽带，因此必须如实地报道客观事实，反映群众生活，才能经得起历史的检验。

1843 年 1 月，马克思在就《莱比锡总汇报》被普鲁士政府查封事件所写

① 人民日报社评论部：《论学习贯彻习近平总书记新闻舆论工作座谈会重要讲话精神》，人民出版社 2016 年版，第 5 页。

的文章中指出"好"报刊和"坏"报刊的区别，发问：究竟什么样的报刊（"好的"或"坏的"）才是"真正的"报刊？谁是根据事实来描写事实，谁是根据希望来描写事实呢？谁在表达社会舆论，谁在歪曲社会舆论呢？谁应该受到国家的信任呢？马克思认为，根据事实来描写事实与根据希望来描写事实，构成新闻真实与否的区别。前者因据实报道而真实，后者则因不据实报道而不真实。而对于新闻记者来说，应当"极其忠实地报道他所听到的人民呼声"[①]，不管好的还是坏的事实，只要是从群众中来的，从事实中来的真相，就应该如实报道。

毛泽东提出："我们反攻敌人的方法，并不多用辩论，只是忠实地报告我们革命工作的事实。敌人说：'广东共产'，我们说：'请看事实'。敌人说：'广东内讧'，我们说：'请看事实'。敌人说：'广州政府勾连俄国丧权辱国'，我们说：'请看事实'。敌人说：'广州政府统治下水深火热民不聊生'，我们说：'请看事实'。"[②]毛泽东关于"请看事实"的理念，虽然提出的年代距离我们较远，但对当代新闻写作和传播仍然具有深刻意义，仍然能够指导记者进行新闻宣传和舆论引导活动。

陆定一的《我们对于新闻学的基本观点》指出："新闻的本源是事实，新闻是事实的报道，事实是第一性的，新闻是第二性的，事实在先，新闻（报道）在后。这是唯物论者的观点。"[③]新闻真实性是新闻规律之一，也是新闻能够发展的原则之一，真实性保障新闻的生命力，没有真实性，新闻是不可能存在的。坚持新闻的真实性，落实到记者的日常工作中，最重要的就是要坚守报道真实底线，防止报道差错。新闻记者要把真实性视为新闻的生命，杜绝不深入现场就妄下论断的行为，不断提高政治觉悟，这样才能写出让党和群众都满意的真实新闻。要始终坚持求真务实、实事求是的思想路线和工作作风，科学运用马克思主义立场、观点、方法，察实情、讲实话、办实事、求实效。既要准确报道个别事实，又要从宏观上把握和反映事件或事物的全貌，也要始终坚持真实性原则，坚持客观全面平衡，与时俱进，遵循新闻规律。既要直面工作中存在的问题，又要直面社会丑恶现象，激浊扬清、针砭时弊，也要事实准确、分析客观，自觉抵制错误新闻观，杜绝虚假新闻。只有这样，报道方能经得起历史和人民的检验。

---

① 《马克思恩格斯全集》第1卷，人民出版社1956年版，第211页。
② 《毛泽东文集》第1卷，人民出版社1993年版，第22页。
③ 《陆定一文集》上卷，人民出版社1992年版，第322页。

推荐阅读

1.中共中央文献研究室、新华通讯社编:《毛泽东新闻工作文选》,新华出版社 2014 年版。

2.新华通讯社课题组编:《习近平新闻舆论思想要论》,新华出版社 2017 年版。

思考题

1.党性原则的历史发展给了你怎样的启示?

2.作为一名新闻从业人员如何坚持党性原则?

3.如何在新闻工作中贯彻新闻工作的基本方针?

第四章　新闻真实原则与实践

新闻真实原则是新闻传播过程中必须遵循的基本原则，因为“真实是新闻的生命”，是新闻安身立命的根本。只有理解新闻真实的重要性和内涵，才能对新闻失范和假新闻等新闻实践过程中出现的问题有更加深刻的认知，才能更好地把握后真相时代的新闻真实，做好新闻传播工作。

第一节　新闻真实的重要性

真实问题是新闻传播的核心问题，新闻以真实作为自己的灵魂和旗帜，以真实奠定自己的地位和影响。真实成为新闻存在的基本条件，也成为人们对新闻传播活动最基本的要求。新闻真实不仅事关新闻、新闻业、新闻参与者的生存和发展，而且也是建设民主社会、信息安全社会的必要条件。

一、真实是新闻和新闻事业的根本

新闻是新近发生的事实的报道。在事实和新闻之间，事实永远是第一性的，新闻是第二性的；事实是新闻的本源，是新闻存在的基础，新闻是对客观事实的反映、描述和写真。离开了事实，新闻就是无本之木、无源之水。没有事实依据和内容的新闻，没有生存的土壤，也便失去了生存的价值和基本条件。“希望得到真实信息，这是人的基本需求。因为新闻是人们了解和思考自己身外世界的主要依据，所以有用和可靠成为最受尊重的素质……真实会产生安全感，因为安全感来自知晓。真实是新闻的本质。”[①]

---

① ［美］比尔·科瓦齐、［美］汤姆·罗森斯蒂尔：《新闻的十大基本原则：新闻从业者须知和公众的期待》，刘海龙、连晓东译，北京大学出版社 2011 年版，第 32 页。

真实不但是新闻的生命，而且也是新闻事业的生命。新闻事业的产生、发展靠的就是新闻，而这种新闻只能是基于客观世界的事实信息的报道，如果新闻报道的不是客观事实，而是报道者的主观臆想，新闻也就不称为新闻，而只能是文学、科幻等其他东西了。真实性是新闻工作的首要问题，陆定一说过："新闻工作搞来搞去还是个真实问题。新闻学千头万绪，根本性的还是这个问题。有了这一条，就有信用了。有信用，报纸就有人看了。"[①]新闻媒体无不将真实性作为新闻报道追求的首要目标和遵循的首要原则，西方媒体不仅在理论上重视新闻的真实性，而且在实践中更强调新闻的真实性，许多媒体制定了具体明确的行为规范要求，以确保新闻的真实性和准确性。美国著名报人普利策把新闻真实性看得无比重要，曾发出"准确、准确、再准确"的警句。英国路透社制定的《采编人员手册》中，明确规定了新闻报道准确和真实的要求：在我们的报道中，准确性高于一切。切勿歪曲事实，记者在搜集材料时必须核对每项事实；如果对报道中的某个事实有疑问，在未弄清其准确性之前不要发稿。各国新闻媒体都重视新闻的真实性，是因为他们清楚，真实是新闻事业发展的基础，没有真实性的新闻无法获得受众的认可，反而会被受众抛弃，影响媒体的生存和发展。新中国成立以来，新闻媒体的发展史充分印证了新闻真实性对新闻事业的决定性作用。当新闻媒体坚持讲真话，坚持新闻真实性原则时，媒体就会得到社会民众的信任和支持，新闻事业就发展良好；当新闻媒体假话、空话连篇，新闻真实性原则遭到践踏时，媒体公信力降低，新闻事业就会遭受重创。为"报道真实新闻而奋斗"是新闻传播者的职责和使命。

二、真实是新闻传播的力量和优势所在

1850 年 11 月，马克思和恩格斯在《国际述评》中写道："当报刊出版物匿名发表文章的时候，它是广泛的无名的社会舆论的工具；它是国家的第三种权力。"[②]马克思和恩格斯认为报刊是和行政权力、立法权力并列的第三种权力。曾任美国总统的杰斐逊则认为，自由报刊是对行政、立法、司法三权起制衡作用的"第四种权力"。手无寸铁的媒体为何会被视为一种权力，这种权力又从何而来呢？有人认为"新闻的唯一真正的权力存在于代表民意的法庭中，一旦

① 陆定一：《新闻必须完全真实——陆定一同志对本刊记者的谈话》，《新闻战线》1982 年第 12 期。

② 《马克思恩格斯全集》第 7 卷，人民出版社 1959 年版，第 117 页。

失去了可信度,这种权力也就荡然无存"[①]。很明显,这种权力的力量来自媒体的公信力,而公信力的基础是新闻的真实。列宁曾经说过:"我们应当说真话,因为这是我们的力量所在。"[②]真实不仅是新闻媒体力量的源泉,更是新闻媒体发展的源泉。只有真实才能赢得公众的信任,才能铸就媒体的公信力。同时,真实也是新闻特有的优势,新闻之所以被公众接受和信任,并成为大家认识客观世界的来源和依据,最关键、最核心的一点就是它的真实性,因为它是可信的。正是这种优势,新闻才能在国家治理、社会发展、民众生活中发挥重要作用,并持续不断地产生影响。如果新闻失去了真实,便失去了媒体的公信力,也失去了民众的信任,也就失去了新闻被称为一种权力的优势。

三、新闻真实是现代民主社会的信息保障

现代民主社会是人民自治的社会,民主的要旨是"主权在民"或"人民主权",即由全体人民当家作主,管理国家事务和社会事务。民主社会是建立在言论自由、信息自由基础上的。民主有三个基本原则:一是多数决定原则;二是保护少数原则;三是程序正当原则。三个民主原则实现的前提就是参与民主决策的成员拥有对所决策事物的知情权,以便形成自己的意见和主张,没有知情权的保障,民主就不可能真正地实现。而知情权的保障,不仅需要充分完整的信息,更需要准确、真实的信息,否则民主参与就会流于形式。曾任美国总统的詹姆斯·麦迪逊指出:"不掌握正确的信息情报及获得情报的方法,(所谓)人民的政府只能说是滑稽喜剧或者悲剧的序幕,或者除此两者之外什么也不是。掌握情报者通常支配不掌握情报者。因此,要使自己成为统治者的人民,必须从信息情报中获取知识,把自己武装起来。"也正因如此,美国独立宣言起草人托马斯·杰斐逊强调:"必须发展新闻事业,通过报纸使他们充分了解国家大事,并且努力使这些报纸深入到人民中间去。"[③]真实的新闻信息是民主社会多数意见形成的基础,也是少数人权利得到保护的依据。而程序正当原则的实施更要依靠信息的真实和透明,因为民主不仅要实现,而且要以看得见的形式得以实现。对于新闻媒体而言,"失去真实等于失去信任,等于失去生存的根基;对于社会公众或者说对于

---

① 张穗华主编:《媒介的变迁》,中国对外翻译出版公司 2002 年版,第 126 页。

② 《列宁全集》第 11 卷,人民出版社 2017 年版,第 333 页。

③ [美]梅利尔·D.彼得森注释编辑:《杰斐逊集》(下),刘祚昌、邓红凤译,生活·读书·新知三联书店 1993 年版,第 980 页。

社会来说，失去真实的新闻报道，等于失去了民主的依据和条件，等于失去了民主的机会和可能”。[①] 历史与现实经验反复证明，民主是以民众知情为前提的，因此“我们应该让人民知道世界真实情况。”[②]一个民主的社会只有在公众能够获取全面、真实和公正的信息，能够实现民众自由意识的选择和决定时，才能称得上是真正意义上的民主社会。

四、新闻真实是信息社会的内在要求

信息社会是以电子信息技术为基础、以数字化和网络化为基本社会交往方式的新型社会。信息社会给人类带来诸多便利的同时，也带来了诸如信息污染、信息侵权、信息犯罪、信息侵略等一系列问题。信息社会中信息的丰富并没有给人们带来更多的安全，也没有给社会带来更加稳定的环境。进入信息社会以来，风险频发，物质和信息的丰富本应带来的美好生活却处处充满风险。这些风险很大一部分并非真正的风险，而是人们感知的风险。信息传播是人们感知风险的唯一来源，信息社会人类的神经似乎更加敏感。信息时代，信息已经完全渗透到人们生活的每一个角落，离开信息将寸步难行，对信息安全的需求已经成为人类最基本的需要。

全面进入互联网时代后，人类也逐步进入网络化生存状态。人们不仅通过网络传递和获取信息，日常的生活更是离不开网络，无论衣食住行、学习娱乐还是工作社交。信息社会，人们对信息的依赖度越来越高，如果说传统媒体时代人们依赖少量的信息就可以正常生活的话，如今的信息社会，只有依靠充分的、高质量的信息人们才能更好地生存和发展。“人为了自身的安全、生存和发展，需要及时感知客观世界的变动，以便进行自我调适，适应变化的外部环境。新闻信息传播的使命，正是向受众报道新近发生的事实变动的信息。”[③]新闻媒体只有把真实、准确的信息告知社会公众，人们才能做出合理的行动。“告诉人们周围世界的情况，这样人们便能按照他们的所读、所见和所闻行动。但是行动依赖于清晰的、可理解的和准确的信息。没有这些信息，行动可能被误导，或会向更糟、更无所作为的方向发展。”[④]在自

---

① 杨保军：《新闻真实：民主社会信息安全的内在要求》，《现代传播》2007 年第 2 期。

② 中国社会科学院新闻研究所编：《中国共产党新闻工作文件汇编》下卷，新华出版社 1980 年版，第 360 页。

③ [美]梅尔文·门彻：《新闻报道与写作》，展江主译，华夏出版社 2004 年版，第 70 页。

④ 刘建明：《新闻学前沿——新闻学关注的 11 个焦点》，清华大学出版社 2005 年版，第 236 页。

然灾害、疫情、危机等事件发生时，人们首先想到的就是从新闻媒体那里获取事实概况和事件真相。真实的新闻信息如果在此时缺位或缺席，虚假信息就会肆虐横行，信息混乱无序，人类就会陷入社会恐慌。信息社会要求信息公开，信息公开是信息安全的基础。我国在2008年制定实施《中华人民共和国政府信息公开条例》，为信息公开提供了良好的客观环境。那么能否创造安全的信息环境，关键就看“新闻媒体能否充分发挥其传播功能，真实、客观、全面、公正、及时、公开报道有关信息。只有在信息公开环境中实现了真实的报道，信息安全才能真正实现”①。

第二节　新闻真实的内涵

要想搞清楚新闻真实的内涵，我们需要先搞清楚两个概念：事实和真实。事实是指事情的真实情形，包括事物、事件、事态，即客观存在的一切物体与现象、社会上发生的不平常的事情及情况的变异态势。而真实是指与客观事实相符合。真实并非新闻所独有，哲学、文学、法律等都有对真实的要求，这些真实的含义虽各不相同，但都与事实相关。哲学探究事物的本质，追求事物的本质真实；文学作品大多是虚构的，但其来源于真实的生活，追求艺术真实；法律讲究以事实为依据，以法律为准绳，法律真实是证据链意义上的真实，即能够通过完整的证据链予以证实的事实。而新闻作为新近发生的事实的报道，是一种认知活动，所以新闻真实属于人类认识论意义上的真实。新闻是对事实的陈述或报道，事实是检验新闻真实的标准。但是新闻毕竟是对事实的陈述或报道，并非事实本身，这两者之间存在着一定的差距。新闻真实是新闻与其反映对象的符合性关系。符合就是真实的；不符合就是不真实的。②

一、新闻真实的本质

就具体的新闻报道而言，新闻真实包含两个层面的意思。

首先，新闻报道的对象是客观存在的，是确有其事的，这是新闻真实的前提和基础。马克思的经典论述“要根据事实来描写事实”而不是“根据希望来描写事实”强调的正是新闻的事实性真实。“根据事实”就是要以事实为依据来报道新闻，“描写事实”就是按事实的原貌来进行描述和书写。

---

① 杨保军：《新闻真实：民主社会信息安全的内在要求》，《现代传播》2007年第2期。

② 参见杨保军：《新闻理论教程》，中国人民大学出版社2019年版，第102页。

其次，新闻报道的事实是客观、全面、正确的，这是“真”的内涵要求。新闻真实最基本的要求是报道事实，除了基本要求之外，新闻真实还有更深层次的要求，即报道事实真相，实现事实与真相的无限接近是新闻真实应该追求的终极目标。

马克思提出“根据事实描写事实，且要从总体、本质和发展趋势上把握真实性”。这意味着新闻报道不仅要重视具体的、单一事实的真实，而且也要重视整体真实，对一定范围、一定时间、一定领域内的所有相关事件的真实性从宏观上进行把握。

党的领导人都非常重视新闻真实性问题。毛泽东要求新闻工作要做到“讲真话、不偷、不装、不吹”，他还特别注重调查工作的重要性，提出“没有调查就没有发言权”。对于新闻传播实践来说，调查是保证新闻真实性的重要一环。邓小平也提出，新闻的真实性就是要“拿事实说话”，他明确要求报刊、电视等的宣传工作必须“让改革的实际进展去说服他们”。[①] 2016 年 2 月 19 日，习近平总书记在北京主持召开党的新闻舆论工作座谈会，在发表讲话时强调“真实性是新闻的生命。要根据事实来描述事实，既准确报道个别事实，又从宏观上把握和反映事件或事物的全貌”[②]。

二、新闻真实性的要求

真实是新闻的生命，真实问题是新闻传播的核心问题，事实原则是新闻传播的三大原则之一。作为新闻传播工作的普遍性原则，其基本要求是一切新闻传播活动都应该按照客观事物的本来面貌来报道。事实是什么样子，新闻就是什么样子；事实是多少，新闻就反映多少，既不刻意夸大，也不刻意缩小；事实没有的就没有，绝不能无中生有，弄虚作假。

新闻传播实践中，新闻真实性需要遵循以下基本要求。

（一）新闻要素真实

新闻是由一系列新闻要素构成的，具体新闻的真实，首先要求的是新闻要素的真实。如果要素不真实，新闻也就成了无本之木。新闻要素是构成新闻事实的要件和根据，传统上新闻要素包括何人、何地、何时、何事和为何

① 《邓小平文选》第 3 卷，人民出版社 1993 年版，第 156 页。

② 习近平：《坚持正确方向创新方法手段　提高新闻舆论传播力引导力》，2016 年 2 月 19 日，http://www.xinhuanet.com//politics/2016-02/19/c_1118102868.htm。

五要素，或者再加上一个"怎么样"，组成六要素。也有人认为新闻包含"何事、何人、何时、何地、为何、何人证实这六要素"①。

这些新闻要素中，时间、地点、人物、事件即何时、何地、何人、何事这四个要素是显性的，比较容易判断和识别。显性要素的真实是对新闻报道最基本的要求，即新闻报道中的人要确有其人，事要确有其事，时间、地点也都准确无误。一般新闻都是对这四个要素的反映，其真实性好识别，也容易实现。

"为何"和"怎么样"不像时间、地点、人物等要素那么显而易见，需要进行认真、细致的梳理和分析，弄清其中的前因后果、来龙去脉等。这类报道通常被称为"调查性报道"或者"深度报道"，其真实性比较难实现。

（二）事实单元真实

任何新闻事实都是在一定的时空中发生的，而在其发展过程中又会形成一些既相对独立又相互联系的部分或片段。这样的部分或片段就是新闻的事实单元。一个完整的新闻事实通常是由若干的事实单元构成。事实单元真实，就是新闻报道的部分或片段都是真实的。如果构成完整新闻的某个单元事实是虚假的，新闻就可能陷入失实的境地。因此要想实现新闻真实，就要求媒体在新闻报道中注意每一个事实单元的真实性。同时，也要注意单元事实和整体事实的有机关系，单元和整体或者部分和整体的关系是既相互独立又相互联系的。有的单元是对整体的直接反映或真实反映，有的单元即便是真实的，如果不结合其他单元来看，也有可能与事实真相相去甚远。对于这样的单元事实，在呈现时就必须考虑整体，在保证整体真实的前提下，结合其他单元事实一起报道，才能真正实现报道真实。如果不能直接反映事实真相的单元事实被单独发布，会造成事实真相被遮盖，近年来频繁发生的反转新闻多数就是因此造成的。

（三）引用材料真实

新闻报道中不可避免要引用一些数据、他人的话语、事例等，这些引用材料必须准确无误。引用的数据要有可靠的来源，引用的话语和事例要实事求是，力求引用材料与客观实际相一致。不能随便将网络上未经证实的

---

① 刘建明等：《新闻学概论》，中国传媒大学出版社 2017 年版，第 27 页。

数据用在新闻报道中，也不能凭主观想象随意夸大或缩小，更不能生编硬造引用的事例等材料。

（四）背景材料真实

新闻报道中经常需要使用背景材料，背景一般包括新闻事实发生的历史条件和环境条件，能对新闻事实起到说明或补充的作用。背景材料有助于受众了解新闻事件的来龙去脉，深化新闻的主题，增加新闻的知识性和趣味性等。背景也是一种事实，虽然它不属于新闻事实，却可以用来说明或者映衬新闻事实。背景材料不仅可以说明新闻事件发生的原因和条件，解答公众的疑惑，而且可以拉近传者和受者之间的距离，提升报道的可信度，但是这必须建立在背景材料真实的基础上，因此背景材料不仅要真实，更要客观、全面。背景材料真实将有助于受众更清晰地了解新闻事件，反之有可能掩盖事实真相。

（五）概括综合真实

新闻媒体除了报道具体的新闻事件外，经常需要对与某一事件相关的大量事实信息进行综合和概括。这样的概括总结，也要做到真实、准确、全面、客观、符合实际，不能以点带面、以偏概全。[①] 要选取那些能够反映新闻事件本质和整体面貌的东西，而不是随意选取一些事实材料来进行报道，即便材料本身是真实的，也未必能够反映新闻事件的整体和本质。

综上，新闻要想达到完全真实，仅仅做到某一具体事实的要素真实是不够的，我们还要在事物的相互联系中把握单元真实，确保引用材料真实可靠、背景材料客观全面，要从事物的运动和发展过程中认识、把握和反映事物。只有把局部的、现象的、微观的真实与整体的、本质的、宏观的真实完美地结合起来，才能保证新闻报道的真实、可信。

三、新闻真实的特征

（一）新闻真实是事实性真实

众所周知，新闻是对新近发生的事实的报道，这说明事实性是新闻真实

---

① 参见郑保卫：《新闻理论教程》，北京师范大学出版社 2012 年版，第 140 页。

最根本的特征。马克思所言“根据事实来描写事实”强调的正是新闻的事实性真实。新闻报道必须依据客观存在的人、事、物等进行实事求是的描述。

（二）新闻真实是即时性真实

即时性与新闻本身的特性有关，因为新闻是新近发生的事实信息。此外，新闻的时效性要求报道要迅速及时，在最短的时间内将事实信息发布，以满足社会公众的知情权。时效性是推动新闻报道不断发展的“生命源泉”，也是赢得收视率和流量的关键。新闻真实只能是针对一段时间内发生的新闻事件的现状和发展状况，通过一篇又一篇即时性的新闻报道呈现出来的。因此，“新闻真实追求的是当下的现在真实，不能把真实轻易留给未来去证实，不能让新闻真实陷入不停地‘反转’之中，这是新闻传播者对新闻真实应该持有的基本态度，也是既对现实负责又对历史负责的态度”[①]。新闻真实必须是对客观事物迅速、及时的反映。

（三）新闻真实是有限度的真实

实际上，由于受到各种主客观条件的制约，媒体所呈现的真实是有限的。新闻真实是有限度的真实，新闻真实是新闻报道的真实，新闻只是人类认识世界、反映世界的一部分。首先，新闻只能选取部分事实进行报道，媒体不是反映世界的镜子，可以按照世界本来的面目反映社会现实。即便新闻是对事实的反映，媒体的报道是真实的，新闻也不等于真相，其所反映的世界也是有限的。其次，新闻传播者自身对世界的认知也是有限的，这种有限性也决定了新闻真实的有限性和相对性。即便各类媒体蓬勃发展，他们所能报道的事实也只能是大千世界的一小部分。一些事实被媒体关注从而引起人们的注意，另一些事实则因为媒体没有关注而消失，这样的现象比比皆是。此外，由于受到媒介政治、文化、经济、技术等不同背景的影响，新闻真实是有价值取向的真实。同样的事件，不同背景的媒体可能因为价值取向的差异而报道不同的新闻事实。

（四）新闻真实是过程性真实

具体的新闻真实只能表现为一个认识过程。客观世界纷繁复杂，事物

---

① 杨保军：《新闻理论教程》，中国人民大学出版社 2019 年版，第 104 页。

瞬息万变，事实本身也在不断地发展变化，人们对事实的认识也在变化。而新闻所反映的真实只能是即时性的，事实的呈现是在新闻报道的过程中逐步展开的，正如马克思的“有机的报纸运动”。

“只要报刊生气的勃勃地采取行动，全部事实就会被揭示出来。这是因为，虽然事情的整体最初只是以有时有意、有时无意地同时分别强调各种单个观点的形式显现出来的，但是归根到底，报刊的这种工作只是为它的工作人员准备了材料，让他把材料组成一个整体。这样，报刊就通过分工一步一步地掌握全部的事实，这里所采用的方式不是让某一个人去做全部的工作，而是由许多人分头去做一小部分工作。”①

马克思的论证表明，一个报纸记者只能从某个视角报道事实，有意无意地显现出事实的某一方面，只有报纸有机地运动着，全部事实才会一步一步地被揭示出来。马克思根据报刊每日出版和讲求时效的特点，说明报道一件较大的事实时，新闻真实表现为一个过程。② 过程性真实也有人称之为整体真实，是与单个真实相对应的。单个真实是指每一篇新闻反映的都是事实。主要是针对那些在短时间内发生的事件的报道，这类事件和其他事件没有明显的联系，或者即便有联系也可以作为一个单独的新闻事件进行报道。像媒体对每天发生的事件的报道，从几分钟到几小时的新闻都有可能，有的可能是稍纵即逝，有的可能持续数分钟或者数个小时，但后续不再发展。整体真实是指通过连续不断的新闻报道反映出的整个现实的真实。整体真实要求新闻媒体从整个现实出发，审时度势，绝不瞒报、漏报任何重大新闻事件。这在新闻实践中难度很大，事件发生的过程纷繁复杂，千变万化，通过一篇又一篇的新闻报道让社会公众了解立体、丰满、多变而又真实的事件，确非易事。

（五）新闻真实是解读性真实

新闻真实既是存在论意义上的真实（事实真实），同时也是认识论意义上的真实（再现真实）。从认识论角度来看，新闻真实既包含传播者的认识也包含接受者的认识。因此，从传播者视阈来看，新闻真实是“新闻工作者

---

① 《马克思恩格斯全集》第1卷，人民出版社1995年版，第358页。

② 参见陈力丹主编：《马克思主义新闻观百科全书》，中国人民大学出版社2018年版，第99页。

与不同消息来源根据各自认定之社区利益，所共同建构的社会（符号）真实”[①]。从接受者视阈来看，再现真实应当将受众对新闻报道或新闻文本的解读纳入进来，实现传播者与接受者的认知平衡。[②] 从传播效果来看，新闻真实与否取决于接受者的认同。[③] 人们常说的一句话“信不信由你”，表明真实的传播效果是通过传播者和接受者之间的信任关系来完成的。新闻的真实，要得到接受者的认同，得到认同的就是真实的，否则就是不真实的。因此，有学者总结出新闻从“客体之真”到“符号之真”的符号学转向，即新闻真实是在新闻事实层层符号化过程中不同解释主体“解释项”的互动一致，以摆脱追求“客体之真”所面临的来自实践、价值、语境等多方面的困境。[④] 这些观点改变了以往主要从传播者角度分析新闻真实性的做法，肯定了“新闻传受过程中每一符号解释主体的积极性和能动性，推进了新媒体环境下对新闻真实性的认识”[⑤]。

第三节　虚假新闻

虚假新闻由来已久，自新闻诞生以来，虚假新闻就从未在新闻史上缺席。伴随着人们对真实新闻的追求，虚假信息也如影随形地出现在各类媒体上并成为传媒痼疾。对虚假新闻的表现、成因、影响和应对之策的研究也成为学界和业界持续关注的焦点和重点。

一、虚假新闻的类型

“虚假新闻是指以虚构事实为依据的‘新闻’。”[⑥]对于虚假新闻，学者们各抒己见，提出了各种类型的划分。杨保军将虚假新闻划分为假新闻、失实新闻、策划新闻和伪新闻。赵振宇则认为虚假新闻包括假新闻、假新闻报

---

① 臧国仁：《新闻媒体与消息来源——媒介框架与真实建构之论述》，（台北）三民书局 1999 年印行，第 17 页。

② 参见杨保军：《新闻真实的特点分析》，《山东视听》2005 年第 3 期。

③ 参见陈力丹：《新闻理论十讲》，复旦大学出版社 2020 年版，第 81 页。

④ 参见蒋晓丽、李玮：《从“客体之真”到“符号之真”：论新闻求真的符号学转向》，《国际新闻界》2013 年第 6 期。

⑤ 王敏：《“目击”即真实？——一项关于新闻“真实性”的实践策略考察》，《国际新闻界》2020 年第 11 期。

⑥ 杨保军：《认清假新闻的真面目》，《新闻记者》2011 年第 2 期。

道、新闻炒作、新闻失实等。[①]

在对虚假新闻的研究中，人们会不自觉地对其进行归类分析，从目前已有的研究中，我们发现虚假新闻大概包括以下四种类型。

（一）假新闻

假新闻是指没有任何客观事实根源的“新闻”，或者说以虚构出的“新闻事实”为本源的新闻。[②] 假新闻是以不真实的“新闻事实”为依据的“新闻”，“假”是其最本质的特征和表现。这种假可以是制造出来的、虚构出来的，也可以是想象出来的、捏造出来的，假新闻又包括假新闻事件和假新闻报道。假新闻事件是指为了报道而制造的违背客观事物发展规律的不真实事件。[③]其关键在于违背事物发展规律制造的“事实”，其形式往往表现得非常真实，但实质却是违背客观规律的。这种制造的“事实”往往与社会公众密切关注的事件相关，一经报道，就能引起广泛的关注和传播。例如，2007 年 7 月 8 日，北京电视台《透明度》栏目播出的《纸做的包子》就是标准的假新闻事件。记者用真实的材料要求包子店将浸泡后的纸箱剁碎掺入肉馅，制作成“纸浆馅包子”，进而炮制出一篇“纸馅包子”新闻。这篇假新闻并非无中生有，其所依据的事实并非不存在，而是完全人为制造的事实，而这种事实是违背客观事物发展规律的。

假新闻报道则是指根本没有新闻事实的发生，却有了对该“事实”的报道。这样的“事实”是纯粹的想象性事实，没有一点客观事实存在。“在其‘纯粹’的形式中，假新闻完全不包括一点事实。”[④]假新闻报道的根本特征是“新闻事实”或“新闻根源”的虚假性，没有任何的事实根据。

（二）失实新闻

失实新闻是指“具有新闻事实根据，但却没有全面、正确、恰当地报道新闻事实而形成的新闻”[⑤]。根据失实的程度，可以将失实新闻分为一般性失实新闻和严重性失实新闻。一般性失实新闻是指新闻报道中有部分内容失

---

① 参见赵振宇：《进一步厘清虚假新闻概念的几个层次》，《新闻记者》2011 年第 6 期。

② 参见杨保军：《认清假新闻的真面目》，《新闻记者》2011 年第 2 期。

③ 参见赵振宇：《进一步厘清虚假新闻概念的几个层次》，《新闻记者》2011 年第 6 期。

④ ［美］利昂・纳尔逊・弗林特：《报纸的良知　新闻事业的原则和问题案例讲义》，萧严译，中国人民大学出版社 2005 年版，第 33 页。

⑤ 杨保军：《新闻真实论》，中国人民大学出版社 2006 年版，第 253 页。

实，或者事实片段有遗漏，但不足以影响受众对新闻事实的整体把握。严重性新闻失实是指新闻报道中关键事实信息错误，或者关键的事实片段遗漏，或者报道的结论与事实严重不符，影响受众对新闻事实的整体把握。如果一篇新闻中所有的事实都是虚假的，没有一点真实的事实依据，这类新闻就成了标准的假新闻，而不是我们此处所说的失实新闻，可见假新闻与失实新闻之间并没有清晰的界限，我们也可以称完全失实的新闻为"假新闻"。

失实新闻通常有两种表现形式：一是确实有新闻事实的存在，但是报道过分夸大或缩小，通常是正面报道刻意拔高，过分夸大事实；负面报道刻意隐瞒，过分缩小事实。二是新闻事实从局部来看是真实的，但是从整体来看却是失实的，有些事实片段虽是真实的，但是如果不结合前因后果，就会得出与整体事实大相径庭的结论。

（三）策划新闻

策划新闻又称"策划性新闻"，是指新闻媒体"自导自演"或者与其他的组织、群体、个体"合谋共演"，故意策划、塑造甚至是制造新闻事件，专门"预备"给新闻媒体报道的新闻。"策划新闻"是一个总括性的概念，是指对主观故意策划的事实或事件反映报道而形成的新闻。[①] 亦有人将策划新闻称为"新闻炒作"，即违背新闻报道的真实准则，不以客观存在的事实为依据，采用夸大、歪曲或掩盖客观事实的某些因素，甚至捏造"事实"、杜撰情节、煽情鼓吹等，制造轰动效应，为谋求媒体或他者的私利不惜损害公众与他人利益的报道行为。[②]

需要注意的是，策划新闻与我们通常所说的新闻报道策划有着本质的区别，"新闻报道策划是指新闻报道主体，遵循事物发展和新闻报道的基本规律，围绕一定的目标对已占有的信息进行科学的分析和研究，着眼现实，发掘已知，预测未来，制定和实施相应的政策和策略，以求获取最佳效果的创造性的策划活动"[③]。而策划新闻则是违背事物发展规律和传播规律，对正在发生或者尚未发生的事件进行策划，并形成对某些群体有利的新闻报道。也可以说新闻报道策划中，客观事实发生在前，主观报道在后，而策划新闻往往是主观策划在前，依据主观策划产生事实，有制造新闻之嫌。

---

① 参见杨保军：《认清假新闻的真面目》，《新闻记者》2011 年第 2 期。

② 参见赵振宇：《进一步厘清虚假新闻概念的几个层次》，《新闻记者》2011 年第 6 期。

③ 赵振宇：《新闻报道策划》，武汉大学出版社 2008 年版，第 6 页。

根据策划主体的不同,我们可以将策划新闻分为两大类。

1.媒体自身的公关新闻

这类新闻是由媒体自行组织策划、塑造新闻事实,或者由新闻媒体与其他组织或个人共同策划塑造新闻事实并进行报道的新闻。在当前媒体竞争激烈的情况下,为了追求经济利益,媒体公关行为时有发生。媒体作为一种社会组织,跟其他社会主体一样开展公关行为,本无可厚非。但是媒体作为社会公器,要有公共精神,应该维护公共利益,为公众服务,而媒体自身的公关行为与其公共性要求难免会发生冲突。当媒体自身的利益与新闻追求的客观、公正、独立精神相冲突时,其真实性就会大打折扣,新闻虚假的可能性就会大大增加。

2.媒体之外的组织或个人的公关新闻

这类新闻是媒体之外的主体自行策划、塑造的,目的是吸引公众注意力或者进行组织的营销公关、危机公关等。策划主体经常自己写作新闻稿,直接提供给新闻媒体,这样的公关新闻并不一定是虚假新闻,也并不一定没有新闻价值。但是这种自报自夸式的新闻,往往存在注水、美化、掩盖等现象,违背新闻的真实性原则,成为隐蔽性很强的虚假新闻。

(四)伪新闻

伪新闻是虚假新闻的一种特殊表现形式,其实质是将不具有新闻价值的事实当作有新闻价值的新闻事实,或夸大或消减新闻事实的新闻价值。[①]伪新闻和假新闻不同,假新闻是指媒体报道的内容是假的,没有新闻事实的存在,但伪新闻报道的内容却是真实的,不过事实不具备新闻的要素和特质,所以不能称为新闻。伪新闻是披着新闻外衣的新闻,经常堂而皇之地出现在各种媒体的新闻版面上,甚至是要闻版或者头版头条的位置。由于其表面上具备了新闻的要素,像极了新闻,所以很难被受众发现,也很少会像假新闻那样受到责难和攻击。但是伪新闻的大量存在已经成为新闻的公害,它不仅浪费了媒体大量人力和财力,更浪费了受众宝贵的时间和社会资源。伪新闻的存在,造成了对真实新闻的遮蔽和挤压,降低了新闻的质量,侵犯了受众的知情权,伪新闻的问题应该引起媒体和社会的重视。从媒体实践来看,伪新闻并不难识别,新闻价值的缺乏是其最显著的特征,此外对

① 参见杨保军、朱立芳:《伪新闻:虚假新闻的"隐存者"》,《新闻记者》2015年第8期。

新闻价值的夸大或消减也是其最常见的表现特征。伪新闻经常表现为外部压力下的宣传新闻化、广告新闻化和公关新闻化。这些宣传稿、广告软文和公关新闻借助新闻媒介以新闻报道的形式呈现在社会公众面前,假借新闻之名,行宣传、广告、公关之实,为了自身和外部主体的利益,罔顾新闻价值。此外,从媒体自身来看,垃圾新闻、“标题党”新闻、鸡毛蒜皮类新闻、同质化新闻充斥各类新闻媒体,此类不具新闻价值的伪新闻占据了大量的媒体版面和资源,造成了对真正重大、有价值新闻的冲击、覆盖和遮蔽。相较于假新闻和失实新闻,无论是媒体还是社会公众都没有对伪新闻给以足够的关注和重视,多数时候都是一笑了之,但是从长远来看,伪新闻对媒体公信力和未来新闻业的发展都有可能造成不可忽视的危害。

二、虚假新闻的表现形式

虚假新闻已经成为新闻界的痼疾,严重影响新闻媒体的声誉和公信力。即便是世界知名的媒体,也经常受到虚假新闻的困扰和侵害。从《纽约时报》到英国广播公司,都曾经陷入虚假新闻的丑闻之中。就连世界新闻史上著名的《胜利之吻》新闻图片,这张标志着第二次世界大战结束的照片,也被人质疑是虚假的。这幅照片曾经感动了世界上无数热爱和平的人们,但是它的主人公却透露照片的拍摄时间是 1945 年 5 月,距离二战结束还有 3 个月,显然照片是通过摆拍制造出来的。

随着我国新闻事业的不断发展,虚假新闻也层出不穷。《新闻记者》杂志自 2001 年起每年都会推出“年度十大假新闻”,一些网络媒体也会定期对虚假新闻进行盘点和总结。从国内外的新闻实践来看,虚假新闻的表现形式日趋多样。中外学者总结出了十多种表现形式,其中郑保卫总结出了十种。

(一)政治需要,公开造假

这是指为了达到某种政治目的,或者实现某种政治需要而不顾客观事实、不计社会效果、公开做虚假报道。

(二)于己不利,隐匿真情

这是指不从客观存在的实际情况出发,而是完全从是否对自己有利出发来选择“事实”报道“新闻”。凡是对自己有利的,便不厌其烦,不惜笔墨,大加报道，甚至夸大其词，百般粉饰。凡是对自己不利的，便千方百计掩盖事实，隐匿真情，不做报道，甚至编造谎言，欺骗公众。

(三)宣传典型，任意拔高

典型宣传是我国新闻业的优良传统，但是不顾客观事实对典型人物过度渲染和拔高就会导致虚假新闻。例如，将典型人物写成“圣人”“神仙”等。

(四)屈从压力，写昧心稿

有些单位和负责人为了宣传自己的成绩，采取高压和奖励的方式来刺激宣传干部和通讯员写稿，一些人便屈从压力，昧着良心弄虚作假，无中生有，乱写一通。

(五)唯利是图，编造新闻

有些人把新闻工作当成牟取私利的手段，只要有利可图，便不惜编造假新闻。

(六)粗枝大叶，调查不实

有些从业人员为了追求时效，在采访不深入、调查不细致的情况下急于发稿，结果造成新闻失实。

(七)道听途说，捕风捉影

有的人不做调查采访，也不做认真深入地思考分析，而是满足于道听途说，习惯于捕风捉影。靠着打探小道消息编写新闻，小题大做，甚至是连编带造，无中生有地报道所谓的“新闻”。

(八)知识贫乏，不懂装懂

有些虚假新闻是因为报道者缺乏对所报道事物的认识，仅仅是一知半解，却不懂装懂，不去学习和深究，导致无法准确地描述事物和揭示其本质，因而造成新闻失实。

(九)“合理想象”，添枝加叶

新闻报道不是文学写作，文学写作中的“合理想象”“情节塑造”不能用到新闻写作中，如果不顾客观事实，按照自己的主观意愿去塑造情节，任意添枝加叶地虚构，只能是虚假新闻。

（十）偷梁换柱，移花接木

有些新闻报道所涉及的新闻要素，被“移位”或“偷换”，导致新闻失实，出现虚假情况。

当然通过列举的方式来总结虚假新闻的表现形式，似乎永远都不可能穷尽，尤其是随着数字技术和媒体的发展，虚假新闻有了新的表现形式。例如，社交媒体上的内容未经证实即转发导致的虚假新闻即网站新闻化现象愈演愈烈。这是因为社交媒体时代，“新闻生产是共享、开放和参与的，不再是由职业媒体人把关的固态，而是流动的，犹如液体般充满了不确定性。各种力量都会加入，每个加入者都有着自己的目的，而许多情况下，并不是为了真相”[①]。

三、虚假新闻的成因

虚假新闻的泛滥既有宏观方面的原因，也有微观方面的原因；既有外部的客观原因，也有新闻媒体内部的主观原因。其产生的原因也呈现出复杂多变的特点。概括来看，主要有以下几种。

（一）政治原因

从政治方面来看，产生虚假报道的原因主要是迎合政治宣传的需要。我们知道任何国家的媒体都承担着政治宣传和舆论斗争的任务，当媒体为了宣传或舆论而脱离新闻事实本身时，就会导致虚假新闻的出现。在我们国家，新闻媒体和记者有着很强的“宣传意识”，认为宣传是媒体唯一的任务，常常为了“配合形势”，任意拔高新闻，或者搞策划性新闻，精心挑选采访对象，按图索骥去寻找新闻、塑造新闻人物，结果却是造成了假事件和被捧成“神”的人物。还有一些媒体从业人员以政治需要为借口，无视客观现实，随心所欲地制造典型、编造新闻，搞虚假报道。进入新媒体时代，这样的宣传思维显然已经跟不上时代的发展，媒体只有尊重新闻传播规律，才能真正承担起宣传的重任，得到国际社会的尊重。

① 彭增军：《传统与挑战：网络时代的媒介伦理》，《新闻记者》2017年第3期。

(二)经济原因

市场经济条件下,新闻媒体在报道新闻时不仅要考虑事实本身是真是假,更要考虑价值层面,即利益问题。当价值判断渗透到对事实的新闻报道中时,新闻真实性就会受到威胁。随着媒介产业化进程的推进,在激烈的市场竞争中,为获取利益,媒介开始主动出击索取利益。有偿新闻与“有偿不闻”成为媒介利用公权力牟取私利、对外寻租的重要表现形式,有偿新闻成为虚假新闻的重灾区。我们都明白一个道理,“吃人家的嘴短,拿人家的手软”。“嘴短”,说话就不能理直气壮;“手软”,做事就不讲原则。如果媒体及其从业人员在进行新闻报道的过程中收受他人的好处,做出来的新闻报道,其真实性就会大打折扣。1997 年 1 月 15 日,中宣部、广播电影电视部、新闻出版署、中华新闻工作者协会颁布了《关于禁止“有偿新闻”的若干规定》,列举了十种禁止性行为,主要目的就是禁止有偿新闻。在新闻实践中,最常见的有偿新闻有四种。(1)变相的广告业务。为单位或个人拉广告,这实际上是一种报道权与金钱的交易,对于与广告主相关的新闻报道就可能出现偏差,有利于广告主的新闻可能会夸大,不利于广告主的新闻有可能被淡化,这都会导致虚假新闻的产生。(2)拉赞助。这种行为跟广告业务类似,新闻媒体对赞助单位或个人的报道因为有了利益关系而变味,造成对新闻客观性、真实性的漠视和轻视。(3)接受被采访对象的招待用餐和免费旅游。“天下没有免费的午餐”这个道理谁都懂,被采访对象提供的免费用餐和旅游看似免费,实际上绝对是另有所图。他们目的性很强,绝不是让新闻媒体据实客观报道,而是希望新闻媒体能为他们说好话或者忽视他们存在的问题。(4)接受被采访单位或个人的现金或物质馈赠。如果说前面的拉广告、拉赞助是为了单位的利益,接受现金或物质馈赠则纯粹是为了一己之私,不仅是一种违背职业伦理的行为,严重者甚至是违法犯罪行为。

(三)文化原因

社交媒体的诞生和发展为普通民众带来了狂欢的舞台,从内容生产、发布到讨论,社交媒体用户一改过去信息被动接收者的身份,成为狂热的信息生产者和发布者。这是一个娱乐至死的时代,这更是一个狂欢的时代,伴随着社交媒体的发展,狂欢文化已经渗透到人们的日常工作和生活中并成为常态。这“是一种反抗霸权力量、是建立自由民主的理想世界的文化策略。

狂欢建构了一个‘颠倒的世界’，通过对人们日常生活的戏仿，使生活由严肃的现实状态转入暂时的游戏境界，人们忘却了阶级、等级和身份，在诙谐的笑声中获得自我的释放”①。狂欢创造了不同于官方的第二世界，使大众文化与官方主导的文化有了对话的可能。但是这种对话不是直接对抗的方式，而是一种隐蔽的、富有创意的话语表达或黑色幽默式的调侃。社交媒体用户在狂欢的世界里对时事话题进行改造加工，创作出具有颠覆性、甚至是虚假的内容产品。狂欢对媒体造成的影响也显而易见，娱乐新闻成为假新闻的重灾区。社会公众对娱乐新闻、社会新闻娱乐性的追求已经远远超过了对真实性的追求，因此娱乐新闻造假成风。微博热搜榜上新闻多半都是娱乐新闻，这些新闻有的捕风捉影，添油加醋。社会新闻故事化导致许多媒体记者用文学手法或者所谓的非虚构写作的手法来写作新闻，为了让新闻更好看，不惜自编自导。

（四）社会原因

民粹主义既是一种政治思潮，也是一项社会运动。民粹主义极端强调平民群众的价值和理想，认为社会精英压制平民是导致社会不公、平民不幸福的根源。主张依靠平民大众对社会进行激进改革来解决社会问题，并把平民大众视为社会改革的决定性力量。民粹主义思潮产生之后，迅速席卷全球，中国的社交媒体为民粹主义的发展提供了肥沃土壤。当新闻生产与民粹主义发生勾连时，虚幻与真实交织、戏谑与狂欢并行，传统媒体把关缺失，自媒体将民粹主义发挥到极致，通过各种内容生产与话语表达，传递普通民众对官方话语的另类解读和对抗。在这种解读中，自媒体用户生产的内容很难保证真实性。像近年来火爆自媒体平台的抖音、快手等娱乐短视频内容，为了流量不惜造假的现象时有发生。

社交媒体的用户作为内容生产者，他们关注的未必是事实本身，也未必在乎新闻是否真实，而是要通过信息传播来吸引公众、发泄情绪。部分用户为了获取粉丝的支持，或者为了增加流量，利用社会公众对社会现实的不满情绪，故意夸大事实或散布社会敏感问题的虚假信息。

（五）媒体自身原因

上述四种原因主要是媒体外部的客观原因，另一个造成虚假新闻的原

① 王虎：《网络恶搞：伪民主外衣下的集体狂欢》，《理论与创作》2006年第6期。

因则是媒体内部，而且多数情况下是由于新闻从业人员自身的主观原因造成的。主要包括以下两类：

1.新闻从业人员违背职业伦理、主动弄虚作假造成新闻失实

部分从业人员责任心不强，缺乏职业精神，满足于道听途说，习惯于捕风捉影，或者不做实地采访调查，如此得来的新闻难免会出差错。例如，2004年12月30日，加拿大西南部城市卡尔加里市颇有影响力的《卡尔加里先驱报》在其头版刊发了一张触目惊心的“独家海啸照片”。照片中，数米高的浪潮正向人们席卷而来，十来名男女正在海潮前夺命狂奔。照片上方是两行醒目的标题：“海啸死亡人数可能超过10万”。这张照片将大自然的暴虐和生命的脆弱表现得淋漓尽致，发表之后立刻引起巨大的轰动效应，并迅速被全世界多家媒体引用，甚至就连美国大型网站“美国在线”(AOL)也将其作为首页照片。事后证明该照片并非在2004年12月26日的“世纪海啸”中拍摄，而是两年前于中国杭州拍摄到的“钱塘江潮”！

此外，有些人为了个人私利，为了谋求政治资本、获取经济利益或者拉拢社会关系，丧失自己作为客观事实记录者的立场，成为某些个人或群体利益的代言人，造成新闻失实。例如，2000年7月4日《北京青年报》的报道《换头术将成现实》：“一位美国教授罗伯特·怀特声称，他准备取一个人的头颅和大脑移植到另一个人的躯干上。他已经用猴子和狗做过20多次此类手术，现在准备对人类开展这种手术。”2007年7月22日，《北京青年报》再次发表《美国医生操刀换人头》一文。随后该新闻被《新闻记者》评为该年度“全国十大假新闻”之一。

2.新闻从业人员业务不精，知识贫乏造成新闻失实

社会发达造成信息爆炸，世界变得越来越复杂，记者这一职业需要对各行各业都有所了解，对某些报道需要有深入的研究，才能在日益复杂的社会中判断事件的真伪。实践中，新闻从业人员由于专业知识缺乏，对新闻事实判断失误的现象时有发生，尤其是在涉及经济、科技等专业性很强的领域时。记者、编辑如果没有丰富的专业知识，又没有进行深入的采访，只是通过网络等查阅相关资料，不负责任地从网上“扒新闻”，就会成为假新闻的二传手。近年来，媒体对一些领域的报道常常被质疑是假新闻，如食品安全、健康保健、环境卫生等领域。这些假新闻有些是因为记者知识贫乏，自身的知识修养不够，有些则是因为记者业务能力欠缺，没有深入采访，或者有时同情心泛滥，缺乏应有的判断力和鉴别力，最终导致媒体被利用。当前的中

国，互联网创造了前所未有的公共空间和公共论坛，众声喧哗中，理性与非理性交织在一起，记者必须不断提高自己的知识水平和专业素养才能避免成为“复读机”，才能在对事实进行审视和思考后形成自己的合理判断。2013年的《外国小伙街头扶摔倒中年女子遭讹诈》的反转新闻就是一起典型的记者缺乏专业素养和判断能力造成的虚假新闻。

四、防止虚假新闻的方法

虚假新闻形式多样，原因复杂，因此防止虚假新闻、维护新闻真实性成为一项艰巨持久的任务。虚假新闻对社会的危害巨大，它不仅玷污了新闻媒体的声誉，损害了媒体的公信力和影响力，破坏了社会诚信和社会秩序，而且践踏了正义，侵犯了人权。虚假新闻的严重性和复杂性，决定了治理虚假新闻报道需要全方位、多主体共同努力，才能减少虚假新闻的数量，减轻其对社会、对民众造成的影响。

（一）减少行政权力对媒体的干预

行政机关对宣传的理解和认识并没有跟上时代发展的步伐，爱唱赞歌、爱听高调，不喜欢批评，有些工作人员在介入媒体日常工作时不讲新闻原则，违背新闻真实性，要求拔高式宣传，在遇到突发事件时缺乏危机公关意识，极力想要隐瞒。这样的行政干预应该尽量减少或避免，才能让媒体坚守新闻真实性原则。真实没有阶级性和政治性，服务于政治目的的谎言，既是对新闻真实性的践踏，也是对政治的玷污。真实与宣传并不矛盾，行政权力应该摒弃带有欺骗、虚假成分的宣传，将事实和宣传有机结合，才能真正提升宣传的效果。

（二）加强新闻法制建设

虚假新闻报道不仅是违背新闻职业道德的行为，很多情况下甚至是违法犯罪行为。单靠伦理道德的约束，显然无法阻止虚假新闻的报道，因此法律成为规范此类行为的必要手段。因此，应加强新闻法制建设，对新闻报道中出现的侵害名誉权、隐私权、肖像权等新闻侵权行为进行约束和惩处。然而，当前我国并没有专门的新闻法，有关新闻的诉讼只能通过民法、刑法、治安管理处罚法、行政法规中的相关条款来处理。缺乏专门的法律，也是造成各类新闻失范行为的原因之一。如果有了明确的法律法规和详尽、充分的规定，新闻从业人员在新闻活动过程中就会有所忌惮。相关新闻诉讼也能够适用可靠、适当的法律进行裁决。有了健全的新闻法律和法规，可以纠正和处罚由于新闻失实，特别是故意造假导致严重失实而造成社会危害的行为，给相关行为人施以法律限制和制裁。只有将对虚假新闻的治理纳入法律的范畴，树立法律的权威性和威慑力，才能从根本上防止虚假新闻报道。

（三）提升从业人员职业道德

从虚假新闻的整体概况来看，多数都与新闻从业者的职业道德修养不足相关。因此，新闻单位要加强对新闻从业人员的管理和培训，提高他们的职业素养和道德素养。中央电视台为了对记者进行监督，要求记者把《行风承诺书》发送到采访联系单位的网络邮箱中，方便监督。不说假话是普通人做人的原则，不报道虚假新闻是职业新闻人的原则。只有提高新闻从业者的职业道德，让坚持新闻真实性成为职业习惯，才能使防止虚假新闻成为自觉自主的行为，减少新闻媒体利用新闻资源和权力寻租的行为。

（四）提升公民新闻素养

新媒体时代新闻主体泛化，每个公民都可以是新闻内容的生产者，媒介素养尤其是新闻素养不再是对职业新闻人的从业要求，而是所有社会公众的基本素养和必备能力之一。社会公众在信息传播过程中的作用越来越突出，因此如何识别消息的真假并利用媒介传播消息，对于媒介新闻生态来说至关重要。如果民众识别信息真假的能力不够，以讹传讹的现象就会频发。民众对信息的批判质疑能力，将直接影响他们的态度和行为。缺乏新闻素养的公民，一定缺乏批判能力，如果受到误导就会对事实产生错误的认知。因此，提升民众的新闻素养不仅可以从源头上减少虚假新闻的生产，还可以在传播过程中被识别，避免了虚假信息的再次传播和病毒式传播。新闻聚合时代，缺少的不是新闻，而是判断什么是新闻的能力。社会民众可以根据一定的评判标准来识别虚假新闻信息，比尔·科瓦奇等人总结了信息超载时代应该借鉴的六步质疑法：(1)我碰到的是什么内容？(2)信息完整吗？信息不完整，缺少了什么？(3)信源是谁/什么？我为什么要相信他们？(4)提供了什么证据？是怎样检验或核实的？(5)其他可能性解释或理解是什么？(6)我有必要知道这些信息吗？[①] 这些方法可以帮助公众更好地鉴别虚假新闻。在信息碎片化的时代，人们获取信息的方式已经改变，使用六步质疑法，可以帮助公众分辨谣言，获取事实的真相。社交媒体时代是迄今为止新闻最多的时代，每个网民都是新闻的发布者和接收者，人们比以往更容易获取信息，但未必更容易获知真相。如果没有一定的媒介素养，就无法辨别信息真假，成为虚假新闻发布者或传播者的概率就会大大增加。

第四节　后真相时代的新闻真实

“后真相”一词最早出现在1992年美国《国家》杂志的一篇文章中，其含义是“情感对舆论的影响力超过事实”。2016年，伴随着对英国脱欧、美国大选等全球热点事件的讨论，“后真相”一词成为网络热词。年末入选《牛津词典》年度热词，其释义为：诉诸情感和个人信仰相较客观陈述事实更能影响舆论形成的情况。2016年8月，伦敦大学教授威廉·戴维斯(William Davies)在《纽约时报》发表文章，指出传统主流媒体长期以来膜拜的“真相”已跌落神坛，失去了主导社会共识的力量，世界已经进入“后真相时代”。“现在是新闻最多的时代，也是新闻最差的时代，我们比以往更多地获得新闻，同时也更容易困惑；我们似乎更容易看见‘真相’，但追究真相更难。我们生活在一个全民新闻时代，人人都可以发布新闻，但事实的真相反而难以辨别了。”[②]后真相时代的新闻生态，情感和想象成为新闻的重点和核心，事实和真相却逐渐“下旋”，被遮蔽、被忽略、被消解。[③] 真相和逻辑在信息传播的过程中被忽视，而情感煽动主导舆论。从投票选举到众筹诈骗再到病毒营销，无论是在政治、传媒领域还是商业领域，后真相的案例比比皆是。后真相时代，真相没有被篡改，也没有被质疑，只是变得很次要了，人们不再相信真实，只注重感觉，只愿相信自己以为的真相。

一、后真相时代的新闻真实是多元传播主体共建的真实

后真相时代，新的媒介层出不穷，信息生产主体、传播主体也日趋多元，

---

① 参见[美]比尔·科瓦奇、[美]汤姆·罗森斯蒂尔：《真相：信息超载时代如何知道该相信什么》，陆佳怡、孙志刚译，中国人民大学出版社2014年版，第34页。

② 陈力丹：《树立全民“新闻素养”理念》，《新闻记者》2014年第4期。

③ 参见史安斌、杨云康：《后真相时代政治传播的理论重建和路径重构》，《国际新闻界》2017年第9期。

新闻真实呈现出多元主体共建、共享的特征。社交媒体的产生和发展，从根本上改变了新闻业的产业结构，媒介产品从开发、运营到传播都不再是职业新闻媒体的专利，而是“形成了一个‘共享’新闻资源、‘共产’新闻文本、‘共绘’新闻图景的‘共同主体’时代”[①]。互联网和社交媒体的出现不仅改变了新闻的整体图景，而且也改变了新闻真实的建构方式与实现方式。当多元传播主体共同进入新闻真实的建构过程和场景中时，新闻真实成了职业新闻传播主体和非职业新闻传播主体共建的真实，而且非职业新闻主体在当前大有超越职业主体的势头。当前的非职业传播主体包括公民个人传播主体、群体传播主体、机关事业单位等法人组织和非法人组织等。“20世纪，新闻是由新闻工作者们决定的，今天在决定何为新闻的过程中，公众扮演着更重要的角色。”[②]今天的新闻真实亦是如此，它不再是职业新闻主体单一报道或呈现的，而是由多类型、多领域的个体或群体共同描述的。新闻呈现的真实，是多元传播主体共同努力、相互作用的结果。正如法国学者贝尔纳·瓦耶那所说：“谁也不能说自己掌握了全部新闻，但是通过每个人所掌握的分散的、不完整的片段，却可以最终合成一个协调的整体。”[③]

后真相时代，在定义新闻的过程中，非职业新闻主体的数量已经远远超过职业新闻媒体人，在新闻发布量上更是数倍于职业新闻媒体的发稿量，而且还在持续增长中。在欧美等国家，社交媒体已经取代传统主流媒体成为选民主要的新闻来源，谷歌、脸书等互联网巨头占据了新闻流量的80%、广告收入的90%，传统主流媒体已经被挤到了几无“立足之地”的边缘，陷入了经济与公信力双重困境。[④] 在多元主体共同参与的新闻实践中，实现新闻真实的可能性会进一步增强。单一主体的新闻报道如果有虚假成分比较难以发现，但是在多元主体共同参与的新闻报道中，合作与对抗并存、支持与拆台共生，在多元主体博弈的过程中，新闻真实就会一步步显现出来，任何掩盖、遮蔽事实的企图都会无处遁形。

① 杨保军：《“共”时代的开创——试论新闻传播主体“三元”类型结构形成的新闻学意义》，《新闻记者》2013年第12期。

② [美]比尔·科瓦奇、[美]汤姆·罗森斯蒂尔：《真相：信息超载时代如何知道该相信什么》，陆佳怡、孙志刚译，中国人民大学出版社2014年版，第178页。

③ [法]贝尔纳·瓦耶纳：《当代新闻学》，丁雪英、连燕堂译，新华出版社1986年版，第37页。

④ 参见史安斌、杨云康：《后真相时代政治传播的理论重建和路径重构》，《国际新闻界》2017年第9期。

二、后真相时代的新闻真实是更强调接收者感知的真实

传统媒体时代的新闻真实依靠的是媒体把关人，大众媒体在告诉我们哪些事情是确定的，哪些是已经被证明的。后真相时代，辨别真假的责任则更多地落在了我们每个人的身上，我们正成为自己的把关人和自己的新闻聚合器。被新闻界追捧的真实，逐渐被边缘化，逐步让位于情感，信息接收者运用自己的知识和信仰来决定接收到的信息的真实性。新闻是否真实取决于接收者的信念，信息是否客观、是否确证越来越无关紧要。

“后真相”一词虽然含义模糊，却强调个体因素，如信仰和情感。当戏谑、讽刺、狂欢成为民众主流表达方式时，所谓公共领域的表达交流就很难在理性基础上展开，这时人们更愿意凭借自己的感觉和主观臆断去判定新闻事实。后真相时代，社交媒体打破了传统媒体长久以来对舆论场的占领和控制，舆论主体日趋多元。公众在舆论空间的表达积极踊跃，对热点事件的关注度和参与度持续上升。主流媒体在热点事件中的缺席和屡屡出现的新闻失实，造成其公信力逐步丧失。民众认为，对媒体的报道与其观其文、听其声，还不如跟着自己的感觉走。英国“脱欧”投票，世界各地的民粹主义运动，都是民众跟着感觉走的表现。客观世界到底是什么样子，媒体呈现的也只是拟态环境下的世界。后真相时代，新闻消费者获取新闻的方式发生了翻天覆地的变化，新的权威来源，往往不是传统主流媒体，而是朋友圈、博客等新媒体。现在已经很少有人会从一个新闻来源或者一个平台或机构获取新闻。相反，民众成为“新闻游牧者”，根据自己的需要以自我为中心，在多个平台或屏幕之间切换，主动搜寻自己想要的新闻。[①] 新闻的真实需要得到接收者的认同，得到认同的就会被认为是真实的。后真相时代，接收者的主观性成为新闻真实的一种标准，新闻真实是接收者主观认为的真实。

三、后真相时代的新闻真实是不断修正与确证的真实

后真相时代是众声喧哗的时代，社交媒体这只无形的手，已经把西方世界搅得天翻地覆，其政治体制、核心价值观都受到了巨大的冲击。社交媒体使新闻信息碎片化，假新闻、假事件、策划新闻等呈现出病毒式传播的态势。2016 年美国总统选举结束后，社交新闻网站 Buzzfeed 的编辑克莱格・西尔

---

① 参见[美]比尔・科瓦奇、[美]汤姆・罗森斯蒂尔：《真相：信息超载时代如何知道该相信什么》，陆佳怡、孙志刚译，中国人民大学出版社 2014 年版，第 179 页。

维曼(Craig Silverman)撰写的调查报道披露,脸书等社交媒体在总统大选期间传播、散布了大量误导性新闻。一些网站以流水线模式生产各种“后真相”新闻,借推特、脸书等社交媒体广为流传。无论是美国还是欧洲,都成了制造和传播“后真相”新闻的基地。西尔维曼的调查还指出,在总统大选前的几个月,“自由日报”网站推送的消息,平台上的点赞数、分享数平均是主流新闻媒体 CNN 的 19 倍,但其中一半以上的信息都是虚假的或带有误导性的。社交媒体的广泛应用,使“后真相”成为常态,不断修正与确证已经发布的虚假新闻或失实新闻就成为必然,尤其是那些仍在演变进程中的新闻。

传统新闻业时代,新闻真实有把关人进行筛选和过滤,新闻真实性的修正和确证通常局限在新闻媒体范围内,虽然时有发生,但是并非常态。新闻真实性通常通过两种方法进行确证,一是媒体的自证。媒体发现自己报道的新闻有问题,自己采取更正报道、辟谣等方式修正先前的新闻报道。二是职业媒体之间的相互印证。对同一新闻事件,不同的媒体形成不同的新闻报道,这些新闻报道之间既可以相互补充,也可以相互印证。实际上,新闻媒体本身就具有自我修正的功能,马克思提出:“今天它所报道的事实或所发表的见解中的错误之处,明天它自己就会推翻。”[①]后真相时代,情绪先行,真相在后,新闻真实的修正与确证已成为常态。传统的新闻媒体内的修正、确证依然存在,只是频率和方式发生了变化,修正和确证的频率远超传统媒体时代,修正和确证的方式也较之以前有了很大的改变。在后真相时代,任何一个事件从发生到结束,都处在传播链条当中,随时有可能因公开而形成舆论。这就要求新闻媒体尤其是主流媒体,对任何的新闻事件,都要做到及时跟进,深度介入,全程在场,保证主流媒体不失语,有效遏制虚假信息的传播,维护新闻真实。例如,在新冠肺炎疫情防控期间,人民网《求真》栏目、新华社客户端的“求证”互动平台等,发布多条辟谣信息,有效防止了谣言的传播。此外,各种类型的非职业新闻传播主体也参与到新闻真实的修正与确证过程中,他们通过自己对事实的发现和传播,与职业新闻传播主体在新闻事实的确证中进行着激烈的竞争和博弈。在新媒体赋予民众话语权利的同时,传统媒体的话语垄断不复存在。在后真相时代的新闻传播中,专业新闻媒体的权威屡屡遭到挑战和质疑,社交媒体的兴盛使得大量的非职业新闻传播主体得以发声,并积极参与到新闻真实性的互证中。非职业新闻主体

① 《马克思恩格斯全集》第 1 卷,人民出版社 1995 年版,第 352 页。

由于受到新闻素养、媒介素养的限制，其对新闻真实性的把握并不可靠，反而容易被民粹主义裹挟，导致其所发布的新闻真实性难以保证，其对专业媒体新闻的修正能力也受到限制。此外，后真相时代，对于同一新闻事件的多源头、多主体海量呈现，使新闻处于碎片化状态，碎片化的传播、解读都会造成新闻的失真与变形。于是新闻在后真相语境与情境中处于不断修正与确证、再修正与再确证状态，甚至是周而复始、循环往复的进程中。因而，怎样确证、保证新闻的真实性，在未来的很长时间内，仍然“在路上”。人们只能寄希望于专业媒体更专业、公民新闻更公民，媒体和公民都能恪守新闻道德。无论什么类型的新闻传播主体，都应该做到“永远不要欺骗你的受众。告诉受众你所知道的和你不知道的；告诉受众你的消息来源，如果你不能指明消息来源，那你得告诉受众消息来源所处的位置是否可能知道真相，以及可能具有的偏差或倾向”①。总之，应当提供你所知道的所有信息，让公众清楚你是如何得出结论的，从而决定自己的看法。

四、后真相时代的新闻真实是一种前瞻性真实

前瞻性真实是指对未来“可能真实”的一种预测或估计，但这样的预测或估计基于当下的基本事实，是对当下事实未来演变发展可能趋势的描述或预判。② 新闻传播的检测环境、雷达预警、守望社会等功能不只着眼于新近发生的事实，也要着眼于未来。从传统对新闻的界定来看，新闻真实强调的是“面向过去”。“新闻是新近发生的事实的报道”就包含着“事实在先，新闻在后”的理解。但是新闻的价值绝对不仅仅是为了记录历史，更重要的是“面向未来”，可以预测新近未来，让人们能够根据可以预测的未来安排自己的工作和生活。传统媒体时代，新闻更多关注的是新近的事实，对于未来的事实虽有关注，但受制于信息获取技术、获取数量、数据处理技术等因素，前瞻性新闻报道不仅数量少，质量更是堪忧。

后真相时代，被技术、风险裹挟的信息扑面而来，令人眼花缭乱。信息尤其是新闻信息成为人们生产、生活、工作、娱乐、休闲的核心要素，信息成为人们生活的一部分，而且是最重要的部分。这种情况下，自然就会产生人们对前瞻性新闻信息的要求，希望能够借助前瞻的新闻事实维持社会的运

① [美]比尔·科瓦奇、[美]汤姆·罗森斯蒂尔：《真相：信息超载时代如何知道该相信什么》，陆佳怡、孙志刚译，中国人民大学出版社 2014 年版，第 190 页。

② 杨保军：《新媒介环境下新闻真实论视野中的几个新问题》，《新闻记者》2014 年第 10 期。

行和发展。与此同时，数据技术的开发与应用为前瞻性新闻信息的生产和传播提供了技术支持和现实可能。大数据时代，"依据当下新闻事实所体现或表征出来的数据，并通过数据分析与过滤，形成或建构预测未来事实趋势、走向的前瞻性新闻报道不仅成为可能，也会越来越容易，越来越多，越来越准确"①。

拥有新媒体技术与大数据的后真相时代，数字技术实现了对部分民众的赋权，除了职业新闻传播主体外，一些社交媒体用户和非职业群体也在运用各种数据分析、预测一些新闻事件的发展与可能走向，催生了大量的预测性或前瞻性新闻报道。美联社记者乔纳森(Uonathan Stray)曾说："构成新闻业的方方面面的工作既可在编辑部内部完成，也可在编辑部外部完成，可以是专业人士，也可以是业余人士。"②技术提供了可能，需求孕育了市场，当前瞻性新闻成为时代的需求时，前瞻性真实也就成了这个时代新闻真实的特征。

沃尔特·李普曼在他的《舆论》一书中提出："在多数情况下，我们不是先理解后定义，而是先定义后理解。"③不管新闻真实的意义如何变迁，无论是在传统媒体时代，还是后真相时代，真实都应该是新闻人永恒不变的追求。传统边界消失的传媒业更需要的是权威的重塑，内容的真实是专业媒体在未来的传媒业格局中拥有话语权的基础，后真相时代，新闻真实性历久弥新，依然是新闻的生命，因为不管技术如何发展，媒介形态如何变化，"新闻工作不会过时，它正在变得更为复杂"④。

推荐阅读

1.杨保军：《新闻真实论》，中国人民大学出版社 2006 年版。

2.周俊：《新闻失范论》，人民日报出版社 2014 年版。

3.[美]比尔·科瓦奇、[美]汤姆·罗森斯蒂尔：《真相：信息超载时代如何知道该相信什么》，陆佳怡、孙志刚译，中国人民大学出版社 2014 年版。

---

① 杨保军：《新媒介环境下新闻真实论视野中的几个新问题》，《新闻记者》2014 年第 10 期。

② 瞿旭晟：《数据入侵"538"博客的实践与启示》，《新闻记者》2013 年第 6 期。

③ [美]沃尔特·李普曼：《舆论》，常江、肖寒译，北京大学出版社 2018 年版，第 67 页。

④ [美]比尔·科瓦奇、[美]汤姆·罗森斯蒂尔：《真相：信息超载时代如何知道该相信什么》，陆佳怡、孙志刚译，中国人民大学出版社 2014 年版，第 187 页。

4.[美]利昂·纳尔逊·弗林特:《报纸的良知:新闻事业的原则和问题案例讲义》,萧严译,中国人民大学出版社2005年版。

思考题

1.为什么要追求新闻真实?

2.新媒体时代如何保障新闻真实?

3.什么是伪新闻,如何看待伪新闻?

4.后真相时代的新闻真实具有怎样的特征?

第五章　新闻价值理论与实践

每一天，社会的每一个角落都会发生数以亿计的事情，我们从新闻媒体获知的只是其中极小一部分。那么，新闻媒体是怎样选取新闻来报道的？新闻工作者怎样决定哪些事情值得成为新闻？新闻的生产和传播活动充满选择，这些选择的标准和规律，逐渐发展成为新闻价值理论。新闻价值理论对新闻活动具有重要的指导意义。

第一节　新闻价值的内涵

“新闻价值”(News Value)是新闻学的核心概念，它产生于新闻传播的实践中，涉及新闻生产和传播的标准。通俗地说，一件事情之所以会成为新闻，是因为它具备一些被称为“新闻价值”的特质，因而值得报道。具体来说，这种特质表现为新闻事实对受众的效用和作用，即新闻对受众需求的满足。

一、新闻价值的内涵

关于新闻价值的定义，国内有“标准说”和“要素说”两种说法。在实践中，新闻价值的标准和要素可以理解为一回事，标准是指进行新闻报道时对新闻事件进行选择的主要依据，要素是指新闻事件具备新闻报道的主要依据。所以，从一般意义上说，新闻价值是一套新闻选择的标准，是新闻工作者用以判断什么样的事实能构成新闻、如何取舍裁剪新闻以及如何报道新闻事件的尺度和准则。

在具体应用中，“新闻价值”与“新闻的价值”两个概念容易混淆。“新闻的价值"指的是事实经过媒体报道后所引起的社会效应。效应大的，新闻的价值大；效应小的，新闻的价值小。"新闻的价值"侧重描述新闻有什么作用，是对新闻的社会功能的量化把握；"新闻价值"描述新闻是什么，指的是新闻事实自身具有的特质。

二、新闻价值观

所谓"观"，是指人们对事物的认识和看法，往往反映人们的世界观和价值观，是人们的思想倾向、道德观念等意识形态的反映。新闻价值观是人们关于什么是新闻价值的看法，是人们关于新闻价值的比较稳定的认识和观念。

新闻价值观是新闻观念的核心部分，其基本内容是人们对新闻的根本看法。对新闻本质的不同认定，体现的就是新闻价值观念的不同。新闻价值观渗透在新闻的生产和传播过程中，它决定着新闻传播的主导方向，决定着新闻传播的目标追求和理想境界。

新闻价值观不是孤立的观念系统，它的产生与形成必然受到社会政治观念、经济观念、文化观念、技术观念等的制约，各个国家、民族以及群体的新闻价值观有其不同的历史渊源和现实根据。因此，新闻价值观不是单一或一元的，而是多样和多元的，不同历史时期、不同国家的新闻传播实践中存在不同的新闻价值观。

第二节　西方传统新闻价值观

西方的新闻价值理论是在长期的新闻传播实践活动中逐步形成的，新闻工作者面临一个一再重复的问题：每天都会发生层出不穷的事件，如何选出有限的新闻报道给读者？这引发了对新闻价值的思考。

一、西方新闻价值理论的提出与发展

最早提出新闻价值观的是德国人托比亚斯·朴瑟(Tobias Peucer)，他于1690年提交的世界上第一篇新闻学研究的论文提出一个问题——哪些事件值得报道，哪些事件不值得报道？并提出了异常性和重要性两个标准。1695年，德国学者卡斯帕·斯蒂勒(K. Stieler)又提出了新闻的新鲜性、接近性、显要性和消极性等特征。这些涉及新闻选择标准的问题，已经触及新闻

价值观念的一些内涵。

西方新闻价值观念的真正形成，是伴随着政党报刊的衰落、大众化报纸的蓬勃兴起而发生。19世纪30年代，西方各资本主义国家报业进入大众化报纸时期，报纸被作为商品来经营，报人为了争夺发行份额而招揽尽可能多的读者。因此，报人围绕读者的兴趣选择事实、组织新闻，强调“读者兴趣是新闻价值的试金石”。其中，《纽约先驱报》的报人詹姆士·贝内特(James Bennett)将报道领域集中在商业、政治新闻以及当地发生的犯罪和丑闻，获得了较高发行量。主管《纽约太阳报》的查尔斯·达纳(Charles Dana)提出新闻就是“使社会上大部分人感兴趣并且从未引起注意过的任何事情”。达纳手下的一位主编约翰·博加特(John Bogart)在向年轻记者介绍应该报道哪些事件时提出“狗咬人不是新闻，人咬狗才是新闻”的选择依据。可见，在大众化报纸时期，西方的新闻工作者较注重趣味性和反常性。

围绕新闻实践，学者们提出并逐渐形成一套新闻价值理论。西方新闻价值理论是由美国威斯康星大学新闻学教授格兰特·赫德(Grand Hyde)首先建立框架，他认为，感兴趣的新闻最有价值，其次是时机恰当的新闻，再次是发生在本地和附近的事件和市井消息。赫德教授还提出了辨别新闻价值的四种方法：死伤者多、有名人出现、稀有珍闻、非常可笑或可悲的事件。

1899年，日本新闻学者松本君平在《新闻学》一书中讨论了新闻价值的概念，并提出了新闻价值的“显著性”要素。1903年，美国学者休曼(Edwin Llewellyn Shuman)在其著作《实用新闻学》中明确使用了“新闻价值”一词，新闻价值作为术语第一次被提了出来，他还指出构成新闻价值的三个要素：报道适时、事实的兴趣、令人惊奇的事件。1922年，李普曼在其名著《舆论》中提出构成新闻价值的三要素，即突发事件、地缘接近性、个人影响及冲突等，进一步丰富了新闻价值理论。1933年，日本学者关一雄提出了新闻价值“六元素”，即时间的接近性、距离的接近性、著名性、异常性、发展性和感情性。

20世纪30年代，美国学者华连提出了决定新闻价值的十大因素，包括时间性、空间性、重要性、独特性、戏剧性、斗争性、离奇性的因素、情趣性、猎奇性，极度扩展了新闻价值的范畴。二战以后，新闻价值理论经过近一个世纪的探索和发展，逐渐形成体系，代表人物是美国学者弗莱德·希伯特(R. E. Hibbert)，他对复杂的新闻价值理论进行了整理，将其归纳为时间性、接近性、显著性、重要性和人情味5个要素。至此，新闻价值学说及其要素被固定下来。

20 世纪 60 年代，西方学者再次掀起探讨新闻价值理论的高潮，约翰·格尔腾(Johan Galtung)和玛丽·鲁基(Mari Ruge)提出了新闻价值的 12 种要素；20 世纪 70 年代，又有人提出新闻价值的 20 种要素。

二、西方传统新闻价值观

尽管西方新闻界在新闻价值标准的具体表述上有所不同，但在主要标准的确定上还是相当一致的。目前，西方传统新闻价值观认为新闻价值主要有以下七要素：及时性、影响力、接近性、显著性、异常性、冲突性、人情味。

(一)及时性

指“事件刚刚或最近发生”具有的新闻价值。及时性是任何一条新闻必不可少的标准。西方有句流行的话是“死得不能再死的是昨天的报纸或是一小时前的广播、电视新闻”，这强调了及时性的不可或缺。

西方媒体如此强调及时性，是因为媒体有义务让受众随时掌握事态发展，以便作出正确决策。在西方，抢发新闻是媒体的头等大事，媒体追求新闻报道的及时和新闻内容的新鲜。因此，日报最忌讳出现“昨天”的字眼，而广播、电视则时时强调“最新发展”。

当然，及时性很重要，但它并不是唯一标准。有些没有明显时间性的报道主题同样具有新闻价值，那些探索人们的生活方式、揭示人物的内心世界、描绘人或大自然的有意义但不变的特性，都是没有时间性的好主题。另外，有些时间并不紧迫的延缓性新闻，同样值得报道，如近年来世界范围的环境保护、气候变化、经济走势等。

(二)影响力

影响力指的是新闻报道的事件或主题将以某种方式对人们的生活产生影响。如何衡量一个事实是否有影响力以及影响力有多大？西方的新闻价值观认为主要有三点：对多少读者有直接影响、对读者有多少直接影响、是否会立刻产生影响。即新闻事件影响的读者越多、对读者影响越大、产生的影响越迅速，则读者越感兴趣，新闻价值越大。

以美国为例，总统竞选历来是新闻界的头等要闻，总统竞选结果会对全国范围的人们产生即刻的涉及生活工作等多重方面的影响，所以总统竞选往往会成为全国民众关注的大新闻。世界新闻史上，新闻媒体的诞生和发展与总统竞选有着千丝万缕的联系。1920 年 11 月 2 日，美国宾夕法尼亚州的匹兹堡市，西屋电器公司创办的 KDKA 广播电台利用美国总统竞选的大好时机，围绕选情通报这一公众关注的焦点，大张旗鼓地开始了定期广播。KDKA 广播电台成为历史记载的美国第一家正式广播电台，1920 年 11 月 2 日也被认为是世界广播事业的诞生日。

（三）接近性

接近性指在差不多同样重要的事件中，发生在离读者最近的地方的事件最有新闻价值。西方新闻界认为，在人们生活所在地区发生的事情，更容易引起人们的兴趣。这是因为发生在本地区的事情往往会对人们自身产生直接或潜在的影响，亦即牵涉到自身利益。另外，人们对他们熟悉的事件和人物容易产生亲切感，更有进一步关注、了解的兴趣。

因此，西方媒体非常强调地域接近性。一方面是新闻媒体地方化，西方媒体纷纷创办地方报纸、地方电视台、电台，全国性媒介也创办地方版、地方栏目。美国报纸既有《纽约时报》《今日美国》《华尔街日报》等面向全国发行的全国性报纸，也有数量众多的、面向一个地区的地方性报纸。另一方面是媒体的报道注重地方化，注重报道当地发生的事件和人物。对于重大的全国新闻或国际新闻，往往突出其与当地相关的因素，使其带有地方色彩。

西方媒体有一个灾难新闻的报道公式：事件死亡人数多少，与事件距离当地的远近成定比。例如，在遥远国家洪水淹死 1000 人，其效果相当于在美国边远的州淹死 100 人，也相当于在本州淹死 10 人，还相当于本地淹死 1 人。这种重视地域接近性的做法发展到极端，便会过于注重地方琐闻，而忽视了对人们的生活很重要、人们应该知晓的全国新闻和国际新闻。

（四）显要性

新闻事件涉及知名人士和机构，便具有了显要性，显要性会增强新闻价值。知名人士包括政治、经济、社会或文化人物，他们可能担任公职，也可能虽不扮演官方角色却掌握幕后权力。

研究发现，美国的新闻报道中，最经常出现的新闻人物是知名人士。1967 年到 1975 年间，知名人士占据了 70%～85%的国内新闻时段，而普通人只占有大约 1/5 的时段或版面空间。这些知名人士大多担任公职，包括总统、总统候选人、最主要的联邦政府官员、州政府和地方官员等。[①] 2020年新冠肺炎疫情肆虐全球,全球数以千万的民众确诊感染,但没有哪个人得到的报道有美国时任总统特朗普多。从特朗普确诊感染新冠肺炎病毒到出院,短短3天时间,媒体展开了铺天盖地的报道,溯源感染原因,报道治疗方案,追踪病情状况,探讨社会影响,事无巨细,议题丰富,报道广泛。

西方新闻界有两个对比性的报道公式:名人+普通的事=新闻;普通的人+不普通的事=新闻。即名人身上发生的普通事情,也可以成为新闻,而普通人要想被媒体关注,除非他们身上发生不普通的事情。研究表明,在美国,那些登上报纸版面的普通人,往往参与到不寻常的、革新的或者戏剧化的活动中,诸如参加示威暴乱、违反法律及道德、成为灾难的受害者或参加稀奇古怪的活动等。这种选择标准使大多数普通人因生活的"平淡"而几乎得不到媒体的报道和关注,成为沉默的大多数。

为什么"名人出新闻"?一般认为有三点原因。(1)名人的知名度高,人们对他们有亲近感、认同感,同时人类的好奇心使他们对于他人的私生活比较感兴趣;(2)名人特别是政府官员的私人活动,可以帮助公众观察、认识这些人物的品格;(3)名人的社会活动和言行往往比一般人更具影响力,会涉及更多人的利益。比如总统生病可能会影响到国家事务运行以及国际政治经济形势。2020年10月1日,美国前总统特朗普确诊感染新冠肺炎病毒后,金融市场迅速反应,美股期货在开盘前闻讯大跌,而当时距离美国总统选举仅33天,增加了国内政治格局的不确定性。

在具体的新闻实践中,对名人的关注容易引发一个问题:在名人的隐私权和公众的知情权之间如何平衡?如果二者发生矛盾,应该首先保障哪个?这取决于不同媒体的利益取舍和价值选择。

(五)异常性

那些明显偏离常规和日常经验的事件具有异常性。异常性也是西方非常强调的一个新闻价值。

关于异常性的最典型的说法是前文中提到的约翰·博加特的"狗咬人不是新闻,人咬狗才是新闻",此外还有美国《阿契生市环球报》主编爱德华·贺(Edward He)的"凡是能让女人喊一声'哎呀,我的天啊'的东西就是

---

① 参见[美]赫伯特·甘斯:《什么在决定新闻》,石琳、李红涛译,北京大学出版社2009年版,第10~16页。

新闻”。在新闻标题的拟定中,“最”“空前”“第一”“罕见”等,都是符合异常性的要素。

西方新闻界认为,异常性之所以是构成衡量新闻价值的标准之一,主要有以下两点原因。一方面,追求新知、关注离奇,是人类的共性。另一方面,凡是有新闻价值的事件都包含着不寻常的因素,即异常性新闻能够帮助人类监察环境。

异常性是大众化报业时代极为重要的新闻价值要素,也是当今一些网络媒体善于使用的策略,对于唤起读者兴趣、增加媒体发行量和提高点击率具有明显效果。但不可否认的是,片面强调异常性容易滋生追求反常、刺激的猎奇新闻观。

(六)冲突性

西方新闻界认为,冲突性是对反映人与人或机构之间交锋的事件的报道。西方新闻价值观认为,冲突是大多数新闻的主要特点。

冲突性的表现形式很多,主要有:人体之间的直接较量,如体育竞技;人与人之间的智力交锋,如辩论赛;经济、社会的风云突变等,如商业竞争、外交斡旋。此外,战争是人类的最高冲突,所以战争是绝对有新闻价值的事件,往往会登上媒体头条,成为人们关注的焦点。在具体的新闻实践中,新闻报道更倾向于强调冲突、纠纷和斗争,即使在事实比较平静的情形下,新闻报道也会强化冲突。

俄国艺术理论家普洛普(V. Propp)对100个俄罗斯故事进行分析,从中发现了神奇故事的结构要素及其组合规律:童话故事始于平衡,其情节始于A功能(坏人出现),经过不同的斗争、折中,终于化解万事(婚礼、得到幸福),恢复平衡。其中,童话故事的文本往往着墨于好人和坏人的斗争过程,因为这种较量具有冲突性,富有悬念,容易引起阅读兴趣。可见,冲突对人类具有强烈的吸引力,大多数叙事文本都注重对冲突的刻画和强调,新闻文本也不例外。

当然,冲突性会增强受众的兴趣,但过分追求冲突,则会使媒体充斥暴力、犯罪等内容;另外,好人、坏人的二分法,也会把问题简单化,容易掩盖社会事件的复杂性,遮蔽真正的社会问题。

(七)人情味

一般来说,人情味就是受众对人自身的浓厚兴趣。越能表现人的情感的事实，越能唤起人们的兴趣，越具有新闻价值。人情味也是西方比较重视的新闻价值标准。

如何增强人情味？

首先，西方媒体的经验表明，多报道具体人物，更容易引起受众兴趣。新闻中有名有姓、面孔清晰的具体人物，相比匿名的群体更容易让人代入，唤起共情。

其次，人物的悲欢离合等情感，能够激发人们的同理心，引起受众兴趣。情感社会学家指出，高兴、恐惧、愤怒和悲伤是人类普遍具有的情感。因此，那些体现人物悲欢离合的新闻事件，能唤起人们的共同情感，引发关注。

再次，女性、孩子等群体能够激发人们的同情心，获得关注。战争中的孩子往往成为最能打动人的主题，甚至能够改变战争走向。越南战争中的一幅新闻摄影，记录了一个年仅9岁的孩子被汽油弹击中，张开双臂撕心裂肺地逃出的瞬间。这幅逼真地表露战争残酷性的照片，深深地打动了对那场无休止的、远离美国的战争已经麻木不仁的美国人，他们似乎能够听得见图中孩子们那撕心裂肺的哭喊声，他们的心弦被强烈地触动。据说，决定将这幅照片刊登在《纽约时报》头版的那位编辑后来确信，可能是这一决定将越南战争缩短了6个月。叙利亚战争中，一个因私渡而溺毙的3岁男童静静俯卧在土耳其沙滩上的照片震惊了世界，照片出现在全世界几乎所有媒体上，成为欧洲难民危机爆发以来“最揪心的画面”。他的悲惨遭遇让国际社会震惊，并引发对造成叙利亚人道主义危机原因的反思，推进了欧洲各国的难民政策改革。

最后，新闻报道中涉及动物，也会增强人们的情感共鸣。动物的智慧、勇敢、可爱、忠诚、舐犊之情，也能像人物故事一样，引起受众的关注和兴趣。2021年4月到6月，一群亚洲象离开西双版纳保护区，一路向北迁徙。该事件不仅在国内引发高度关注，众多国外媒体也争相报道，CNN、BBC、美联社、《泰晤士报》、《华盛顿邮报》、《朝日新闻》等国际媒体都进行了跟踪报道。6月2日和6月4日，BBC连发3篇关于中国大象的报道，提到当地政府和人民不干扰大象行进的做法，还引用了网友的调侃“它们是去昆明参加联合国《生物多样性公约》第十五次缔约方大会(COP15)，然而大象记错了日期，来早了”。画风轻松活泼，内容客观真实。日本的朝日电视台在热门节目中用了近30分钟对此事进行专题报道。美联社在6月8日的一篇报道中指出，该象群已经成为“国际明星”。

与象群相关的视频在海外社交平台上也成了热门话题，上亿人观看、讨论它们的旅程。在 6 月 7 日象群集体休息的照片和视频下，不少网友表达了对象群的喜爱和关注："小象好可爱"，"他们就像人类一样，成年人在外侧，最小的孩子被保护在里面"。在一则成年象将掉入水沟的小象拉起来的视频下面，网友评论道："我们更应该像大象一样，重视家庭，互相帮助、关心、保护。"日本网友则评论道："象群晚上在街道上行走的样子像极了一家子来旅游的游客。"

动物报道背后的新闻价值是人的情感。这一事件之所以实现现"象"级传播，得到国际媒体一致好评，除了与中国政府近年来致力于生态保护使人与象能够和谐相处有关之外，也和大象懵懂可爱、憨态可掬、重视家庭的形象有关。重视家庭、互相关心这些人类共同认可的情感和价值观，成为跨越国界、沟通海内外的触发点。

三、对西方传统新闻价值观的评价

西方传统新闻价值观反映了新闻报道的客观规律，体现了对受众需求的满足，具有受众本位意识，不失为西方媒体人新闻选择的重要依据和标准，但也存在缺陷和不足。传统新闻价值观诞生于报刊商业化时期，彼时报人们为了争夺发行量，极其关注新闻的吸引力和可读性，因此过于强调读者兴趣，忽视了媒体对读者及社会所负的基本责任。

具体来说，西方传统新闻价值观使得西方新闻报道特别是美国新闻报道形成三种不良的报道倾向。

首先是过度追逐猎奇新闻、黄色新闻等，我们称之为猎奇新闻观。该观念认为只有离奇、古怪、异常的事件和现象才能构成新闻，记者总是把注意力放在暴力、色情、金钱、丑闻和怪异现象上。猎奇新闻观把贪得无厌的好奇感和低级趣味当作评价新闻价值的第一标准，把追求无聊庸俗的逸事趣闻当作新闻的本质特征，以此来聚敛财富。追求商业利益是其根本的动力。猎奇新闻观自诞生之日起，在西方就未绝于世，即使在今天的中国新闻界，它仍然被不少人视作打开市场的敲门砖。

其次是过度追逐冲击力和戏剧效果，媒体热衷于坏消息。为了追求轰动效应、戏剧效果，越是消极的现象，越是得到大肆报道和渲染，"报忧不报喜"成了常见现象。对某些媒体人来说，"坏消息就是好消息"。对此，德弗勒和丹尼斯批评道："用这些标准确定新闻价值所付出的代价是：许多新闻报道从其他角度来看,实际上很有意义,却很可能被判定为太平淡,例如那些具有历史意义的事件,那些能改善人类环境的事件或扩展人类知识领域的事件等。有关这些事件的报道很可能只会在报纸的最后几页或新闻广播的末尾才能找到(如果它们有幸被报道的话)。”①

最后是过度追逐“名人出新闻”,造成普通人声音的缺失。媒体热衷于名人新闻,而出现在新闻报道中的普通人往往是不具有代表性的一群人,绝大多数普通人永远不可能登上新闻媒体。普通人如何生活、普通人如何工作,不会成为媒体关注的焦点,普通人在媒体上普遍处于失声状态。正如曼彻尔写道:“这些指导方针并没有告诉我们,最恒久的故事之一是人类如何战胜。很少有人能抗拒的故事是我们目前如何生活的状况。”②从这个角度看,当今非虚构写作的复兴,正是对普通人生活的关照,显示出普通人的故事的永久魅力。

总之,西方传统新闻价值观导致了西方媒体报道面的狭窄和黄色新闻的泛滥,忽视了深层的社会问题。记者一味追求眼前发生的、昙花一现而有轰动效应的新闻,无暇顾及社会深层存在的弊端和问题,无法充分实现其监测社会环境的职能。

第三节　中国语境下的新闻价值观

西方新闻价值理论进入我国后,经过几代人的努力,经过了解、吸收、借鉴并扬弃的过程,最终发展出一套适用于中国语境的新闻价值观。

一、我国新闻价值理论的提出与形成

最先把西方新闻价值理论介绍到中国的是新闻学者徐宝璜和报人邵飘萍。徐宝璜在1919年出版的专著《新闻学》中,介绍了重要性、新鲜性和接近性等几个新闻价值要素。邵飘萍在他的著作中介绍了美国教授格兰特·赫德的新闻价值理论。

20世纪40年代,萨空了提出了新闻价值的“两个条件、两个要素”,他把新鲜和真实视为新闻价值的要素,把与人类“有关”“有益”作为新闻价值的

① 转引自徐耀魁主编:《西方新闻理论评析》,新华出版社1998年版,第146页。

② 转引自徐耀魁主编:《西方新闻理论评析》,新华出版社1998年版,第146页。

基础。该阐释对新闻价值理论有所突破,回归了新闻价值的本意。

改革开放以来,新闻价值理论作为新闻实践的重要标准,成为新闻理论研究的重点和热点。中国学者对西方新闻价值理论采取了“取其精华、去其糟粕”的态度,在广泛吸收和借鉴的基础上,对新闻价值理论进行了梳理和分析,提出了我国新闻价值的基本观点,形成了适用于我国的新闻价值观。

二、新闻价值五要素的含义

概括来说,我国新闻学者认为,构成新闻价值的要素主要有时新性、重要性、显著性、接近性和趣味性。

(一)时新性

时新性包含两方面:一方面是事实发生的时间要近,另一方面是事实的内容要新鲜。和西方的及时性类似,我国媒体也追求报道速度,只有速度及时,才能保证内容对受众而言是新鲜的。

在具体的新闻实践中,媒体追求时新性要注意以下四点。

1.不同媒介的特性不同,对时新性的要求也不尽相同

如报纸因为印刷和发行的原因,无法像电视、网络媒体实现信息的同步传输,因此报纸媒体不应盲目追求速度,而应该在深度、广度上做文章。

2.新闻真实是底线,媒体不应盲目追求“快”而丧失底线

2010 年 12 月 6 日晚,《中国新闻周刊》官方微博转发了一条“即时新闻”,内容为著名作家金庸去世。该消息一小时后被证实为谣言。后经查证,是负责官方微博的编辑在网上看到这条新闻后未作核实便转发。个中原因,固然与该编辑缺乏应有的新闻素养有关,也和网络媒体迅速崛起的时代背景下纸媒压力增大而热衷于“抢新闻”不无关系。该事件造成《中国新闻周刊》多名高管离职,网友亦质疑该刊物的权威性和公信力。

3.媒体要追求“快”,亦应讲究时机,必要时甚至要“压”新闻以等待时宜

新闻报道既要遵循新闻价值,也要考虑宣传价值。有时为了获得更好的宣传效果新闻报道需要等到合适的时机。如一篇批评某企业生产伪劣产品的报道,在 3·15 国际消费者权益日前发布,其获得的关注度会更高,产生的社会影响会更加广泛。

4.没有明显时间性的事件也具有新闻价值

2004 年创刊的《冰点周刊》，一直致力于超越“新闻只有一天生命”的定律，不盲目追逐热点、焦点，于“冰点”中追求新闻更长久的意义。《冰点周刊》经常推出一些没有明显时间性的报道，如《新警察故事：谈不上惊险刺激，更像社会的大保姆》，讲述一个基层派出所警察的日常工作，让人们看到全国 5.4 万个基层派出所的警察工作的艰辛，对人民警察多了一份理解与认同。《庄稼地里的诗人》则将目光聚焦到几个在社交平台上写诗的普通农民，让人们看到这群普通人的欢乐与哀愁。

（二）重要性

重要性指事实所具有的社会意义和重要价值，即事实具有涉及面广、影响力大的特点。一般来说，凡是对自然环境和人类生活有重大影响、与人民群众利益密切相关的事实都具有重要性。

和西方不同的是，我国新闻价值观不过分强调新闻事实对人们生活直接和即时的影响，而是更强调时间的持久性、空间的广泛性和程度的深远性。那些在长远时间里对更多人产生深远影响的事件，越具有重要性，越容易成为媒体重点关注的议题。如我国政府工作报告的内容，包括回顾并总结前一年的政府工作情况、归纳当年政府各项工作、汇报这一年政府的工作计划和目标、详细阐述对当年政府内部的政府职能、民主化建设、依法行政、政风建设等方面将要施行的工作举措和工作计划等，对全国民众的生活具有全方位的深远影响，因此每年的政府工作报告都会成为媒体重点解读的对象。

在具体的新闻实践中，会议是党和政府指导工作的一种重要方式，这些会议往往事关国计民生和人民群众切身利益，成为媒体报道的重点。但长期以来，提起会议新闻，不仅记者觉得枯燥乏味，读者也存在一定的抵触心理。究其原因，主要是会议新闻报道形成一种程式化的写作模式，结构多采用“名单＋讲话”式，内容往往是一些空话、套话，真正有用的信息很少或者未被挖掘出来。因此，如何做好会议报道，让真正有用的、对人民群众有切身利益影响的信息凸显出来，让人民群众爱看，这是摆在我们媒体人面前的一个任务。

近年来，以新华社、《人民日报》、中央电视台等为代表的中央级主流媒体，在全国“两会”报道中取得了良好的传播和宣传效果，形成了一套行之有效的会议报道经验。2021 年全国“两会”是在中国共产党成立 100 周年、“十四五”开局之年、全面建设社会主义现代化国家新征程开启之年召开的重要会议。新华社“两会”报道主题鲜明、重点突出、丰富多彩，充分发挥舆论引导主力军、主渠道、主阵地作用，充分彰显“国家队”实力和新型主流媒体气质。其中，“新青年”特别节目《赴京之路》全网浏览量破亿，会中精心采写政协、人大开闭幕会侧记，语言精练，现场感强。另外，突出宏大内容的轻量化、碎片化传播，推出“权威快报”，以海报形式发布《政府工作报告》核心内容，单条微博最高阅读量近一亿。同时，新华社围绕“十四五”规划和 2035 年远景目标纲要草案，结合百姓关切，策划专题栏目，推出多篇报道，被全网置顶推送。

（三）显著性

显著性指事实能引起大多数人关注的程度。显著性同新闻事实涉及人物、社会组织、地区等的知名度有关。一般来说，那些与政界要人、科技专家、学界翘楚、商界名流、文娱明星等公众人物相关的事实具有显著性，同某些特殊的地点、建筑物或以往著名事件相联系的事实也具有显著性。例如，一般来说，一档新闻栏目更换主播不会成为新闻，但《新闻联播》每次有新主播出镜，都会引起全国人民的兴趣和热议，这是因为《新闻联播》是国内知名度最高的新闻栏目，具有显著性。

通常新闻报道会在标题中以醒目方式强调事实中的显著性，以唤起受众兴趣。2020 年 8 月 25 日，扬州市中级人民法院开庭审理一起侵犯影视作品著作权案。该案件涉及多位导演的 400 余部影片，但在新闻报道中，多家媒体在标题中仅列出了几位知名导演，澎湃新闻标题为《损失约 8 亿！一审宣判！涉及吴京、黄渤、沈腾等知名艺人……》，《21 世纪经济报道》标题为《损失约 8 亿！一审宣判！吴京、黄渤、沈腾、韩寒曾组成“受害者联盟”》。这是因为这几位导演在群众间的知名度较高，发生在其身上的事实更容易唤起受众的兴趣。

在具体的新闻实践中，显著性和重要性既有联系又有区别。首先，具有重要性的事实往往具有显著性。如政界要人、商界名流等公众人物，其思想和举动往往对民众生活产生影响，因而更容易被媒体报道，被民众熟知，从而具有显著性。其次，具有显著性的事实不一定具有重要性。如有关文体明星私生活的信息，具有一定的显著性，但相对而言，对人民群众的利益影响较少，即重要性相对较小。

显著性使公众人物自带“流量”，更容易成为媒体关注的焦点，但同时我们也应该看到，作为公共资源的媒体更应该观照那些“关于人们如何生活”的普遍性话题。那些不知名的普通人，他们的生活与生存状态也值得关注。前文所述《冰点周刊》其报道对象中不乏这些普通人，通过对普通人的关照，呈现社会变迁下普通人的价值，其报道也因此具有一种温暖的人文关怀和力量。

（四）接近性

接近性指事实在地理上和心理上与受众接近的程度。接近性最常见的含义是地理上的接近性，事件离自己工作、生活所在地越近，越容易引起人们关注，因为这些事实对人们实际生活的影响更大。接近性的另一层含义是指心理上的接近性，包括人们在年龄、性别、职业、信仰等方面的相近相似，都可使人们对事实产生心理接近感，增强兴趣。

在具体的新闻实践中，接近性越大，受众兴趣越高，越容易引起关注。因此，媒体通常会强调事实中的地理、心理接近因素，以获得更高的关注。但同时，这种强调应该是适度的，有些事件虽然发生地距离人们较远，但仍然具有可报道性。2019 年 10 月 23 日，英国警方在一辆从比利时开往英国普尔弗利特的货车上发现有 39 名偷渡者已经死亡。这一悲惨的事件在国际上引起很大轰动。事件伊始，因英国媒体称偷渡者为中国国籍，国内媒体对此进行了集中、大量的报道，但随着更多事实的清晰，偷渡者被证实为越南籍，很多媒体的报道戛然而止。事实上，事件中 39 条生命离世这一事实没有改变，这起悲剧本身足以引起人们对人类命运的关注，值得报道。

（五）趣味性

趣味性含义非常广，指新闻事件具有新奇、反常、巧合、有趣、怡情等性质。人们更有兴趣关注具有趣味性的事件。2021 年 6 月 22 日，《人民日报》微信公众号报道了一则趣闻，讲述了一件地理老师让同学们放下笔去欣赏彩虹和晚霞的事情，趣味性十足。

另外，有些新闻事件富有人情味，能够引起人们的同情心和关注。新冠肺炎疫情防控期间，中国人民团结一致，共克时艰，涌现出很多可歌可泣的感人事迹。其中，武汉一名 47 岁的普通市民感染新冠肺炎后病情恶化，在弥留之际写下遗书“我的遗体捐国家,我老婆呢?”这歪歪扭扭的两行字,体现了一个普通人对国家的大义和对家庭的深情,让人敬仰,让人感动。然而,一些媒体在报道该事件时,却把后面的“我老婆呢”四个字隐去,只保留前面七个字,本意是想刻画一个大写的英雄,却抹杀了事件中最具有人情味的因素,弱化了那个有血有肉的英雄的感召力。

三、新闻价值五要素的关系

判断新闻事实是否具有新闻价值,上述五个要素中,时新性是基本前提,是新闻必备的要素,其他要素可多可少。任何一个事件,只要具备了时新性,再加上四个要素中的任何一个,就具有一定的新闻价值,有成为新闻的可能。

新闻事实具有的要素越多,所含要素的质量越高,新闻价值就越大,也就越有可能成为一条特别受人们关注的新闻。其中,重要性因其与人们切身利益相关,具有较高地位。一般而言,一条具备重要性的新闻,也就同时具备了显著性和接近性。我国主流媒体的头条报道,往往是兼顾时新性和重要性的新闻。接近性强调关注本地新闻和新闻地方化,成为我国地方媒体在新闻选择中的重要依据。社交媒体时代,趣味性则因人民群众喜闻乐见,越来越受媒体重视。当前,主流媒体一方面要守住其权威性,做好时政新闻的报道,另一方面也要增强趣味性,多报道一些人情味的新闻,凸显事件中的情感因素,以做到雅俗共赏,覆盖最广泛的受众群体。

第四节　新媒体时代新闻价值要素的重构

上述我国新闻价值五要素,是传统媒体在长期实践中总结出来的,适应现代工业社会对新闻内容的选择和评判。在今天的新媒体环境下,通信技术的进步让更多普通民众成为新闻发布者,受众成为用户。新媒体消除了时空距离,社群化传播使新闻的定义、生产和传播方式以及传受关系均发生了变化,这就需要对新闻价值的标准和要素进行重构。

具体来说,新媒体时代新闻价值要素的重构体现在以下几个方面。

1.基于时间差距的时新性转向基于时空消失后的在场感

由于新媒体对时空的无限压缩,大众化传播时代新闻价值的首要要素时新性,即时间近、内容新,转向了社群化传播时代强调人们对共同在场的心理感觉。

2.普遍的重要性转向因群体而异的重要性

社群化传播以社群需要为判断标准，社群并不考虑新闻的公共性和普遍的、全社会意义上的重要性，新闻的重要性因群体而异。

3.强调“为人所瞩目”的人物、地点和事件的显著性转向是否具有显著的情感导向

社群化传播时代，能调动、刺激社群的情绪、怨气等群体情绪的事件或人物言行，代替了以知名度大小来判断显著性的标准。

4.强调地理上的接近性转向更强调兴趣、情感、观点、利益的接近性

社群化传播中的圈子，不再基于地域范围的接近性，而是基于兴趣、情感、观点、利益等的接近性而形成的圈子。所以，新闻价值接近性的含义也相应发生变化。如微信群、微博、豆瓣小组等，聚集了大量志趣相投的人，各自形成圈子。其传播信息遵循的接近性，更强调志趣相投、观点认可，而非地域接近性。

5.强调普遍意义上的人情味、高尚的情趣转向群体化甚至个人化的需求

大众化传播时代由于把关人机制的存在，趣味性强调富有人情味和高尚生活情趣，而社群化传播则更多考虑群体化甚至个人化的需求。

基于这种变化，新闻价值要素的标准也相应发生变化。对此，我国学者进行了大量研究，取得了一系列研究成果。早在 2004 年，网络媒体在我国还未普及，暨南大学董天策教授就敏锐地觉察到网络媒体新闻价值取向的变化，提出两个观点。

其一，在网络媒体上，“及时性”发展为“实时性”。所谓“实时性”，指报道要与正在发生的新闻事实同步，在尽可能短的时间内把新闻传递给人们，尽早满足人们获知新闻的需要。

其二，网络媒体具有一个新的新闻价值要素，即实用性。实用性的新闻信息包括个人化的、被需要的、有用的信息，它既不像重要性突出的硬新闻那样关系到国家大事、人类命运，也不像趣味性强的软新闻只带来当下的情感满足，而是能给个人带来即刻的现实利益，具有实用性。比如商业财经信息，比如教人们如何网上购物的信息。[①]

此外，新华社《新华每日电讯》评论部副主任易艳刚提出，后真相时代媒

① 参见董天策：《网络媒体在新闻价值取向上的变化》，《现代传播》2004 年第 6 期。

介生态和受众心态发生了变化，新闻价值标准发生了变化。他提出了四种变化趋势：时新性向实时性转变；显要性向实用性转变；接近性向亲近性转变；趣味性向媚俗性转变。①

第五节　新闻价值的实现与取向

对新闻价值的判断是影响新闻报道的重要因素，但不是唯一因素。在具体的新闻实践中，新闻价值的实现是一个综合考虑新闻传播规律和各种因素的、复杂的动态过程，新闻实践呈现出不同的新闻价值取向。新闻价值取向指的是新闻工作者按照什么导向、标准对新闻价值进行取舍，表现为选择过程中的倾向性。

一、新闻价值的实现受多重因素影响

虽然新闻价值具有客观性，新闻工作总体上有一套关于新闻价值的评价标准，但新闻价值总要受到一定社会的政治、经济和文化等因素的制约。因此，在现实的新闻传播工作中，新闻价值的实现不会僵化地执行新闻价值理论，而受到多重因素的影响。对此，传播学研究指出，大众传媒的新闻报道并不是对现实的“镜子式”的反映，而是根据一定的立场和新闻价值标准对各种事实进行取舍选择和加工的过程，这个过程，实际上也是对现实世界及其意义的一种重构。李普曼的“拟态环境”理论对此有深刻的解释。

在新闻实践中，影响新闻价值取向的有政治、经济和文化三种结构性因素，也有新闻从业者对媒体功能和角色认知差异等新闻实务方面的具体因素。

（一）社会政治制度是决定新闻价值取向的根本因素

不同社会政治制度下新闻事业在新闻价值取向上差异很大。作为意识形态的新闻业，在不同政治制度下具有不同的职能定位，新闻价值取向亦有差别。

西方媒体的新闻价值取向，在经济上表现为以谋求最大利润为目的，认为新闻产品越畅销，价值就越大；在政治上表现在为其所谓的“民主制度”和国家利益服务，却常常用“共同兴趣”“公正”和“客观”掩盖其倾向性，具有很

① 参见易艳刚：《“后真相时代”新闻价值的标准之变——以“罗尔事件”为例》，《青年记者》2017 年第 4 期。

强的虚伪性。

我国新闻事业作为党和人民的耳目喉舌，把为人民服务、为社会主义服务、为党和国家工作大局服务作为自己工作的方向，始终不渝地完成党和人民赋予的职责和使命。因此，新闻传播业有宣传党的方针政策的责任，在新闻选择的过程中不能一味考虑新闻价值，要兼顾新闻价值和宣传价值。那些能够宣扬党的理论、方针、政策的内容，那些能够针对社会上的猜测、怀疑、歪曲和流言进行有的放矢的回应的内容，那些能够对广大群众具有普遍的教育意义的内容，都因为具有宣传价值而值得报道。

(二)传媒利益的取舍会影响新闻价值的实现

当前我国媒体实行"事业性质，企业管理"的双重属性，媒体作为经营单位，要面向新闻市场，讲究成本和收益。相对来说，报道一个复杂的事实不如报道一个善恶分明的简单事件；与其不厌其烦地解释事实，不如报道一个轰动的案件；与其费劲地报道远处的一个重要事实，不如报道一则身边的花絮。于是，很多有新闻价值的事实容易被传媒忽略。

新闻的采集和报道是有成本的，如果新闻采写过程中的成本较高，尤其是一些调查性报道或深度报道，传媒往往考虑到自身利益而放弃一些深度挖掘和调查，虽然从新闻价值的标准看，这类事件的新闻价值更高。我国著名调查记者王克勤先后推出《北京出租车业垄断黑幕》《兰州证券黑市狂洗"股民"》《山西疫苗乱象调查》等一系列揭黑性深度调查，引发行业震动和高层关注，使相关行业得到整肃。但不可否认的是，这类调查性报道因其调查周期长、难度大、成本高而越来越成为媒体的奢侈品。

(三)既有的传统、观念等价值观会影响新闻价值的实现

其一，那些与新闻从业者文化上接近的事实更容易被选中。不同的国家有不同的习俗和传统，推崇的价值观亦不同，那些更接近本国价值观的事实更容易被报道。比如孝是中华民族的传统美德，子女不孝则被视为德行有亏。因此，我国的媒体乐于报道子女孝顺、赡养老人的感人事迹，歌颂其美德。2021年7月5日，新华社微信公众号报道了一则普通人的新闻，讲述了一位86岁老人每天步行五站路去向108岁老母亲问好的感人事迹，老先生不仅每天早上向老母亲问好，还在吃瓜时把大的留给老母亲，这种母子情深、"百善孝为先"的精神和理念，非常契合我国传统价值观，所以这则本身

并不具有明显新闻价值的事情得到了中央级主流媒体的报道。

其二，那些与人们既有的、先入为主的观念相符的事实更容易被选中。美国学者李普曼在《舆论》一书中提出了"刻板印象"，刻板印象指的是人们对某一类人或事物产生的比较固定、概括而笼统的看法。社会心理学表明，刻板印象对人们进行的社会信息加工有很大的影响。在接收信息时，刻板印象使得人们能够对具有许多共同之处的某类人在一定范围内进行判断，不用探索信息，直接按照已形成的固定看法即可得出结论，这就简化了认知过程，有利于人们应对周围的复杂环境。因此，社会大众普遍具有刻板印象。如人们普遍认为女司机驾驶水平差，这是基于性别的刻板印象。

在现代社会中，大众传媒为我们塑造了大量的社会刻板印象，因为媒体要利用刻板印象来取得大众的认同。当媒体报道一起交通事故时，如果驾驶员为女性，那么在标题中使用"女司机"能够使受众快速归类，将事件简化为"因为是女司机，驾驶水平差，所以出现交通意外"。所以，一起不规范驾驶导致的交通意外，当驾驶员为女性时，新闻从业者更乐意报道之。而当驾驶员为男性时，其被报道的可能性要低。

需要指出的是，刻板印象本身包含了一定的社会真实，或多或少地反映了一些实际情况，但由于其往往是固定化的，会阻碍人们看到新的现实、接受新的观点，结果导致人们对某类群体的成见。例如，在当今媒体话语和公众舆论中，城管与商贩已经被分别固化为野蛮霸道的执法者与无辜弱小的受害人的刻板印象，而这显然与实际情况不相符。

(四)新闻实务中很多具体情形会影响新闻价值的实现

其一，新闻工作者对媒介功能与角色的认知会影响新闻价值取向。有研究者对上海和杭州两城市的新闻工作者进行调查，发现新闻工作者对媒介的社会功能的认知与他们对新闻价值的认知有着紧密的联系，不同的媒介社会功能的认知会导致不同的新闻价值框架的取向。其中，强调媒介的意义阐释功能者更倾向于采用责任框架，为民说话者和信息扩散者倾向于使用冲突框架。[①]

其二，省力原则对记者工作的影响。在理想情况下，记者面对几项可供选择的采访任务时，应该按照新闻价值的大小进行选择。但在实际工作中，

① 参见李贞芳、韦路：《影响新闻工作者新闻价值框架形成的因素》，《国际新闻界》2007 年第 4 期。

任务是否省时省力也会影响记者的选择，那些本身不受怀疑、透明度高的事实因为省时省力而更容易被选中。

此外，事实发生的时间、记者是否在场等具体因素，也会影响新闻价值的取向。同样重要的事情发生在白天、记者在场，越有可能被媒体报道，得到较多的篇幅和时长，发生在晚上或记者不在场，则会降低其报道分量。2010 年度中国新闻奖一等奖作品是荆州电视台的电视长消息《一堆木头一串车祸，谁之过》，报道了因为散落在地上的木头没有及时处理而引发多起车祸的交通事故。这种意外交通事故，一般情况下记者都是在事故发生后赶往现场，如果没有直接的人员伤亡，往往作为一条简短的消息报道。而荆州电视台却将其处理成 3 分 40 秒的长消息，这是因为事件发生时记者正好在现场。据悉，记者在采访回家的路上偶然看到一起车祸，联系有关部门处理却发现其互相推诿，便主动参与处理，同时记录现场发生的情况。记者拍下了历时 5 小时的现场素材，记录下了多起事故发生的第一现场和完整的事件过程，因此将其处理为一则长消息进行重点报道。

二、坚持正确的新闻价值取向

新闻媒体作为上层建筑，对人们的精神文化产生重要影响，因此必须坚持正确的新闻价值取向。社会主义新闻媒体应坚持社会主义核心价值观，坚持马克思主义新闻观。

社会主义核心价值观是我国社会主义价值体系最基础、最核心、最重要的部分。一个国家，一个民族，要同心同德迈向前进，必须有共同的理想信念作支撑。习近平指出："历史和现实都表明，核心价值观是一个国家的重要稳定器，能否构建具有强大感召力的核心价值观，关系社会和谐稳定，关系国家长治久安。"[①]当前，我国社会结构深刻变动，利益格局深刻调整，思想观念深刻变化，各种思想文化相互激荡，人们思想观念的独立性、多样性日益增强，凝聚共识、汇聚力量的任务尤其重要。

新闻工作在培育和弘扬核心价值观，有效整合社会意识方面承担着光荣而艰巨的使命。我国新闻媒体和新闻工作者要充分认识到自身肩负的责任和使命，把社会主义核心价值观贯穿到日常新闻报道中，形成有利于核心价值观建设的新闻价值取向。具体到新闻价值的实践中，表现为用高质量

① 中共中央文献研究室编：《习近平关于全面建成小康社会论述摘编》，中央文献出版社 2016 年版，第 111 页。

高水平的新闻报道告诉人们什么是真善美，什么是假恶丑，什么是值得肯定和赞扬的，什么是必须反对和否定的，推动全社会形成积极、健康、向上的舆论氛围，把社会主义核心价值观融入社会发展各方面，转化为人们的情感认同和行为习惯。

推荐阅读

1.《新闻学概论》编写组编：《新闻学概论》，高等教育出版社 2020 年版。

2.李良荣：《新闻学概论》，复旦大学出版社 2021 年版。

3.徐耀魁：《西方新闻理论评析》，新华出版社 1998 年版。

4.陈力丹：《新闻理论十讲》，复旦大学出版社 2020 年版。

5.[美]赫伯特·甘斯：《什么在决定新闻》，石琳、李红涛译，北京大学出版社 2009 年版。

思考题

1.简述并评价西方传统新闻价值理论。

2.结合实际，谈谈你对我国新闻价值五要素的理解。

3.新媒体时代新闻价值要素发生了哪些变化？

4.结合实际，谈谈影响新闻价值取向的几个主要因素。

5.社会主义新闻媒体应该坚持怎样的新闻价值取向？

第六章　新闻与宣传

美国著名社会心理学家埃利奥特·阿伦森(Elliot Aronson)说过:“我们生活在一个大众传播时代,而我们所生活的这个时代的特征就是要努力说服大众。”[①]宣传作为一种语境化的大众说服活动,在革命、战争、商业以及新闻传播中几乎无时不在,了解并把握宣传的基本概念及框架是我们做好新闻宣传工作的必要前提。

第一节　宣传的内涵、特点及功能

一、宣传的内涵

“宣传”一词的含义经历了一个动态发展的过程,不同时代,不同国家的人们对它的理解大相径庭。我们首先通过对其历史变迁的考察来了解宣传。

(一)宣传概念的历史变迁

在中国,“宣传”一词古而有之,当时这一词语的运用与军事和战争行为密切相关。西晋陈寿《三国志》中就有“宣传军事”“宣传诏旨”等提法。在这里,“宣传”具有“宣布传达”之意。在后世的典籍中,“宣传”是指将上级的命令传达给臣僚和下属。现代汉语中“宣传”的概念则受多方影响。1847～1848 年出版的《汉英字典》将英文“propoganda”翻译为“传教”,1866 年出版

① [美]E. 阿伦森:《社会性动物》,邢占军译,华东师范大学出版社 2007 年版,第 43 页。

的《英华字典》则将其翻译为"宣传"。19世纪末，日本在翻译"propaganda"时借用了中文的"宣传"一词，并将宗教意义上的"宣传"转向了政治和商业意义上的"宣传"，这一概念经由留日学生翻译回流至中国，很快为国人所接受并广泛传播。新文化运动后期，中国的马克思主义者受苏联宣传观所影响，以"救国方法"界定宣传，强调以思想来武装人们，起着"唤起舆论"的作用。时至今日，"宣传"依然是一个被人们时常提及的、宽泛的概念，指的是向民众说明解释，并有号召或鼓动之意。

在西方语境下，"宣传"(propaganda)一词来源于拉丁语词根"propaso"，意为"繁殖和扩散"。1622年，法国人将"propaganda"用于宣传宗教教义。第一次世界大战期间，战时宣传如火如荼，各交战国为取得胜利，不惜实行操纵性、劝服性的心理战，甚至发布虚假信息。1918年，英国政府新闻部成立"对敌宣传司"(Department of Enemy Propaganda)，"propaganda"首次出现在政府机构名称中。"宣传"一词开始成为一个贬义词，被赋予"灌输""操纵思想"等含义。正如奥地利作家斯蒂芬·茨威格(Stefan Zweig)所言："无论在德国，还是在法国、意大利、俄国、比利时，几乎所有的知识分子都顺从地为'战争宣传'服务，以此来鼓动群众的战争狂热和战争仇恨。"[①]英国宣传战略专家坎珀尔·斯特阿特在《克尔之家的秘密》一书中说："所谓'宣传'，就是为了向别人施加影响而陈述事实。"美国政府成立了公共信息委员会。该委员会下设的新闻部、广告部、画报宣传部等工作部门几乎整合了当时所有的传播媒介，开展全方位的信息覆盖，其宣传活动可谓空前绝后，对有效传播基本原则的运用达到了"令人惊讶的熟练程度"[②]。二战期间，纳粹德国宣传头目约瑟夫·戈贝尔(Joseph Goebbels)对爱德华·伯内斯名作《舆论》一书的推崇更使人们认识到宣传所发挥的巨大作用。

随着第二次世界大战的结束，那些在战争中诞生的宣传者非常清晰地意识到宣传在影响公众感受和行为中的力量，并深信战时宣传的经验可以适用于战后的世界治理。[③] 尤其是在战争中崛起的美国，十分重视对外宣传，并将战时宣传的重点转向适应冷战需求的政治意识形态宣传。出于国

① [奥]斯蒂芬·茨威格：《昨日的世界　一个欧洲人的回忆》，舒昌善等译，生活·读书·新知三联书店1991年版，第262页。

② Bruce Pinkleton, "The Campaign of the Committee on Public Information: Its Contributions to the History and Evolution of Public Relations", *Journal of Public Relations Research*, 6(4), 1994, pp.229-240.

③ [美]乔根森、[美]哈尼奇编著：《当代新闻学核心》，张小娅译，清华大学出版社2014年版，第269页。

际战略的考虑，政府加大了对外宣传研究的资助力度，美国政府、军方、外交和情报部门几乎资助了所有的对外宣传项目。

战后，随着以实证主义为基础的传播学的建立和传播研究的体制化，“宣传”概念由于缺乏“科学性”，被赋予“灌输”“操纵思想”等含义，容易引起政治立场上的纠纷，所以“宣传”和“舆论”等概念一起，逐渐被西方社会弃之不用，而代之以“大众传播”“说服”“态度”“议程设置”等概念①，宣传实践也被“传播”“公关”“信息”“广告”等字眼替代，并广泛应用于政府传播、广告、公共关系、公共外交等领域。

（二）宣传的概念内涵

宣传被认为是一个现代性概念。新闻传播学中宣传的定义有很多，英国人坎贝尔·斯图尔特在《克尔之家的秘密》一书中认为，宣传就是为向别人施加影响而陈述事物。这表明了宣传所要达到的目的（向别人施加影响）以及宣传所采用的方法（陈述事实）。爱德华·L. 伯内斯将宣传定义为“一种持续一贯的努力，旨在制造或形塑事件，以影响公众与特定事业、观念、团体之间的关系”②。在这里，他强调宣传是赢得大众认同的强力工具。关于宣传的最经典的定义来自美国传播学者哈罗德·拉斯韦尔（Harold Lasswell），他认为，宣传是个人或集团有意识表达的意见和行动，旨在影响人们的心理以达到预期的目的。拉斯韦尔强调，特定个人或集团作为宣传的主体“有意识表达的意见和行动”，以与无意识相区别，这是很必要的；“影响人们的心理”，可以说是道出了宣传的真谛。③ 法国哲学家雅克·埃吕尔（Jacques Ellul）认为，宣传包括鼓动宣传（propaganda of agitation）和整合宣传（propaganda of integration）。鼓动宣传是短期的，主要激起人们的感情，造成立即的行为；与鼓动宣传诉诸感性不同，整合宣传诉诸理性，让个体接受既有的价值观、意识形态，与周围人保持一致，使用神化（myth）、民族意识、常识、习惯、意识形态等，通过群体的约束使个人接受某种宣传。整合宣传是一个长期的工程，它不一定以说服传播的形式出现，而是通过教育、消费、通俗文化、日常生活等逐渐形成。④

---

① 刘海龙：《西方宣传概念的变迁：从旧宣传到新宣传》，《国际新闻界》2007 年第 9 期。

② ［美］爱德华·L.伯内斯：《宣传》，胡百精、董晨宇译，中国传媒大学出版社 2014 年版，第 50 页。

③ 丁柏铨：《略论宣传兼及新闻与它的关系》，《新闻爱好者》2015 年第 5 期。

④ 刘海龙：《西方宣传概念的变迁：从旧宣传到新宣传》，《国际新闻界》2007 年第 9 期。

我国新闻理论界对“宣传”一词比较权威的界定来自《中国大百科全书》新闻出版卷:“宣传是运用各种符号传播一定的观念以影响人们的思想和行动的社会行为。”[①]宣传有广义和狭义之分,广义的宣传是指为达到说服、劝导或教育的目的,向个体或群体传播某种有说服力的观点或意识,以影响宣传对象的思想和行为,使之向所希望的方向发展的一种活动[②];狭义的宣传指的是特定的政党、组织或社会集团组织的政治性宣传。

二、宣传的要素

决定宣传的七种要素是宣传者(who)、宣传对象(whom)、宣传内容(what)、宣传场合(where)、宣传时机(when)、宣传动机(why)和宣传方法(how)。

(一)宣传者

狭义上,宣传者指的是从事宣传活动的个人,即编辑发出宣传活动信息的个体。广义上,宣传者是指整个宣传机构或者组织,是一个队伍或团体。宣传者是宣传活动的发起者、组织者,也是宣传过程的控制者。宣传者可以通过语言符号、非语言符号将思想观念传播给宣传对象。宣传者的价值观念、文化知识、阶级属性、利益偏好都会影响宣传效果。

(二)宣传对象

宣传对象可以是宣传效果的承担者,也可以是宣传效果的最后鉴定者。[③] 在漫长的宣传史上,宣传对象一直处于被动地位。曾经很长一段时间里,人们认为宣传对象只是信息的接受者,宣传对象一定会服从宣传者的意图。但是实际上,宣传对象有着自身的主观能动性,他们会根据自身的经验、需求、认知等来选择或拒绝宣传;宣传对象在宣传过程中的反馈会引起原有宣传计划的修改或废弃;不同的宣传对象对宣传行为的接受程度也不一样。

---

① 姜椿芳、梅益主编:《中国大百科全书》(新闻出版卷),中国大百科全书出版社 1990 年版,第 427 页。

② 参见郑邦俊主编:《宣传学概论》,辽宁大学出版社 1987 年版,第 2 页。

③ 李良荣:《新闻学概论》,复旦大学出版社 2018 年版,第 4 页。

（三）宣传内容

宣传的内容指的是宣传者发布的信息。并非所有的宣传内容是真实的或者是准确的。由于宣传者自身的主观性较强，虚假宣传也会时有发生。那些为了取得一时的宣传效果而篡改事实甚至不惜造假的宣传不但有损宣传者的权威性，而且也会扭曲宣传在人们心目中的形象，所以宣传内容越靠近真实，就越有说服力。

（四）宣传场合

场合有封闭和开放之分。在封闭的宣传场合进行的宣传活动，干扰因素较少，宣传效果相对更好。而在开放场合包括媒体或者是社交软件上进行宣传，干扰因素较多，宣传效果可能不尽如人意，但是也可能因为开放的氛围和良好的互动而效果加倍。

（五）宣传时机

良好的宣传时机对宣传效果起到事半功倍的效果。心理学的“首因效应”理论认为，对事物最先的解释能够迅速吸引人们的注意力，并更愿意将其视作真实的解释。“近因效应”理论则认为，人们印象形成的决定因素是最后出现的刺激物。因此，我们应该根据不同的宣传对象或宣传内容来选择不同的宣传时机。

（六）宣传动机

宣传动机不同，效果也就不同。只有那些符合最广大人民群众利益的动机才能够取得良好的传播效益，取得成功。从长远来说，那些损害人民利益的宣传必将会失败。

（七）宣传方法

宣传方法是指宣传活动所采用的各种手段、途径和渠道以及手段技巧。比如说利用报纸、广播、电视、社交媒体作为传播载体进行宣传，有的时候宣传者甚至会采用恐惧诉求、情感诉求等方式方法来达到自己的目的。

三、宣传的特点

宣传广泛存在于我们的社会生活中，不管是收听新闻节目、观看电视广告还是参加演出活动，都不知不觉、或多或少地受到宣传的影响。总体来说，宣传具有以下特点。

(一)目的性

所有宣传都旨在影响受众，力图使宣传对象接受传播主体的思想主张或者政府以及党派(集团)的方针政策，因而任何宣传都具有明确的目的性和功利性。宣传者在确定一项具体或长远的宣传任务或宣传活动时，都会确定其宣传目的或目标，一般情况下，政府部门出台某一政策时会大力宣传，就是为了得到公众的响应。

(二)倾向性

代表特定阶级、阶层和集团的政党、团体在宣传其政治主张、方针政策、道德规范、法律观念时，不可避免地带有其倾向性，在意识形态领域，宣传的倾向性不仅表现在不同宣传者宣传的内容上，而且也表现在他们运用的手法上。

(三)社会性

一般说来，宣传都要面向社会各阶级、各阶层，以求影响最大多数的受众。宣传不但向本国民众、本阶层或团体，也向他国民众、其他阶层或团体发动宣传，从而以自己的思想和主张来影响社会舆论，以争取他们对自己的了解、支持或认同，并最终能够采取统一行动。

(四)现实性

宣传的现实性表现在宣传目标、宣传材料和宣传效果等方面，没有现实的宣传目标和宣传材料，就不能获得现实的宣传效果。宣传的内容必须具有可实施性、可操作性，不然宣传对象会无所适从。

(五)附着性

宣传工作往往不是独立开展的，作为政党、阶级或社会团体有计划、有目的的工作，它往往依附于新闻、教育、文艺或其他各项具体工作中。一方面，宣传工作要借助不同的渠道和方式，开展灵活的宣传活动；另一方面，宣传工作要利用不同的机构和领域，将其宣传活动嵌入到其中，以影响目标对象的思想或行动，因此宣传工作具有附着性，同时又有很强的主导性。

四、宣传的类型和功能

我们的生活充斥着各种宣传，如政治宣传、商业宣传、意识形态宣传等，它们有的是依据宣传的目的进行分类的，有的是依据内容进行分类的。分类方法不同，宣传的类型也不同。

（一）宣传的类型

宣传有很多层次和类型。从宣传的目的和要求来看，宣传可分为灌输、鼓动、疏导、影响等；从宣传的内容来看，宣传可以分为政治宣传、经济宣传、军事宣传、民主法治宣传等；从受众的心理状况和宣传的相互关系来看，宣传又可以分为强化宣传、革新宣传、转化宣传等。

依据宣传的性质来看，宣传可分为传统宣传与新宣传。美国学者大卫·阿什德（David Altheide）和约翰·约翰逊（John M. Johnson）认为，新宣传与传统宣传的区别在于新宣传的宣传对象是细分的或经挑选的特定受众，传统宣传的对象是无差别的受众或需要说服的受众；新宣传的宣传者以组织报告、记者招待会等形式作为媒体的信息源，传统宣传是使用大众媒介来直接影响和控制媒体；新宣传并不以说服所有人为目标，而只需说服与组织生存息息相关的特定受众，以保持组织的正当性，而传统宣传的目标是改变受众的信仰、态度并促成某种行为。此外，新宣传通过对统计数字和事实的诠释，使“真实”为其服务，达到组织目标，而传统宣传使用提供事实或其他一切手段来获取受众的信任。①

依照环境和对象来看，宣传可分为对内宣传与对外宣传。对内宣传是以国内民众为宣传对象的宣传行为。对外宣传是宣传者对国外或其他地区的受众有目的地传播政治、经济、文化等信息的行为。中国对外宣传通常是通过各种教育、文化交流等活动，如国际广播、公共外交、人文交流等，使各国人民了解中国，理解中国的各项政策和对国际问题的观点和立场，增强中国人民和各国人民的友谊，从而创造有利于我国改革开放和社会发展的国际环境。传统意义上，一个国家国内的传播活动与这个国家的对外传播活动，从内容到方法以及宣传策略形式都有所区分。对宣传行为的管理方式也不同。以美国之声（VOA）为例，自成立以来，它就作为美国政府的“喉

---

① 参见刘海龙：《西方宣传概念的变迁：从旧宣传到新宣传》，《国际新闻界》2007年第9期。

舌”，承担向国际受众尤其是社会主义国家开展政治宣传的任务。但是美国却立法禁止该电台向国内公众提供新闻产品，为的是“避免对国内民众的政治宣传”。很长一段时间以来，中国的宣传工作也存在“内外分家”的局面，但是进入20世纪90年代以后，随着新技术手段的应用、社交媒体的发展和国际交往的密切，宣传工作开始呈现出“内宣外宣不分家”的格局。实际上，内宣和外宣之间呈现一种“你中有我、我中有你”的关系，不能生硬地进行切割。对新闻工作者来说，做好新闻宣传，要树立“大外宣”意识，突破对内、对外宣传从形式到内容到方法上的旧模式，在主导性的全面宣传架构下内外兼顾，实事求是，按新闻规律办事。

（二）宣传的功能

宣传的主要目的之一是影响人们的态度。态度的改变有三种类型：强化原有的态度、改变原有的态度或者生成新的态度。宣传通过影响人们的态度而影响人们的行为，并最终实现维护、开拓、调节、培养和动员的社会功能。

1.维护功能：维护社会秩序，实现社会稳定

任何社会的生活秩序、生产秩序和社会秩序的稳定都依靠两种方式来实现，一是强制性利用，利用包括利用军队、警察、监狱、法庭等体现国家权力的机器来实施强制性的社会控制；二是通过思想宣传、文化教育等手段来实施非强制性的社会控制。通过宣传教育，有助于战胜敌对阶级的思想，有助于自身思想、行动为其他阶层、团体所知晓、理解并接受，有助于维护自身统治的合法性。如果思想混乱或对立，就会导致社会动荡，影响社会的长治久安。因此，古今中外，明智的宣传者都是交替使用这两种手段来维护社会秩序，实现社会稳定。① 宣传对于维护社会秩序，促进社会稳定团结是必不可少的。

2.开拓功能：革新社会思想，推动社会进步

德国诗人海涅说：“思想走在行动之前，就像闪电走在雷雨之前一样。”古往今来，一切伟大的社会改革、社会革命都是以一场伟大的思想解放运动为开路先锋的，而这些思想解放运动，离不开大规模的宣传活动。例如，法国大革命前夕，以卢梭、伏尔泰、孟德斯鸠等为代表的思想家提出的以“自

---

① 参见李良荣、高冠钢等编著：《宣传学导论》，福建人民出版社1989年版，第28～35页。

由、平等、博爱”“天赋人权”“人民主权”为代表的启蒙思想广为传播，成为大革命中资产阶级与封建专制制度做斗争的强大思想武器。

3.调节功能：调节人们的思想，协调人们的行动

不管是团体、政党还是国家，都需要通过宣传向人民群众阐述、解释其行动纲领、方针政策的正当性、合理性与可行性，其目的是消除人们的疑虑，赢得人们的支持，并唤起人们的热情，使其能够去贯彻执行。以改革开放时期的宣传为例，改革开放初期，人心思变，社会百废待兴，但是受“两个凡是”的错误思想影响，社会思想僵化，改革面临拨乱反正、重建共识的挑战。1978 年 5 月 11 日，《光明日报》发表《实践是检验真理的唯一标准》一文，掀起了关于真理标准问题的大讨论，这场讨论经由媒体的广泛报道和宣传，在全社会引发巨大的反响，最终党的十一届三中全会从根本理论上否定了“两个凡是”，重新确立了“解放思想，实事求是”的思想路线。这场思想解放运动，为中国改革开放的伟大征途提供了思想保障。

4.培养功能：培养社会角色，实现人的社会化

角色理论告诉我们，社会就像一个舞台，人们作为社会化的个体，通过角色扮演来了解社会的各种行为习惯和规范，最终实现自我的社会化。所谓社会化，就是培养符合社会要求的社会成员，使他们按照社会结构的规范行事。宣传是个体社会化过程中必不可少的因素。宣传通过思想教育、社会学习等方式进行，他人或社会的期望被内化为一整套的规范和行为模式，并在实际生活中自觉地转化为实际行动。例如，在 2008 年奥运圣火传递过程中，部分西方反华势力策划了“抵制北京奥运”的丑剧，但是中国海外华侨华人留学生自觉开展了“保护奥运圣火”的活动。他们身上展现出的对奥运的支持、对国家的关心和对民族的热爱，正是爱国主义、集体主义教育的结果在年轻人身上的生动体现。

5.动员功能：实施社会动员，凝聚大众认同

伯内斯认为，宣传家是公众与政策制定者之间沟通的桥梁。一方面，因为个体的力量是有限的，公众想要实现社会变革，推动政府对某项政策的支持，就必须组织起来，清晰地向社会表达其意志，向具体的法律规则制定者施加强大的压力，并将压力汇聚到国家立法机构或政府中。而宣传正是将民众动员起来的有效工具。另一方面，宣传家负责向公众解释某些计划或观点，并向这些计划或观点的发布者解释公众的需求与愿望。而现代的宣传也不再是宣传者生硬地说服、受众被动地接受，而是通过鼓励大众参与，

在不同团体、不同利益群体间进行对话、协商，引入谈判机制，让其自愿理解并接受宣传者的观念，并最终达到化解社会冲突、寻求情感共识、凝聚大众认同，实现社会整合的目的。

第二节 新闻与宣传的关系

在日常的生活实践中，新闻与宣传两者经常被相提并论甚至混为一谈。事实上，新闻与宣传的确有相似之处，但两者之间区别也非常大，新闻不是宣传，新闻与宣传各有其不同的特点。

一、新闻与宣传的联系

新闻和传播都属于传播的范畴。首先，新闻事业脱胎于宣传活动。从历史来看，新闻事业只有三四百年的历史，而早期的报刊均是特定宗教集团或政治团体的宣传工具。其次，作为一种传播活动，新闻与宣传均通过报纸、广播、电视、网络等大众传播媒介进行传播。再次，有的学者认为，宣传和新闻是交叉的，交叉的部分可以叫作“新闻宣传”，这既是可以用来进行宣传的新闻，同时也是以新闻的面目出现的宣传。

（一）新闻具有宣传属性

新闻虽然不等于宣传，但任何新闻媒体都不仅限于报道事实，传递信息，新闻也可以用于宣传，为宣传服务，宣传也可以以新闻的形式出现并成为新闻的组成部分。事实上，正如法国哲学家雅克·艾吕尔所说，宣传是一种与现代化相伴而生的社会现象，也是现代技术社会的普遍现象。“现代社会不可能摆脱宣传的影响”[①]，代表特定阶级、政党或社会团体的新闻媒体也会宣传其所代表的阶级、政党或社会团体的利益要求和思想主张。世界上一切阶级及其政党都把新闻媒体作为实现其政治与经济目标的舆论宣传工具，在这一点上，古今中外，概莫能外。

（二）新闻与宣传可以相互转化

从传播过程来看，新闻传播和宣传传播都是由特定的工作者，将特定

① [美]哈罗德·D.拉斯韦尔：《世界大战中的宣传技巧》，张洁、田青译，中国人民大学出版社 2003 年版，第 14 页。

的内容采取一定的方式传递给受众。在这一过程中，许多新闻发布后具有宣传效果，而有些新闻也包含在宣传活动中，通过新闻媒介的传播转化为新闻。两者相互渗透融合，成为新闻宣传。例如，新冠肺炎疫情防控期间，中央广播电台联合国家卫健委宣传司在新闻节目中推出系列节目，普及新冠肺炎疫情的防范知识，引导公众增强自我防范意识。这些科普宣传节目有效、便捷地传播了依法防控、科学防控、群防群控的实际操作和防控观念。这时候，宣传也成了报道的内容，新闻中也夹杂着宣传的成分。这种情况在各级党委机关报和其他主流媒体的新闻性节目中表现得最为普遍。

二、新闻与宣传的区别

新闻与宣传在内容、方法、形式、目标等方面也存在诸多不同。

(一)宣传重符号，新闻重信息

符号是对于特定的反应者而言具有特殊意义的信号(刺激物)。符号被认为具有神秘、不可思议的魔力，“这种魔力的最大秘诀，在于唤起人们的刻板印象。恰似狗对铃声做出条件反射那样，在刻板印象面前，人们会不约而同地做出一致的反应”[①]。两个以上的反应者对相同的符号可能附加不同的意义。共产党人的镰刀铁锤符号、基督徒的十字符号、穆斯林的新月符号，都具有特殊的意义。在现代商业社会，设计一个个性鲜明、易识易记的标志符号，是成功的企业宣传的首要条件之一。而新闻传播追求的则是尽可能大的信息量。

(二)宣传重反复，新闻重新意

宣传受预先设定的目标导引，宣传者经常以相同的内容对宣传客体进行重复的讲解以影响他人的态度或行为，因此宣传常常老生常谈，反复灌输。而新闻传播关注的是新近发生的事情，更重视推陈出新，抢占先机。

(三)宣传重观点，新闻重事实

宣传所传播的总是某种观念，告诉我们什么是好的，什么是正确的，它通常表现为一定的观念、理论、方针政策、伦理道德、立场态度等。拉斯韦尔认为，宣传包括大多数的广告，也包括与劝服有关的传播活动。宣传的内容多是带有强烈的主观意识，宣传的内容并不一定具有真实性。当然，也有真

---

① [日]竹内郁郎编:《大众传播社会学》，复旦大学出版社 1989 年版，第 179 页。

实内容的宣传;那些基于事实的宣传更有说服力。而新闻传播须臾离不开具体的、不以人的意志为转移的事实。它要求传播内容必须真实、客观、公正、准确无误,不允许有夸大或缩减的成分。

(四)宣传重时机,新闻重时效

宣传讲究时机性、适宜性和现实针对性。在传播方式上,可以重复性传播某些基于客观事实的主观阐述,可采用多次传播的方式进行传播。可能在某个阶段确定了一个宣传主题,就会在未来某段时间内连续进行宣传。为了获得更好的效益,宣传者总是选择适当的时机发布某些信息,甚至重复性播放某些基于客观现实的主观阐述,在宣传过程中常伴随着"旧闻"和"不闻"。而新闻是对新近发生或发现的事实的报道,时效是新闻的生命。没有时效性的新闻,就不再是新闻,充其量只是过去的故事或事件。

(五)宣传重操控,新闻重沟通

宣传的本质在于其功利性,旨在对宣传客体进行操纵和控制。新闻传播则以环境变化的最新信息来沟通整个社会。随着全民族文化水准的提升,具有高度理性和公民道德感、责任感的受众越来越多,认为民众是一击即倒的靶子的"魔弹论"日益失势。这就向宣传者提出了新的要求,同时为新闻传播空间的拓展提供了机遇。①

(六)宣传有重点,新闻讲平衡

一定社会的传播者必然是社会主导价值观的宣传者,其宣传活动总是具有强烈的倾向性的。而新闻传播则注重平衡性报道,在新闻报道中既报道不利于某一方面的内容,也报道有利于某一方面的内容,就特定报道来说,这种平衡性体现在两方面:"一是报道中当事双方都有话语权,有说话的空间;二是报道和评论之间求得平衡,亦即事实与观点的平衡。"②

第三节　在新闻报道中做好宣传

新闻事业自诞生之日起就与宣传结下了不解之缘。各国政府、政党、集

① 参见展江:《新闻宣传异同论》,《中国青年政治学院学报》1999年第1期。

② 彭伟步:《平衡性报道是必须坚守的原则》,《时代周报》2009年5月8日。

团所控制的新闻媒体，都不可能不承担宣传的任务，我国社会主义政权确立后，必然也会利用新闻媒体进行有关社会主义事业的宣传。时至今日，我国已形成了以党报、党刊为核心，以广播、电视、互联网为重要手段的多门类、多层次的新闻信息媒体系统，形成了中国特色的社会主义新闻宣传事业。各级各类新闻媒体在进行新闻报道、开展信息传播、发挥宣传功能方面发挥着重要作用。

正是因为新闻具有宣传属性，因此我们必须正确发挥新闻报道的宣传功能，实现新闻宣传的最佳效果。

一、在新闻报道中做好宣传的重要性

首先，在新闻报道中做好宣传，有助于准确把握新闻的本质特征。很长一段时间以来，一些新闻媒体盲目地将新闻等同于宣传，甚至为了宣传需要而不惜浮夸甚至造假。一些基层单位或地方媒体为宣传官员的亲民形象或"密切联系群众"的工作作风而弄虚作假。例如，2011 年，四川凉州会理县地方政府信息网站上一幅官员下乡视察的照片因为明显的 PS 痕迹而被网民戏称为"悬浮视察"并导致舆论的口诛笔伐。这些行为不但违反了新闻的真实性原则，严重地削弱了新闻机构的公信力，而且给党和政府的形象造成诸多负面影响。只有准确把握新闻与宣传之间的关系，开展新闻宣传时尊重新闻传播规律，才能够更好地满足公众的新闻需求，同时发挥媒体的宣传作用。

其次，在新闻报道中做好宣传，有助于发挥新闻的宣传作用。在新闻报道中做好宣传，要充分认识到新闻和宣传既相互联系，也可以转化重合。以中国的对外新闻宣传为例，2017 年 5 月，在"一带一路"国际合作高峰论坛召开之际，针对海外对我国"一带一路"倡议的误读和唱衰，新华社推出了新闻作品《评论：中国"一带一路"倡议是披着外衣的霸权主义？》(Commentary: Is China's B & R Initiative Just Hegemony in Disguise?)，以国家站位和全球视野，结合中国外交政策和"一带一路"倡议，深入调研，创新表达，在论坛开幕前夕播发，阐明中国立场，发出响亮的中国声音，稿件被路透社、英国《卫报》、天空电视台、《每日邮报》和新加坡《海峡时报》等约 30 家海外主流媒体刊发转引。[①] 这一报道充分发挥了舆论引导作用，在国际社会取得了良

① 参见黄燕：《中国对外传播：从单向传播到多向传播》，《对外传播》2018 年第 11 期。

好的社会效果。

二、在新闻报道中做好宣传

新闻工作宏观上是宣传的一部分，但在微观上，新闻工作不同于一般的宣传，作为一种社会职业，它有其职业标准和职业规范、道德。在新闻报道中做好宣传，需要遵循以下准则。

（一）以人民为中心

坚持党性，新闻舆论工作才能有明确的立场和指向；坚持人民性，新闻舆论工作才能获得活力源泉和动力根基。① 而在新闻报道中做好宣传工作更应如此。脱离人民群众的宣传会失去生命力，变成空洞、枯燥的说教，不能取得相应的传播效果，也产生不了引导力。因此，在新闻报道中要坚持以人民为中心，抓住人民群众最关心的问题。比如说关注未成年人教育问题、劳动与社会保障问题等，只有围绕保障和改善民生，促进社会公平正义的题材，才能够抓住公众的"眼球"，获得较好的传播效果。"当然，在强调新闻工作党性的同时，也不可忽视新闻工作自身的规律。要更细腻地展现群众生活状态，更温情地反映人民心声。"②以扶贫攻坚工作为例，我们在介绍国家的扶贫工作成果时，不能只夸耀干部的领导作用，更要"见人见事"，将切实的成绩用具体的案例体现出来，只有这样才能让公众信服，自然而然地拥护党的领导，积极配合相关举措，共同为扶贫攻坚工作贡献自身的力量。

（二）了解新闻宣传对象

所有的媒体在传播时都是有受众对象的。而要想做好工作，在前期的策划或者是调研时就要确定好受众群体，掌握受众的分布范围以及群体特征，结合不同群体的喜好和需求来确定相应的地方传播方式和传播内容。

当下，年轻人浏览新闻多是通过互联网。比如说通过下载人民日报客户端等的 App 获取新闻，或者是浏览微信公众号中的文章来得到信息，或者是通过微博这一社交媒体来观看一些新闻片段等。总之，年轻人的获取新

---

① 参见习近平：《论党的宣传思想工作》，中央文献出版社 2020 年版，第 183 页。

② 梁莉：《在新闻宣传中融入更多暖色调——浅析〈昆明日报〉三组民生报道》，《中国地市报人》2021 年第 4 期。

闻方式更数字化、网络化。所以,在对与年轻人相关的题材进行宣传时,尽量在网络上传播,像是纸媒或是传统的电视上就相应减少报道。而老年人获取新闻的方式还是以传统媒体为主,所以在宣传时就要以传统媒体为主要的宣传渠道进行宣传。只有对症下药,了解宣传对象的诉求,才能获得更好的传播效果。

(三)丰富新闻宣传的内容

新媒体时代,注意力成为一种稀缺资源。要想做好新闻报道的宣传工作,首先需要确保内容丰富且有可读性。尽管网上有"流量为王"的说法,但是"内容为王"仍旧是重要的新闻传播指导思想。应在确定新闻内容时主动界定新闻的传播价值,筛选出符合党政宏观决策部署、契合受众兴趣的内容进行宣传,唯有如此,才能更加及时地响应受众市场动态变化,提供高品质的信息服务。

当然,在竞争日益激烈的当下,做好新闻报道的宣传工作不能忽略标题的作用。标题作为整个文章或者视频的"第一眼",对于吸引受众注意力作用巨大。当今时代,无论怎样的新闻,若配上一个言简意赅、突出主题的标题,将留给读者或观众足够深刻的印象。但是,要做到"文题对应",不能为了获取噱头添加子虚乌有的标题,成为"标题党"。在制作标题时,要以事实为基础,然后添加一些现代的网络元素。这样能在保证核心不丢的同时,也可以吸引受众的阅读浏览兴趣。①

(四)加强互动宣传

随着新媒体的不断发展,互动的渠道也越来越多。传统媒体时代,媒体和受众沟通多是以读者来信或者是观众来电等的形式进行的。反馈渠道有限,而且互动性差,互动准入门槛高。在当今互联网时代,要想获得良好的宣传效果,就必须重视受众的需求,在新闻报道中做好宣传,尤其应该重视互动反馈的作用。

事实上,人们对信息共享和交互性宣传十分青睐,重大主题宣传报道人员必须重视这一特性,提高重大主题宣传报道的互动传播质量。② 所以,媒体要重视公众的兴趣点、关注点以及共鸣点,选用合适的方式进行互动。互

---

① 参见高蕊:《浅谈融媒体时代主流媒体的新闻宣传策划》,《数字传媒研究》2021 年第 3 期。

② 参见宋林遥:《全媒体时代创新重大主题宣传报道的策略》,《新闻研究导刊》2021 年第 3 期。

动一方面可以拉近媒体与公众的距离，增强公众对媒体的好感度，从而使媒体的公信力达到相应的宣传目的；另一方面则可以将这次互动的内容收集起来，作为下一次宣传报道的素材，总结归纳，在下一次报道宣传时更好满足公众的诉求。

2021年建党百年前夕，华龙网推出全国首款党史宣传沉浸式互动视频作品《党员，请选择！》。作品以隐蔽战线革命先辈们的“潜伏”故事为线，通过高频互动和沉浸体验，让用户真实感受风雨如磐的革命岁月，致敬无名英雄。作品融入了年轻人喜爱的游戏元素，注重互动体验，通关后可生成专属互动海报，吸引了不少用户自发在社交平台裂变传播。作品一经推出，就在网络上引发热烈反响。作品及其前期预热视频、配发稿件、海报、花絮等，在各大平台总流量播放超过一亿次。这一作品成功的“破圈”传播，表明优秀的宣传作品通过形式创新、加强互动能够引发观众的共鸣，提高宣传实效性。

（五）创新宣传方式

互联网的快速发展，提供了多种宣传的方式。而媒体要想在新闻报道中做好宣传，不能仅仅将注意力放在纸媒上。即便是在报纸版面、选题以及其他方面做到极致，也不能取得特别好的传播效果。这样只会加剧纸媒行业的内卷，所以需要“破圈”，采取多种形式进行相关的内容传播。

这就要求我们媒体工作者在全面把握选题的基础上，深挖主题背后的内涵与思想价值，找到报道切入点，创新宣传报道的表现形式，依靠媒体融合实现全覆盖传播。比如，发挥技术优势，深化信息技术与可视化技术的应用；再者，强化资源整合，积极建设社交媒体。媒体工作者需要以受众为主导，将新媒体思维贯穿始终；合理运用网络直播、短视频、图表新闻、人工智能技术、大数据技术和音视频剪辑技术，丰富重大主题宣传报道的表现形式，用多元化传播方式提升此类型新闻的吸引力和表现力，让受众获得良好的视听、阅读体验。比如，以重大主题设计互动视频，引导受众主动阅读和参与互动；围绕重大主题制作快闪视频或H5，以此形式将重大事件与关键信息娓娓道来；在图文报道中插入二维码，保证纸媒与电视广播、网络媒体联动等。通过借助新媒体技术与互联网思维实现重大主题内容的碎片化加工，以免冗长的篇幅“劝退”受众；加大社交平台的宣传力度，围绕重大主题征集图文稿件、优质视频，在互动中深化宣传。[①]

第四节　社交媒体时代新闻宣传的实践

党和国家领导人十分重视新时代宣传工作，如何应对社交媒体的兴起给新闻宣传工作带来的挑战与机遇？以下从具体实践角度阐述社交媒体时代新闻宣传工作的方式和方法。

一、社交媒体与新闻宣传

信息技术的发展、社交媒体的兴起，意味着社交传播时代的来临。在这样一个时代，整个社会传播体系日益关系化、网络化。在此大背景下，作为传统主流媒体，一方面，其党政属性要求它们必须争夺网络空间话语权，传播主流意识形态，另一方面又要求它们适应以开放性、快捷性、草根性、交互性为特征的传播环境。事实证明，具备专业信息采集加工和解释能力的专业传播机构完全可以在整个传播网络中获取重要的传播节点地位从而推广优质信息资源扩大品牌影响。

(一)社交媒体的兴起对传播体系的影响

随着数字化时代的不断推进，社交媒体日益成为人们交流沟通、接收信息的一个重要环节。依据数据分析公司 Statista 的报告，截至 2021 年 1 月，全球互联网活跃用户达 46.6 亿人，其中社交媒体活跃用户达 42 亿人。[②] 社交媒体是以 Web 2.0 的思想和技术为基础的互联网应用，用户可以借此进行内容创作、情感交流和信息分享。[③] 作为一种基于用户参与的在线新兴媒体，它将一群有着相似的兴趣爱好、情感、价值观的人聚集在一起，形成一个具有较强连接度的网络社区。社交媒体的发展，使虚拟空间与现实空间的界限不断模糊，社交媒体的空间也逐渐成为人们真实生活的“空间”。社交媒体随身性、交互性的特征，使它在极短的时间内成为信息集散地并形成民间舆论场，与官方舆论场并存，不仅改变了信息共享的方式，更是成为引领

① 参见宋林遥：《全媒体时代创新重大主题宣传报道的策略》，《新闻研究导刊》2021 年第 3 期。

② 参见陆佳怡、蒋佳宸：《主体与策略：国际社交媒体空间的脱贫攻坚媒介话语》，《对外传播》2021 年第 4 期。

③ 参见尹韵公主编：《中国新媒体发展报告 2010》，社会科学文献出版社 2010 年版，第 332 页。

和把握舆论话题的信息集散地。

(二)社交媒体的发展为新闻宣传提供了机遇

1.社交媒体的发展丰富了信息生产的内容和形式

互联网的发展,降低了信息生产准入门槛。传统媒体时代,只有专门的新闻生产者有权力来进行新闻生产活动,但是互联网的技术特点导致了权力的下放,原先由传统权力主导的传播格局被打破,互联网由此也迅速成为百家争鸣的舆论场。新媒体技术的应用发展成就了"众声喧哗"的时代,普通民众可以在各类社交媒体上针对某一事件发表个人看法并主动成为信息生产的重要一员,他们可以利用社交媒体点评时事、参政议政,甚至影响舆论的发展[①],他们也可以通过文字、图像、视频等发布和传播信息,并形成意见和舆论,观念的交流、碰撞对社会产生的影响前所未有。

2.社交媒体的发展拓宽了新闻宣传的渠道

大数据、人工智能和互联网新技术的发展,使得越来越多的受众选择使用智能设备在社交媒体上获取、分享、交流信息,新闻宣传的渠道变宽,社交媒体日益成为传统媒体开展新闻宣传的新阵地。

3.社交媒体的发展提高了新闻宣传的针对性和实效性

过去新闻宣传更多的是一种单向传播,宣传者不易评估宣传效果,无法准确、及时地获得受众的反馈。在新媒体条件下,传统媒体可以细分受众,针对订阅用户的特点发布信息,还可以在社交媒体上与公众开展互动,及时获得信息反馈。

(三)社交媒体的发展为新闻宣传带来了挑战

1.旧的新闻宣传模式不再适用于新的传播格局

在我国的旧有传播语境中,传播权利依附于政治权利,政治权力主导传播格局。主流媒体主导、调节、控制信息的传播,新闻宣传工作具有主导性和垄断性。但新兴媒体的发展打破了传统媒体原有的宣传壁垒,信息丰富的同时也带来了信息冗余和信息浪费,使后者的受众日益减少,传播影响力也不如以前。

---

① 参见张剑、潘悦凝:《社交媒体时代新闻宣传的思考与创新》,《传播与版权》2020 年第 2 期。

2.舆论生态复杂，新闻宣传效度降低

随着社交媒体的不断发展，信息生产的准入门槛降低，加上不同类型的信息激增，新闻报道的宣传力量被削弱。在微信等相对封闭的社交媒体上，公众受“信息茧房”效应的影响，时常被网络谣言或虚假新闻围攻，在微博等一些开放性社交媒体上，未经求证的信息泛滥，网络暴力时有发生；而一些自媒体在注意力经济的导向下，为吸引眼球盲目追求轰动效应，丧失职业操守，媒体新闻宣传的效力被消解。

二、社交媒体时代新闻宣传的实践

在市场化媒体和新兴媒介技术的冲击之下，从 2012 年下半年开始，以@人民日报@央视新闻@侠客岛等为代表的一些传统主流媒体就在激烈竞争中迅速站稳了脚跟，并且成为“两微”——新浪微博和微信公众平台这两家中国占据主导地位的社交媒体上极具影响力的媒体力量。[①]

作为传统主流媒体在新媒体空间延伸的平台，一些新兴的党政媒体纷纷在微博、微信平台上开设账号，并从报道类型、报道话语、报道视角等方面开展创新实践。这些传统主流媒体利用社交媒体进行宣传报道的成功经验，为目前我国国内的传统主流媒体转型提供了有益的借鉴。

1.结合新闻专业主义开展宣传报道，打造更吸引受众的信息传播模式

宣传报道工作必须遵循真实、客观、全面、平衡的专业主义原则，突出信息扩散与事实呈现功能。首先，在社交媒体时代，面对各类市场化媒体和新媒体的竞争，传统主流媒体在以主题为导向的宣传报道的基础上也必须增加以“事件导向”的报道，及时关注突发事件、热点事件、关系国计民生的重大事件，将主流媒体的权威性和对新闻热点的及时反应结合起来。其次，传统主流媒体要注重对事实真相和深度信息的呈现。不仅要重视思想观念的引导和官方举措的传达，还要追求对事件信息深层信息、敏感信息以及独家信息背后的挖掘，以满足公众需求为己任。

2.诉诸民众的需求，注重草根话语和个人叙事来增强报道的关注度

因为报道的官方色彩和权威性要求，传统主流媒体的叙事主体往往是政府和各级官员，而在社交媒体时代，通过草根话语和个人叙事可以有效地增强报道的生动性和吸引力。例如，@央视新闻微博中“工程师提到我国水

---

① 参见方可成:《社交媒体时代党媒“重夺麦克风”现象探析》,《新闻大学》2016 年第 3 期。

电站忍不住凡尔赛”“爷爷奶奶比你还潮是什么体验”等话题就深受年轻人追捧和转发点赞。

3.采取富有情感的话语方式，打造更亲民的风格和立场

任何新闻宣传工作都是建立在民众“自觉”同意，而非武力强制的基础上，新闻宣传工作必须争取民众，以一种新的更具说服力的方式方法传播主流意识形态，通过亲民、温情、个人化的话语策略，以一种灵活、创新的方式完成宣传使命。以@人民日报官方微博为例，其经常采取富有情感的话语方式，包括对情感词汇和符号的大量运用，这尤其体现在对弱势群体议题的温情话语中。不仅如此，@人民日报对民众话语的广泛吸纳远高于官方话语，“每逢佳节被逼婚”“望楼兴叹”等流行语随处可见。

4.通过深度信息的呈现、官方信息的新媒体表达，吸引那些排斥宣传话语的民众

尽管一些民众对传统主流媒体的话语模式怀有抵触心理，但是它们依然有很强的官方信息诉求，比如对权威信息的发布和解读。这就给信息模式的新兴主流媒体留下空间。以官方微信号“侠客岛”为例，其报道的重要特征就是报道的深度和独特的视角，其宣传报道摆脱了传统主流媒体的严肃刻板，通过树立一种专业理性的形象，在信息高质量的基础上，使宣传变得更加有趣、“有用”。[①] 又如，在介绍反腐工作时，称“老王（王岐山）正在下一盘很大的棋”，将宣传报道故事化，这种将专业知识以新媒体语言呈现出来的话语模式，实现了完成宣传使命和获取民众支持的目标。

5.创新报道的方式，建立适合新时代特点的新闻宣传对话机制

社交媒体时代要避免将宣传工具化，将新媒体时代的宣传视作一种战略。改变传统宣传中的传者中心主义惯性理念，以受众为中心，建立平等对话、协商的新宣传模式，在宣传者、社群和公众个人三者之间构建新型的信息和意见传播关系。以《人民日报》微信公众号为例，其延续纸媒时期的读者来信传统，积极开展与网民的互动，其下设的“新闻早班车”“提醒”“健康”“荐读”“实用”“夜读”六大板块，每天定时发布相关文章，网民通过“围观”“分享”“评论”等方式表达自己的意见，部分读者的互动还可以通过平台传递到《人民日报》版面上，实现了不同媒介之间读者互动的融合与共享。

总而言之，社交媒体作为一个最新融入我国宣传领域的因素，对于新闻

---

① 参见龙强、李艳红：《从宣传到霸权——社交媒体时代“新党媒”的传播模式》，《国际新闻界》2017年第2期。

宣传工作起到了不可忽视的作用。社交媒体的繁盛为信息传播提供了更为开放、自由的环境,但也为新闻工作有效地发挥宣传作用提出了新的挑战。我们必须准确地把握现有传播格局中新闻宣传的本质、特点与规律,在此基础上不断改革创新,适当调整宣传理念和手段以适应新传播格局,在新旧媒体组合布局的传播体系中,让各类传播主体和媒体明确分工、各司其职、各尽所能,最大限度地实现精准传播,做到有效宣传。

推荐阅读

1.习近平:《论党的宣传思想工作》,中央文献出版社 2020 年版。

2.李良荣、高冠钢等编著:《宣传学导论》,福建人民出版社 1989 年版。

3.[美]哈罗德·D.拉斯韦尔:《世界大战中的宣传技巧》,张洁、田青译,中国人民大学出版社 2003 年版。

4.[美]爱德华·L.伯内斯:《宣传》,胡百精、董晨宇译,中国传媒大学出版社 2014 年版。

思考题

1.如何理解中国与西方国家对“宣传”这一概念的理解差异?

2.举例说明新闻与宣传之间的联系和区别。

3.选择一篇优秀的新闻宣传作品,结合案例谈一谈如何在新闻报道中加强宣传工作。

4.社交媒体的发展给新闻宣传带来了什么影响?传统主流媒体应如何利用社交媒体开展新闻宣传?

第七章　新闻与舆论

2016年2月19日，习近平总书记在党的新闻舆论工作座谈会上发表重要讲话。他强调，党的新闻舆论工作是党的一项重要工作，是治国理政、定国安邦的大事，大力加强新闻舆论工作，要尊重新闻传播规律，创新方法手段，切实提高党的新闻舆论传播力、引导力、影响力、公信力。[①] 新时期，加强新闻宣传和舆论工作，需要我们首先厘清新闻与舆论的基本概念、特征、发展趋势，了解新闻舆论监督工作。

第一节　舆论的内涵与特征

舆论作为一门学科出现于20世纪初，美国学者沃尔特·李普曼的《公共舆论》是其奠基之作。现实生活中，我们也经常看到人们讨论舆论，但又常将其与“民意”“舆情”等相提并论。那么，到底什么是舆论？舆论又有何特征？

一、舆论的内涵

英语“舆论”对应的单词是“public opinion”，其源于拉丁语“opinio”，是指“众人的、没有得到充分论证的、不确定的判断”。在古希腊时期，公众的意见被视作无关紧要的存在。哲学家色诺芬尼(Xenophanes)、门巴尼德(Parmenides)等人将意见视为“凡夫俗子”的日常舆论，而将真理看作只有

① 参见《习近平在党的新闻舆论工作座谈会上强调：坚持正确方向创新方法手段　提高新闻舆论传播力引导力》，2016年2月19日，http://tv.cctv.com/2016/02/19/VIDEvTv4Too4tzsiVfntaMdq160219.shtml。

智者凭借理性才能获得的知识。西塞罗(Ciceron)说:“这些普通的乌合之众,他们多从意见而不是真理来判断事务。”[1]柏拉图(Plato)在其著作《理想国》中指出,人是生而不平等的,造物主在制造人类时用的是不同的材料。[2]政治应该是第一等级城邦统治者操心的事情,而构成多数的下层人士没有能力去掌握政治艺术。在一个符合正义原则的国家里,公众应只满足于被启蒙、被领导。自然,公众的意见也就无足轻重。因此,尽管欧洲很早就出现了关于舆论的记载,但正式使用 public opinion 这个词却晚得多。

在中文语境中,“舆论”是“舆人之论”的简称。汉语中的“舆”,本是指车厢,转义为车。《周礼·考公记·舆人》中有“舆人为车”,“舆人”是指造车匠,又指与车有关的各色人等。后来,舆人又称“舆丁”“差夫”,指驾车的人,是杂役的一种,人数众多,是为“舆者,众也”。《左传·僖公二十八年》曰:“听舆人之诵。”《晋书·王沉传》云:“自古圣贤乐闻诽谤之言,听舆人之论。”这里,“舆人”指的就是众人。《三国志·魏·王朗传》中首次将“舆论”作为一个词组:“没其傲狠,殊无入志,惧彼舆论之未畅者,并怀伊邑。”《梁书·武帝纪》也有“行能臧否,或素定怀抱,或得之舆论”。这里的“舆论”,即公众的言论或意见。

尽管舆论的提法自古就有,但对于舆论并没有一个统一的定义,国内外学者对舆论的定义众说纷纭。代表性的定义包括以下几种。

第一种观点认为,舆论就是一种意见(包括评论、看法、评价等)。《美利坚百科全书》认为:“舆论是群众就他们共同关系或感兴趣的问题公开表达出来的意见综合。”[3]喻国明、刘夏阳认为:“舆论是社会或社会群体对近期发生的、为人民普遍关心的某一争议的社会问题的共同意见。”[4]国内持这种观点的学者关于舆论的定义都落脚到“共同的意见”上,强调意见只有通过公开表达才会对社会产生影响。

第二种观点认为,舆论不仅是意见,还包括情绪、信念、态度。这一定义主要结合卢梭的“公意”和哈贝马斯的“公共领域”思想。李普曼认为:“他人脑海中的图像——关于自身、关于别人、关于他们的需求、意图和人际关系的图像,就是他们的舆论。这些对人类群体或以群体名义行事的个人产生

① 转引自许静:《舆论学概论》,北京大学出版社 2009 年版,第 32 页。

② 参见[古希腊]柏拉图:《理想国》,郭斌和、张竹明译,商务印书馆 2019 年版,第 128 页。

③ 转引自李广智、李培元、贾宏图主编:《舆论学通论》,黑龙江教育出版社 1989 年版,第 21 页。

④ 喻国明、刘夏阳:《中国民意研究》,中国人民大学出版社 1993 年版,第 5 页。

着影响的图像，就是大写的舆论。”①程世寿认为：“社会公众对于公共事务的议论通过公共论坛的扩散而形成的公共意见，它是民意和众意的反映，是人民精神、愿望和意志的总和。”②

第三种观点认为，舆论就是信念、态度。美国《政治分析词典》认为：“舆论通常是指人们对社会问题的信念和态度。”③

综观舆论的不同定义，可以发现尽管定义不计其数，但其中包含了三个共同的基本要素：(1)舆论主体(舆论形成的参与者)；(2)舆论客体(舆论参与者讨论的对象)；(3)舆论主体对舆论客体的判断(也被称作“意见”“看法”“观点”等)。基于此，陈力丹对“舆论”一词给予了细致全面的定义：“舆论是公众关于现实社会以及社会中的各种现象、问题所表达的信念、态度、意见和情绪表现的总和，具有相对的一致性、强烈程度和持续性，对社会发展及有关事态的进程产生影响，其中混杂着理智和非理智的成分。”④

二、舆论的特征

作为公众意见的舆论是社会评价的一种，其特性表现在以下几方面。

(一)舆论以公众利益为基础

由于公众是在公开讨论中将各自的观点意见整合成为一致意见的，那么，这些公开讨论必然涉及公共利益，个别的、仅涉及个人私利的事情不可能引发广泛的社会舆论，即便是某个偶发的突然事件引发公众的讨论，也必定是因为这些事件发生的原因、过程、结果或影响涉及公共利益，契合公众关心公共事务的内在心理，因此只有那些与某种普遍利益关联的公共事务才能引发民众的强烈关注和热烈讨论。

(二)舆论以公开表达为前提

舆论的形成过程是经过公开的社会讨论而形成的，有意见而不公开表达，那只是一种心理活动。意见只有通过公开的表达，才能吸引民众广泛参与和交流，才得以讨论、争论和传播，才得以在公开评判的基础上获得权威

---

① [美]沃尔特·李普曼：《公共舆论》，阎克文、江红译，上海人民出版社2006年版，第21页。

② 程世寿：《公共舆论学》，华中科技大学出版社2003年，第14页。

③ 秦志希主编：《舆论学教程》，武汉大学出版社1994年版，第29页。

④ 陈力丹：《新闻理论十讲》，复旦大学出版社2008年版，第304页。

与力量，最终从零散的个人意见逐渐发展为群体性的公众意见。舆论的参与者常常会利用传送信息、演讲争辩、签名请愿、集会游行甚至引发社会骚乱的方式来向社会公开阐明意见。公众就某一议题进行公开讨论的人数越多，舆论的强度就越大，影响力也就越深远。正是因为舆论是社会群体共同意识的外化，是民心向背的晴雨表，古今中外任何统治集团才都不敢轻视社会舆论。

社会舆论的公开表达包含两方面内容：一方面，舆论的公开表达指的是个人向社会的公开，公众向社会公开其想法、意见和态度，并积极参与社会讨论，对社会公共生活进行广泛参与或干预；另一方面，舆论的公开表达是社会向公众的公开，社会赋予人们以知情权、言论权，民众得以在开放的公共领域内进行民主参与。现代社会，公众公开表达意见的渠道越发多元，信息传播的范围越发扩大，因此政府更需要建立适当的舆论开放和表达机制，允许公众进行合法的意见表达和交流，使民意得到适当疏导和宣泄。

（三）舆论以现实事务为指向

正如以上所说，舆论以公共利益为基础，而对民众来说，公共利益不是漫无边际的闲谈，而是近在眼前且迫切需要解决的问题。那么，哪些社会事务能够引发公众的关注呢？首先，作为社会舆论客体的事务要有重大性，公众就是在对特定的、涉及社会成员广大利益联系的问题进行各种意见的交流、沟通，其态度和意见逐渐趋于相近或一致时，才会形成有效的社会舆论。其次，社会事务具有新闻性，反映的是社会的新变化或者与社会结构、社会关系变迁密切相关的重大主题，才会引发社会公众的普遍关注。例如，国家关于延迟退休政策的出台就引发了社会的重大关注。

（四）舆论表达具有倾向性

舆论不是一般的客观陈述，而是一种意见，是对社会现象、问题、事件、人物的判断，这就决定了舆论以一系列的主观评价进行表达，如赞同与反对、喜欢与厌恶、对与错，美与丑等。虽然人们进行评价的事物可能是客观的，但是对它的认识会各不相同，带有强烈的个人主观性。因此，各种各样的舆论表达具有情绪、信念、态度上的倾向性。尤其值得注意的是，有时候如果人们获取的信息不充分，不完整，或者受到其他要素的影响，公众的意见就会缺乏系统性，舆论的表达就呈现出非理性的色彩。

第二节　新闻与舆论的关系

新闻界经常被称为“舆论界”，作为社会第一舆论机构，新闻界肩负着反映和代表舆论的使命，有时某些媒体还制造舆论。在西方国家，新闻界作为“第四权力”，具有放大和垄断舆论的能力。同时，新闻界也是社会舆论的重要载体。现代社会，新闻界与舆论既融为一体、紧密联系，又相互区别，须严格区分。

一、新闻与舆论的联系

（一）作为一种公共力量，新闻界能够反映并形成舆论

媒体首先是舆论的反映者，新闻界的日常工作是报道新闻，反映社会动态，并积极影响公众的态度。重要的新闻会在相当范围内引起公众的关注，并在一定程度上引发公众的讨论，激发社会舆论的兴起和传播。而作为舆论的发动者，新闻机构经常根据这些舆论，增加相应的后续报道，进一步影响公众情绪，促进或抑制舆论的发展。

（二）舆论是新闻报道的重要内容

作为公众意见，舆论和舆情直接反映社会现实，反映社情民意。社会重要舆论涉及的问题，通常与国计民生密切相关，既是实际问题、具体问题，又是社会热点问题、焦点问题，因而舆论常常具有报道的价值。

（三）新闻是舆论形成的基础和依据

新闻媒介通过议程设置来影响舆论。施拉姆认为：“在何者重要、何者危险、何者有趣等一系列问题上，必然有很大一部分意见是来自媒介。报纸、广播、杂志像山坡上的守望者一样工作着，它们必须决定向人们报道些什么内容。这种选择的行为——选择报道何人，选择拍摄何物，选择引用何人言论，选择记载何事——在很大程度上决定了人们的所知、所论。”[①]这说明，媒体不管选择报道何种新闻，都会向公众传递一种强烈的信息，影响他

① [美]韦尔伯·施拉姆：《大众传播媒介与社会发展》，金燕宁等译，华夏出版社1990年版，第136页。

们对新闻重要性、影响力的认知。

（四）新闻是舆论传播的载体和放大器

新闻传播工具是舆论的载体，在反映舆论、形成舆论和引导舆论的过程中起着重要作用。只有意见经过报纸、广播、电视、网络等新闻传播工具的广泛传播，吸引人们对某一社会问题的注意，舆论才可能被凝聚起来并影响人们的思想和行动。这也是新闻界被公认为“舆论界”的重要原因。

二、新闻与舆论的区别

新闻不同于舆论，新闻与舆论在传播工具、表达层次、表达主体以及客体之间存在很大的区别。

（一）新闻与舆论的传播工具不同

舆论传播的途径可以通过人们的街谈巷议、口传心授进行传播，舆论表达的方式可以以意见、情绪、态度等方式进行；而新闻则主要通过新闻媒介报道来表现，其传播的渠道也更加正式，更加系统化。

（二）新闻与舆论的表达层次不同

舆论具有自发性，因而经常带有直接、盲目、片面和情绪化的特征，在表达的层次上更倾向于感性；而对于新闻来说，真实性、客观性是新闻生产和传播的基本原则，在表达的层次上具有确定、有序和理性的特点。

（三）新闻与舆论的表达主体不同

舆论的主体是社会公众，他们可以是围观事件发生的路人，可以是网上“吃瓜”的群众，还可以是缺乏相关专业知识却热衷于表达观点发泄情绪的“键盘侠”，而新闻的主体则主要是特定的新闻从业人员或具有特定专业知识的人群。

（四）新闻与舆论的客体不同

新闻的客体是基于媒体报道的客观事实，这些事实是经过新闻从业者的选择和加工的；而舆论的客体可以是新闻报道，也可以是未经求证、鲜为人知的事件，甚至是谣言或虚假信息。

第三节　新闻舆论引导

2016 年 2 月 19 日，习近平总书记主持召开党的新闻舆论工作座谈会并发表了重要讲话，提出党的新闻舆论工作的职责和使命是“高举旗帜、引领导向，围绕中心、服务大局，团结人民、鼓舞士气，成风化人、凝心聚力，澄清谬误、明辨是非，联接中外、沟通世界”[①]。要求尊重新闻传播规律，创新方法手段，切实提高党的新闻舆论的传播力、引导力、影响力和公信力。新闻舆论工作担负着“高举旗帜，引领导向”的重任。我们要加深对完善坚持正面导向的新闻舆论引导工作的理解，在新闻舆论工作中加强新闻舆论引导。

一、基本概念

生活中我们时常将新闻与新闻舆论混用甚至互相替代，同时又将舆论引导等同于新闻舆论引导。实际上，这些概念之间存在很大区别，需要仔细甄别，谨慎使用。

（一）新闻与新闻舆论

新闻舆论是通过新闻手段反映公众意见而形成的舆论。新闻舆论不同于新闻，二者互相联系又有所区别。新闻的本源是事实，而新闻舆论本质上是意见。从功能上说，新闻发挥着传播信息、表达舆论、引导舆论、指导工作、传播知识、提供服务等功能，而新闻舆论的主要功能主要有两种：引导与监督。从内容上来说，新闻舆论可分为政治新闻舆论、经济新闻舆论、文化新闻舆论、教育新闻舆论、娱乐新闻舆论等；从载体上说，可以分为报纸新闻舆论、广播新闻舆论、电视新闻舆论、网络新闻舆论等。新闻舆论具有以下特点。

1.新闻舆论具有多样性

新闻舆论的形态和呈现方式多种多样，既包括新闻报道、新闻评论、群众来信，也包括民意测验、社会调查、协商对话等。

2.新闻舆论具有组织性

新闻舆论是一种集体意见的个人表达，新闻媒介会根据现实需要制定

---

① 习近平：《坚持正确方向创新方法手段　提高新闻舆论传播力引导力》，2016 年 2 月 19 日，http://www.xinhuanet.com//politics/2016-02/19/c_118102868.htm。

计划或规划，调整发布策略，如在时机上选择或急或缓、或抢或压的策略，在内容上进行或详细或简略的策略，以有意识地报道或制造某种舆论，从而达到影响舆论、引导舆论的目的。

3.新闻舆论具有权威性

大众传播媒介是当今社会信息传播最重要的渠道之一，舆论通过大众传媒传播，使新闻舆论成为社会舆论最集中、最重要的方式，作为社会舆论的引领者，相较于一般社会舆论的易变性、混乱性，新闻舆论更确定、更有条理、更强调社会责任，因而具有较大的权威性。

4.新闻舆论具有政治性

新闻媒介通过新闻报道，直接宣传其所属的阶级、政党或团体的思想、方针、政策、观点、主张，服务于本阶级或本政党、团体，这是新闻舆论最本质的个性特征。例如，美国的福克斯新闻网因为偏保守派的立场被称作“共和党的官方电视台”，其制作的新闻节目中，评论员或嘉宾几乎清一色来自保守派或者是共和党人士，而像《纽约时报》、CNN 等媒体在政治理念上则相对偏左，意识形态上偏向自由派。

(二)舆论引导与新闻舆论引导

新闻舆论引导也称为“新闻舆论导向”，包含两层含义：一是指对新闻舆论进行引导；二是指以新闻舆论对社会舆论进行引导。[①] 我们通常所说的新闻舆论引导，主要指的是后者，即政府、政党、媒介及各种社会组织通过新闻媒介传播特定的评价信息，以影响社会公众对社会事件的关注与评价，使社会舆论朝着符合社会规范和道德准则的方向发展。新闻舆论引导的实质是运用社会舆论去改造和同化社会舆论的过程，以新闻舆论传播的观点和立场去影响社会公众的意识和认知。

值得注意的是，舆论引导不能等同于新闻舆论引导。尽管新闻舆论引导承担着舆论引导的责任，但是新闻舆论引导在内涵上要小于舆论引导。举例来说，网络上的 TED 演讲、广场集会上的社会动员，都起着舆论引导的作用，但是它们都不属于新闻舆论引导。

二、新时期我国新闻舆论构成元素的变化

21 世纪以来，以互联网、手机为代表的新兴媒体迅猛发展，自媒体、社交

① 参见丁柏铨:《新闻舆论引导与新闻规律》,《新闻记者》1997 年第 9 期。

网络异军突起，微博、微信、移动客户端等新媒体形态不断涌现，深刻地改变了人类的交流、沟通方式，引发了经济活动和社会管理的变革，并深刻地影响了媒体格局，引发了新闻舆论生态与舆论环境的巨大变化。新闻宣传面临舆论主体多元化、舆论传播载体多样化、舆论内容复杂化的新局面。

（一）新闻舆论主体多元化

当前，网络和信息技术的发展极大地改变了人们的生产生活方式以及信息的生成和传播方式，新闻传播日益呈现出人人传播、多向传播和互动传播的特点。尽管网络技术使民众实现了自我赋权，改变了人们参与社会讨论的方式，但是随着具有媒体传播属性的平台不断涌现，传统“主流与非主流”“权威与非权威”的界限变得日益模糊，在促进信息开放与共享的同时，也导致了各种网络危机的产生。尤其是一些网络自媒体为博人眼球，获取点击率，经常使用一些媚俗、庸俗、低俗的方式手段，动辄使用令人惊悚的标题，制造悬疑新闻，开展虚假报道，更让人担忧的是，传统媒体很容易被网络媒体、社交媒体、自媒体“绑架”，被不实舆情裹挟，丧失对新闻舆论的把控和掌握，把舆论主动权和引导权拱手让人。

（二）新闻舆论载体多样化

传统媒体时代，我国的报纸、广播、电视等新闻媒体的舆论引导能力较强，它们在形成舆论主导意见流、发挥舆论的正面价值导向、抑制负面效应过程中发挥了重要作用。但是，随着新媒体时代的到来，传统媒体多年来存在的滞后性、垄断性与封闭性弊端日益呈现，报纸、电视、广播等传统媒体的受众规模、使用媒介产品的时长等指标呈逐年下降的趋势，传统媒体的影响力和舆论引导力也相应降低；与之相比，微博、微信、抖音等新媒体能够在最短时间内，在数量众多的民众中实现信息、意见、观点的共享和扩散，在这一过程中，意见、观点在短时间内汇集、叠加甚至出现乘数效应，群体情绪迅速被调动，经常引发大范围的舆论震荡，出现所谓“蝴蝶效应”[①]，尤其是网络上的负面宣传和传播更容易迎合部分网民的不健康心态，形成舆论“漩涡”，导致网络暴力、网络霸权等。

① 雷跃捷、薛宝琴等：《舆论引导新论》，社会科学文献出版社 2018 年版，第 37 页。

（三）新闻舆论内容复杂化

新媒体时代的舆论话题比以往任何时候都更加丰富多样，其中多样化的舆论话题呈现出焦点化特征，那些人民群众最关心、与人民利益最相关的利益问题，如医疗、就业、环境、教育等民生问题。以及贪污腐败等社会公众深恶痛绝的社会丑恶现象，最容易成为舆论的焦点或热点。

同时，在全球传播时代，一些境外的、与当前我国主流意识形态相悖的非马克思主义、反马克思主义、非社会主义、反社会主义的思想、理论、主张或价值观，如历史虚无主义、以西方价值观为参照体系的"普世价值"论、西方式"宪政民主"论等，比以往更迅速、更深入、更强烈地对我国进行渗透和影响。再加上我国正处在社会发展的重要转型期，改革进入深水区和攻坚期，经济社会各层面发生前所未有的深入变化，社会利益格局重新调整，各种社会资源和社会利益重新分配，一系列复杂的社会矛盾集中凸显，这使得舆论引导形势面临更严峻的考验。

三、新时期新闻舆论引导的方式

新闻媒体不仅承担着反映和表达社会舆论的任务，还担负着影响和引导社会舆论的使命。新闻媒介对社会舆论的引导通过新闻舆论得以实现。新闻媒体通过传播新闻、发表评论来影响和整合社会舆论，从而引导人们的思想和行为按照既定方向发展，是用新闻舆论来引导社会舆论。[①] 新闻媒介进行新闻舆论引导主要通过三种方式来实现。

（一）发挥议程设置功能，设置公众议题

现代科技技术的飞速发展带来了信息传播数量、速度和影响力的巨大提升，新闻媒介昼夜不停的信息碾压，不仅为公众描绘了一个"栩栩如生"的虚拟世界，而且对公众构成一种舆论压力，公众对议题的意见受到潜移默化的影响，自觉或不自觉地与媒介意见产生一致，并以新闻舆论的价值倾向作为自己观点倾向的出发点，新闻舆论的导向作用得以实现。其中，新闻媒介有选择地设置议题，引起社会公众的关注与讨论，使公众的意见和倾向朝媒介预期的方向发展。例如，党的十九大召开期间，《人民日报》开设《决胜全

① 参见董广安：《穆青的舆论监督和舆论引导观》，《新闻战线》2006 年第 4 期。

面小康，开启新的征程》的专题报道，每天用八个版面集中报道过去五年中国各行各业取得的成就，展示我国的新面貌、新形象，这就是通过有选择地议程设置引导社会舆论的典型案例。

(二)传播意见报道，形成新闻舆论

新闻舆论是意见的集合和言论的反映，新闻媒介通过代表新闻媒体自身的意见报道或代表党和政府的意见报道，对社会公众产生直接影响，是新闻舆论引导最常用的方法。这里的意见，可以是新闻媒介直接发表的意见，如社论、新闻评论，也可以是舆论领袖的意见，他们在社会中具有较高的威望，他们的意见经由新闻媒介的报道，可在公众中引起舆论共振并引导舆论走向。

(三)突出典型报道，提供社会典范

典型报道具有示范效应，可以起到良好的新闻舆论引导效果。开展典型报道是我国新闻宣传的优良传统。榜样就是力量，重大的典型能影响一代甚至几代人。共产主义战士雷锋、党的好干部孔繁森等在中国家喻户晓，已经成为一种崇高精神的象征。无数当代先进典型散发出巨大的精神力量，对社会形成积极、健康向上的新闻舆论发挥了重要作用。

2021 年 5 月 22 日，“共和国勋章”获得者、中国工程院院士、“杂交水稻之父”袁隆平去世，海内外民众以多种方式表达追思，感谢他为推进粮食安全、消除贫困、造福民众做出的杰出贡献。《人民日报》及旗下多家媒体连续发布《袁隆平：侠之大者，国之仁士》《一稻济世，万家粮足》等一系列报道及社论，回顾了袁隆平院士一生的努力与成就，赞扬了他脚踏实地的奋斗精神、敢为人先的创新精神和鞠躬尽瘁的坚守精神。这些报道在社会上引起巨大的反响，激励社会公众尤其是新一代年轻人追随榜样，为中华之崛起而奋斗不息。

四、新闻舆论引导的基本原则

新闻媒介既是新闻舆论的主体与领袖，也是社会主体通过新闻媒介引导和控制舆论的手段和工具。新闻舆论引导要遵循以下原则。

(一)新闻舆论引导要坚持党性

党性是阶级性的集中体现和最高表现形式，同时也是特定政党根本性

质的最高体现，社会主义新闻事业必然具有阶级性和党性。2016 年 2 月 19 日，习近平主持召开党的新闻舆论工作座谈会并发表重要讲话，重申党性原则的重要性。他强调："坚持党性原则，最根本的就是坚持党对新闻舆论工作的领导。""党和政府主办的媒体是党和政府的宣传阵地，必须姓党。""党性原则是党的新闻舆论工作的根本原则。党管宣传、党管意识形态、党管媒体是坚持党的领导的重要方面。"[①]因此，新闻媒体要讲政治、讲大局，在舆论工作中肩负起使命和职责，把坚持正确的政治方向放在第一位，旗帜鲜明地坚持党性原则。

（二）新闻舆论引导要遵循"法治"

在新媒体技术高度发达的今天，舆论引导要疏堵结合、惩防并举。西方发达国家如德国、日本、英国、美国等国都有比较成熟的新媒体传播法律法规。中国也一直非常重视法律法规建设，《全国人民代表大会常务委员会关于维护互联网安全的决定》《互联网新闻信息服务管理规定》《最高人民法院、最高人民检察院关于办理利用信息网络实施诽谤等刑事案件适用法律若干问题的解释》等法律法规文件都相继发布，以规范新媒体信息传播行为。

（三）新闻舆论引导要重视"德治"

新闻舆论引导要重视"德治"原则，是指舆论引导要以社会主义核心价值观为引领，着力提升新闻舆论引导的主流价值传播力、社会思潮影响力、社会共识凝聚力。强化社会主义思想道德基础，引导民众从信息认同、利益认同升华到价值认同。同时，舆论引导以德治为基础，除了需要提高舆论引导者的专业技能，还必须提高其职业道德和专业素养，坚决杜绝炒作、猎奇、有偿新闻等不良社会风气。另外，新闻舆论引导以德治为基础，还要避免单向的、强硬的、刻板的灌输，将舆论引导的信息以生活化、场景化的方式进行传播，以此来获得受众的关注、理解和接受。[②]

---

① 习近平：《坚持正确方向创新方法手段　提高新闻舆论传播力引导力》，2016 年 2 月 19 日，http://www.xinhuanet.com//pditics/2016-02/19c_1118102868.htm。

② 参见蒋晓丽、侯雄飞等：《舆擎中国——新形势下舆论引导力提升方略研究》，中国社会科学出版社 2013 年版，第 189 页。

（四）新闻舆论引导要致力于“自治”

社会主义的新闻舆论引导，其根本目的绝非思想灌输与控制，而是为社会发展营造良好的舆论，以充分保障人民权利，有效维护人民的根本权益。因此，新闻舆论引导的思路，是从危机驱动型的静态维稳转向制度化建设型的动态维稳。目前，我国基层政府普遍采用静态维稳的舆论引导方式，强调在危机发生后的处置与应对，一旦事态严重超出预期，就会造成巨大的舆论压力和行政压力。而在制度化建设型的动态维稳模式下，政府、执政党在舆论引导中的角色定位转变为规则和秩序的制定者、监督者，这将有利于建构舆论健康发展的长效机制、尊重和保障民众的根本权利、激发公民意识，最终形成良好的舆论自治。

（五）新闻舆论引导要突出正面引导

正面引导是新闻媒介运用社论、评论等对某一社会公共事务或社会问题中的典型人物或正面行为发表意见，以阐明自己的立场态度和主张，来引导社会舆论。正面引导是新闻舆论引导工作的基本原则。新闻媒介作为舆论传播的主体，能够对舆论的内容和流动方向进行有效的把握与引导。因此在舆论引导过程中，新闻媒介要弘扬主旋律，壮大主流舆论，以吸引公众关注，始终让主流舆论成为舆论场中的主导舆论。

坚持正面引导为主，是由我国国情决定的。在社会主义建设发展时期，新闻舆论要坚持正面引导原则，引导人们看清主流，看到光明，坚定信心。另外，我国的新闻媒介作为党的喉舌，要为维护国家统一、民族团结，实现政治和社会稳定服务，这也要求新闻舆论引导要正确地宣传党的路线、方针、政策，唱响时代主旋律，为社会主义事业提供有力的思想保证和舆论支持。因此，对于正面典型，我们应该大力宣传，以正能量振奋人心、鼓舞斗志。

实行正面引导，弘扬主旋律，发挥主流舆论的正面引导作用，可以采取多种新闻形式和手段，通过新闻报道和舆论传播来张扬和强化主流舆论；可以未雨绸缪，在舆论潜伏或初露端倪时通过有针对性地发表言论来主动汇集和凝聚正向舆论，使其发展成主导舆论；可以在事件扑朔迷离、虚假信息铺天盖地时，充分发挥公众对传统主流媒体“澄清谬误、明辨是非”能力的信任，通过理性化的表达和发布权威性的信息，帮助群众释疑解惑、辨明方向，促进舆情的发展；可以在事后反制，通过有意识、有计划地报道某些事实和发表某些言论，对已经形成的舆论施加直接的影响，促使其朝正确方向发展，成为能够影响群众的主流舆论。

真实性是新闻的本质属性，真实性也是正面引导最根本的要求。在实践中，不但有虚假的批评报道，而且有虚假的正面报道。比如，为了突出报道人物与事件的“高大全”形象和正能量价值，一些记者会对人物进行拔高或虚构一些细节，将报道对象塑造成“圣人”。这显然违背新闻真实性的根本要求。[①] 舆论引导不真实，会损害新闻舆论工作的信誉，正面宣传不真实，同样会降低新闻舆论工作的公信力和引导力。

五、坚持完善新闻舆论引导的意义

坚持舆论引导原则，实行新闻舆论引导是我国社会主义新闻工作的历史传统，也是党和人民对新闻媒体的一贯要求。习近平总书记在党的十九届四中全会上强调，要“完善坚持正确导向的舆论引导工作机制”，他还指出，做好党的新闻舆论工作，是治国理政、定国安邦的大事。舆论引导能力是国家治理能力的重要内容。

（一）坚持完善新闻舆论引导，是广泛凝聚共识、实施社会动员的迫切需要

毛泽东曾说过，革命要靠“笔杆子跟枪杆子结合起来”[②]。在改革开放新时期，邓小平强调：“要使我们党的报刊成为全国安定团结的思想上的中心。”[③]这些都深刻揭示了新闻舆论工作的强大力量。中国共产党成立以来，之所以能取得革命、建设、改革一个又一个胜利，是同高度重视新闻舆论工作密不可分的。但也应看到，当今世界正经历百年未有之大变局，我们面临前所未有的改革发展稳定的重任，面临前所未有的矛盾、风险和考验。在这样的形势下，必须充分发挥新闻舆论工作宣传、教育、动员群众的重要作用，通过完善和坚持正确导向的舆论引导工作机制，更好地团结人民、凝心聚力、鼓舞士气，把人民群众的思想和行动凝聚到为实现“两个一百年”奋斗目

---

① 参见崔海教：《深刻把握正面引导与舆论监督的辩证统一——学习贯彻习近平同志在党的新闻舆论工作座谈会上重要讲话精神》，《人民日报》2016 年 4 月 19 日。

② 《毛泽东文集》第 2 卷，人民出版社 1993 年版，第 257 页。

③ 中共中央文献研究室编：《邓小平关于建设有中国特色社会主义的论述专题摘编》，中央文献出版社 1992 年版，第 219 页。

标、实现中华民族伟大复兴的中国梦而奋斗上来。

(二)坚持完善新闻舆论引导，是赢得舆论斗争主动权、更好维护意识形态安全和政治安全的迫切需要

历史和现实一再表明，舆论与政权安危休戚相关。苏联解体，首先发酵的就是舆论领域。近年来，西亚北非一些国家发生"颜色革命"，正是因为舆论在其中充当了"吹鼓手"的角色。当前，我们正处于实现中华民族伟大复兴的关键时期，一些国际反华势力把中国的发展壮大视作威胁，加紧对我国进行围堵、遏制和渗透，极力争夺舆论阵地、争夺人心。可以说，新闻舆论工作处在意识形态斗争最前沿，能否打赢新闻舆论争夺战，直接关系国家政权安全和政治安全。必须用科学严格的体制机制，确保新闻舆论工作始终坚持正确导向，始终当好党和人民的喉舌，不断巩固全体人民团结奋斗的共同思想基础。

(三)坚持完善舆论引导，是改进创新舆论宣传、提高新闻舆论传播力、引导力、影响力和公信力的迫切需要

近年来，尽管新闻舆论工作在服务党和国家工作大局中发挥了重要作用，积累了新经验，提高了工作水平。但同时也应看到，新闻舆论工作中还有很多与现实脱节、脱离群众的地方，如一些传统媒体居"庙堂之高"，媒体表达方式生硬、传播方式单一，回应能力较差。这就需要我们坚持守正创新，毫不动摇坚持正确导向，持续改进创新新闻宣传体制机制，不断提升舆论引导工作水平。[①]

第四节　主流媒体舆论引导的实践

2019 年，习近平总书记在中央政治局集体学习时就主流媒体建设作出重要指示，提出要抓紧做好顶层设计，打造新型传播平台，建成新型主流媒体，扩大主流价值影响力版图。做好舆论引导尤其是主流媒体的舆论引导工作，是当前形势下媒体需重点关注的问题。

① 参见俞文:《完善坚持正确导向的舆论引导工作机制》,《光明日报》2019 年 12 月 11 日。

一、主流媒体舆论引导的历史脉络

中国政府历来高度重视传统主流媒体在传播主流意识形态中的作用。早在1948年，毛泽东就要求“办好报纸”。“正确地宣传党的方针政策，通过报纸加强党和群众的联系，这是党的工作中一项不可小看的、有重大原则意义的问题。”①这为传统主流媒体开展舆论引导工作指明了方向。毛泽东丰富的新闻宣传思想与实践，是党在意识形态领域和经济社会发展方面取得胜利的独特优势。

改革开放初期，邓小平坚持和发展了马克思主义新闻观和毛泽东新闻思想，他强调：“我们希望报刊上对安定团结的必要性进行更多的思想理论上的解释，这就是说，要大力宣传社会主义的优越性……作为自己的一项经常性的、基本的任务。”②他不仅多次强调发挥主流媒体对舆论的引导作用，还非常重视舆论工作的双向开放性。“一个革命政党，就怕听不到人民的声音，最可怕的是鸦雀无声。”③

江泽民将舆论导向正确与否与党和国家前途命运、人民的祸福安危密切联系起来。他在1996年视察人民日报社时强调：“历史经验反复证明，舆论导向正确与否，对于我们党的成长、壮大，对于人民政权的建立、巩固，对于人民的团结和国家的繁荣富强，具有重要的作用。舆论导向正确，是党和人民之福；舆论导向错误，是党和人民之祸。”④

伴随着信息技术的飞速发展、智能终端的普及和应用，媒体生态发生巨大变化，传统媒体急需创新与变革，对传媒转型的探索也逐渐开始。2014年习近平总书记还明确提出“着力打造一批形态多样、手段先进、具有竞争力的新型主流媒体”。2019年3月16日，《求是》杂志第6期发表了习近平总书记的重要文章——《加快推动媒体融合发展　构建全媒体传播格局》。文章在谈及推动媒体融合向纵深发展时，重申壮大主流舆论的重要性，并再次强调：“要抓紧做好顶层设计，打造新型传播平台，建成新型主流媒体，扩大主流价值影响力版图，让党的声音传得更开、传得更广、传得更深入。”⑤这一

---

① 《毛泽东选集》第4卷，人民出版社1991年版，第1319页。

② 《邓小平文选》第2卷，人民出版社1994年版，第255页。

③ 《邓小平文选》第2卷，人民出版社1994年版，第144～145页。

④ 江泽民：《舆论导向正确是党和人民之福》，2008年10月6日，http://www.71.cn/2008/1006/507610.shtml。

⑤ 习近平：《加快推动媒体融合发展　构建全媒体传播格局》，《求是》2019年第6期。

系列的讲话表明，在党和国家对传媒转型的顶层设计下，新型主流媒体的建构已经上升为国家战略。在新的历史起点上，做好舆论引导尤其是主流媒体的舆论引导工作，成为当前形势下需重点关注的问题。只有不断提高新型主流媒体引导舆论的影响力，发挥它们应有的作用，才能不辜负党和国家对主流媒体"巩固宣传思想文化阵地、壮大主流思想舆论"的厚望，才有助于引领社会思潮、凝聚社会共识、维系社会稳定。

二、主流媒体舆论引导所面临的挑战

改革开放使我国发生了翻天覆地的变化，社会发展不可避免地带来舆论环境的变革。改革开放前，我国的传媒是党指导工作的工具，主要工作内容是进行政治宣传，呈现出高度政治化和组织化的特征；1978 年以后，为满足人们更多精神文化方面的需求，我国传媒的功能逐渐多元化，但舆论主导权仍被掌握在党和政府手中，有效防止了社会转型过程中的群体性迷茫和混乱。[①] 随着改革的不断深化，移动互联网的快速普及和发展给传统主流媒体带来了很大的挑战，网络舆论与公众力量的崛起使得舆论环境纷繁复杂，主流媒体舆论引导难度加大，具体体现在以下几个方面。

（一）传播内容和方式的优势削减，媒体公信力和权威性受到质疑

传统主流媒体在发展过程中，受体制、规则、惯性等方面的影响，竞争意识较弱，主动性不强。与新兴媒体相比，主流媒体选题同质化、信息呈现方式单一、形式僵化、内容呆板的弊端日益突出以及大部分传统主流媒体在信息传播过程中与公众缺乏互动与共情。互联网时代，新媒体用户需求不断泛化，尤其看重兼具高价值和低门槛触达的内容消费，更加强调分享与参与。这样发展下去的结果就是公众对传统媒体兴趣不高，关注度较低，进而其公信力与权威性也受到质疑。

（二）舆论生态日益复杂，舆论引导面临议程设置的困境

随着技术的进步和互联网的高速发展，信息的爆炸式增长和受众选择的主观能动性空前加强，受众有更多的机会接触传统主流媒体以外的信息源，传统媒体受众规模不断缩小，市场份额逐步下降，新兴媒体的议题设置、

① 参见王灿发、张哲瑜：《新中国 70 年媒体格局的变化及舆论引导策略的创新》，《新闻爱好者》2019 年第 8 期。

影响舆论的能力日渐增强，大量社会热点在网上迅速生成、发酵、扩散，传统媒体的舆论引导能力面临严峻挑战，过去传统媒体靠控制信息来源就可以主导舆论的时代已经一去不复返，通过议程设置来引导舆论的能力日渐衰弱。

（三）热点追踪事件相对滞后，在重大突发事件上频频失语

过去，传统主流媒体是舆论引导的关键力量，经常在热点事件出现之初就已经介入，但是，现在越来越多的热点事件发端于互联网，导致主流媒体在热点事件的关注和追踪上相对滞后，或者被动承担拓展报道的责任，或者疲于辟谣甚至应对虚假新闻，这种只能“跟进”而无法“引导”的状况加剧了主流媒体的“失语”和被动状态，在某种程度上加速了非主流媒体的强势崛起。

事实上，尽管面临日益复杂的舆论环境和传播格局，主流媒体在发展过程中积累的公信力和影响力依然存在，尤其在舆论环境日趋复杂的情况下，更提升了民众对于主流媒体的需求意识。主流媒体发布信息的准确性、可靠性和真实性，进一步增强了主流媒体的权威性。因此，主流媒体应加快改革创新，重塑媒体的社会责任和媒体责任，积极回应人民的关切，进一步提高传播力、竞争力和影响力。近年来，一些媒体已经在改革发展上迈出了一步，取得了较好的社会效益和良好的效果。以南方报业为例，南方报业集团将《南方日报》与南方网转型升级，打造的“南方＋”客户端是其移动媒体集群的核心产品，自 2015 年上线以来，目前已建成集 App、手机站、小程序、数字报、微博、微信等平台终端于一体的移动产品矩阵，同时“南方＋”紧跟互联网内容传播形式的发展节奏，积极布局直播、短视频等新内容形式，充分发挥视频内容的优势，更加直接和高效地传播资讯，成为广东省委省政府的权威信息发布平台。①

三、提升新型主流媒体舆论引导力的策略

媒介融合时代，新型主流媒体肩负国家、社会、媒体责任，必须应对复杂的舆论生态，推进理念和实践的创新，切实提升舆论引导能力。

---

① 参见上海艾瑞市场咨询有限公司：《中国新型主流媒体发展案例研究报告》，2021 年 1 月，https://report.iresearch.cn/report-paf.aspx? id＝3723。

（一）坚定正确的政治方向，在重大突发事件中掌握舆论主导权

我国社会主义新闻事业的主要工作内容就是践行马克思主义价值观，坚定正确的政治方向，将正确的导向融入新闻宣传工作。要牢记“举旗帜、聚民心、育新人、兴文化、展形象”的使命任务，利用正确的舆论来引导公众，做好主流价值观的传播。在重大、突发事件中，新型主流媒体可以利用自身的资源优势，主动出击，勇于发声，为媒体和受众提供真实有效的信息来源，及时应对谣言或虚假报道，避免歪曲事实的舆论对社会造成负面影响。

（二）坚守新闻专业主义，维护主流媒体的公信力和权威性

客观性、权威性是主流媒体报道的优势所在，开展深度报道、专题报道是主流媒体的特色工作内容。新型主流媒体是主流媒体在新媒体环境下的一个发声器，对新型主流媒体而言，本身就是万众瞩目的传播媒介，为追求及时性与煽动性而进行的错误报道、虚假报道在新媒体环境下只会损害媒体的公信力和权威性，因此新型主流媒体要在深入了解社会问题的基础上进行多角度、多层次研究，客观、全面地分析存在的问题，同时加强队伍建设，提高人员专业素养，充分发挥专业人才集聚的优势，建立更加完善的响应机制，实现对新闻事件的准确、及时报道。

（三）加强融合创新，保障优质资源聚合

针对当前网络舆论空间主体多元化、平台多样化和舆论复杂化的特点，要实现媒体融合发展，通过构建融媒体矩阵形成聚合效应，产生规模化效果，能够有效地提升媒体的议程设置能力。同时，新型主流媒体在新闻生产上也要实现内容聚合，将新媒体思维渗透至新闻生产传播的各个环节，积极创新理念、题材、内容、方式方法，生产出真正深入人心的内容，反映民众内心所思所想，使新型主流媒体更贴近人们的生活，获得人们的喜欢，更好地发挥舆论引导力。

（四）巩固议程设置的主导地位，增强舆论引导的科学性

在媒介融合传播大形势下，主流媒体以议题设置、内容投放、价值引导

等方式，为人们提供着认知框架。① 作为一种精神文化产品，优质内容始终是受众追寻的稀缺资源。主流媒体在提供优质新闻方面具有得天独厚的优势，同时随着大数据、云计算等技术的更新迭代，新型主流媒体还可以依靠技术细分受众群体，向受众精准推送个性化内容产品，并为用户搭建信息反馈的平台，使他们可以积极参与、发表意见、交流互动，从而提高用户黏性。除此之外，新型主流媒体还可以将舆论引导与信息服务相结合，不仅要善于引导公众舆论，还要细分舆论场的舆论领袖，加强线上、线下引导，同时要细分商业媒体、地方媒体等其他媒体类型，为他们提供信息服务的同时实现舆论引导，从而增强舆论引导的科学性和实效性。

第五节　新闻舆论监督

新闻舆论引导与新闻舆论监督是新闻舆论的两大重要功能，新闻舆论监督是新闻舆论产生威力、影响社会的重要方式，历来受到各方关注。本节重点介绍新闻舆论监督的界定、原则、意义、新时期新闻舆论监督的表现及策略等方面的内容。

一、新闻舆论监督的界定

新闻舆论监督是指公众(包括新闻传播工作者)，通过广播、电视、报刊、网络等大众传播媒介，发表意见和评论，形成舆论，从而对国家、政党、社会团体和公务员行政行为以及社会上一切有悖法律与道德的行为实行监视与督促。

需要注意的是，新闻舆论监督的主体实际上是双重的，公众与新闻记者共同构成新闻舆论监督的主体，公众依据法律所赋予的公民权利行使表达自由和知情权、参政权、监督权、批评权、建议权等，而新闻记者则是从公民概念中派生出来的新闻舆论监督主体②，他们既行使公民的基本权利，又通过收集公众舆论、采编信息等方式影响舆论监督的阐释和发展。

新闻舆论监督的客体有广义和狭义之分。狭义的新闻舆论监督的客体，主要是指对国家权力机关及其工作人员，我们在这里指的是广义的新闻舆论监督，其客体既包括政府、公务员，也包括社会团体、媒体、商业组织、个

---

① 参见梁小建:《媒介融合中提升主流媒体舆论引导能力的思考》,《中国出版》2011 年第 16 期。

② 参见童兵:《新闻舆论监督的主体解析》,《新闻爱好者》2008 年第 3 期。

人的个人品德、违法失职行为以及其他不良现象。

二、新闻舆论监督的原则

新闻舆论监督以其时效性、群众性、公开性等特性成为自下而上的民主监督形式之一，成为立法、行政、司法权力的“第四权力”。如果监督不当，容易带来一些负面影响。因此，为保证新闻舆论监督的规范性，应该遵循一定的监督原则。新闻舆论监督的原则包括以下几点。

（一）保证新闻舆论监督真实性的原则

新闻传媒的公信力和影响力来自对客观事实的真实报道和准确评论，因而客观真实是新闻传播活动前提条件，而新闻舆论监督是“以新闻为途径或内容的监督”。要通过对事实的报道和评论影响社会舆论，进而对监督对象发挥作用，因此真实性原则也是新闻舆论能够发挥其监督功能的关键所在。[①] 公众的意见生成源自媒体机构对于事件的新闻报道，只有报道是真实可靠的，生成的意见才有参考价值，新闻舆论监督才能够产生效用。否则就会因信源失真产生舆论反转，消解公众对媒体报道的信任。例如，2018 年 10 月，重庆万州一辆公交车上司机与乘客激烈争执互殴，导致公交车逆行坠江。但事故发生后，多家媒体关注焦点偏向在事故发生时一位正常驾驶私家车的女司机，并以“女司机穿高跟鞋驾驶”“女司机逆行”等为主题进行报道，引发了公众对私家车女司机的谴责和声讨。随着事件调查深入，更多细节披露，最终舆论反转。虽然事情真相得以澄清，但媒体因急于参与事件披露而罔顾求证事件真相的行为使涉事小轿车驾驶员遭受了一定的网络暴力，加深了人们对女性驾驶员的刻板印象，并且这样的行为在一定程度上消解了媒体的公信力。

（二）坚持舆论监督与正面报道相统一的原则

新闻舆论监督与正面报道并不是对立的，相反，二者是统一的，坚持这一原则，实则是坚持党性与人民性的统一。舆论监督体现了人民性，人民群众通过媒介机构的新闻报道了解、评判社会事务并发挥其监督作用。李瑞环曾说：“坚持正面宣传为主的方针，不是不要批评报道。重视和改进批评

① 王灿发主编：《新闻舆论学基础教程》，中国广播电视出版社 2018 年版，第 180 页。

报道，同样是新闻事业的社会主义性质和党性原则决定的。”“坚持正面宣传为主的方针与正确地实行舆论监督是一致的。”[①]新闻舆论监督虽然是一种监督行径，但它不同于西方媒体的“扒粪”“揭丑”报道，其目的不仅是揭露怎么做、做什么是错的、不可取的，更在于告诉大家怎么做，如何做是正确的，最终目的是促进广大人民的团结，促进社会的进步，而不是打着“舆论监督”的幌子对公共事务发表错误观点，导致人心涣散和社会混乱。

（三）依法进行新闻舆论监督的原则

新闻舆论监督必须在法律法规允许的范围内进行，监督权是法律赋予人民群众的权利，受到宪法和法律的保护。当前我国尚未出台专门的新闻法，但我们从国家根本大法《中华人民共和国宪法》以及其他相关法律法规中，能够大致厘清新闻法律的基础框架。从框架中可以看到，新闻媒介拥有代表广大人民群众行使民主监督的权利，但也规定了应该承担的义务与责任。因此无论是在新闻媒介进行新闻报道与舆论监督还是在公众参与舆论意见发表的过程中，都应该遵守法律，在法律范围内行使自己的权利，履行自己的义务。新媒体迅速发展，面对信息的无界化、即时性传播，新闻媒介机构应该加强对新闻报道和公众评论内容的审查把关，避免触碰法律“警戒线”。对新闻工作者来说，更要积极主动地学法、用法，要主动学习宪法、民法、刑法等相关法律，尤其要学习关于公民姓名权、肖像权、隐私权、荣誉权等基本权利的规定，学习法律法规中对未成年人保护权、妇女保障权等各种权利的有关规定，坚决抵制无视法律法规、侵犯公民权利的行为。

值得注意的是，新闻媒介履行新闻舆论监督职责时，尤其要注意防止“媒介审判”。在报道涉及新闻诉讼的事件时，要秉承客观公正的原则，避免干涉司法机关独立审判，避免无视相关法律程序及要求，任意对法院审判案件作出评判，影响司法机关独立公正地审理案件。

三、新闻舆论监督的意义

新闻舆论监督是新闻媒介的基本功能，发挥了“社会雷达”作用。但值得注意的是，任何人或团体都不只是为了曝光而曝光，而是希望通过曝光改进当前工作的不足之处。因此，这种监督形式既包括揭露和批评，又包括评

---

① 李瑞环：《坚持正面宣传为主的方针——在新闻工作研讨班上的讲话》，《求是》1990年第5期。

价和建议，归根结底是为了维护党和国家、人民的利益不受侵犯、保证社会公平正义、健全社会主义法治、促进政府科学决策等。

（一）强化社会公众的监督意识

通过评判新闻报道中呈现出来的“假、丑、恶”，抑制不合法、不道德、不正确的言论或行为，维护社会生活和谐有序发展。信息获取的困难是造成公众监督意识不强的原因之一[①]，新闻媒体机构能够深入报道现场获取信息，把一些在政治、经济、社会、文化等方面的“假、恶、丑”通过新闻报道呈现在公众面前，让公众去衡量、评判，既满足了公众的知情权，也有助于公众政治参与意识和社会主体意识的树立，并形成自下而上的民主监督氛围，发挥新闻舆论监督广泛的社会影响。

（二）帮助公众宣泄不满情绪

进行新闻舆论监督，就是实现从发现问题到报道问题再到解决问题的过程。在这一过程中，公众的意见得以公开、充分地表达。当前社会主义市场经济飞速发展，不同群体之间难免产生一些难以调和的利益冲突，由此带来了一些意见不统一的问题。另外，尽管党的十八大以来反腐败工作已经取得了巨大的成绩，但社会上仍存在一些消极腐败现象以及黑恶势力违法乱纪的现象，引发人民群众的不满。在此情况下，新闻舆论监督能够让社会公众通过新闻媒介表达意见，起到情绪释放和平衡心理的作用。正如邓小平 1957 年 4 月 8 日在《共产党要接受监督》一文中指出：“大民主是可以避免的，这就要有小民主。如果没有小民主，那就一定要来大民主。群众有气就要出，我们的办法就是使群众有出气的地方，有说话的地方，有申诉的地方。群众的意见，不外是几种情况。有合理的，合理的就接受，就去做，不做不对，不做就是官僚主义。有一部分基本合理，合理的部分就做，办不到的要解释。有一部分是不合理的，要去做工作，进行说服。”[②]

（三）通过负面舆论事件起到警示作用，推动社会良好风尚的形成

新闻舆论监督的落脚点是监督，最终要起到的效果也是监督，在《辞海》中，“监督”意为监察与督促，说明监督既要发现问题也要解决问题。通过对

① 参见张澧生：《社会组织治理研究》，北京理工大学出版社 2015 年版，第 167 页。

② 《邓小平文选》第 1 卷，人民出版社 1994 年版，第 273 页。

违法乱纪行为的监督、曝光、批评与惩治，能够让更多人认识到是非对错，也能够以新闻报道的方式对一些“苗头性”的社会问题起到提醒、告诫、警示的作用，揭示问题的严重性以及需要承担的后果，引起人们的充分重视，起到事前监督的效果，避免事件或个人朝着恶性方向发展。另外，个别人或个别机构受到批评和监督，更多人或机构也会引以为戒，知错能改，发挥“负面典型”的正面价值也正是新闻舆论监督的意义所在。

四、新时期新闻舆论监督策略

在移动互联网飞速发展的当下，新兴媒介低门槛、高更新速率、强互动、无界性的特点，让大众在网络空间更方便地行使知情权、表达权、监督权等法律赋予的权利，针对媒体的新闻报道进行舆论监督的规模也有所提升。相比较传统媒体时期新闻舆论监督的权威性与典型性，新时期新闻舆论监督的主体、渠道和传播范围以不可估量的速度扩大，其效果也更显著。新时期，传统媒体应适应新形势，与新媒体相互配合，更好地发挥新闻舆论监督的作用，在策略上可以从以下几个方面进行提升。

第一，传统媒体应把握好在新闻舆论监督中的主流话语权，发挥其在新闻报道中的专业性、严谨性和权威性，特别是在新媒体发布新闻报道抢占先机的情况下，传统媒体可以从深入调查报道入手，全方位、多角度地剖析问题，进而提高自身的核心竞争力；同时，也应借助新技术与新平台，将主流舆论场做大做强。

第二，加快促进媒介融合，从媒介选择、议程设置、报道技巧和方法、舆论地域、人群、内容的覆盖面等方面提升新闻舆论监督的效果，在传统纸媒呈现精准权威的图文报道，在新媒体平台推出创新性的直播视频报道以及多种类型的新媒体产品，形成舆论监督合力。

第三，坚持新闻舆论监督的建设性意义，注重监督结果是否产生实效，监督的全阶段、全要素都应该站在国家和人民的立场解决问题，完善好媒体机构的舆论监督制度，做好新闻舆论监督的保障，围绕策划、采写、编辑、分发等各环节，强化制度引领。

第四，要重视媒介素养的培养，进行新闻舆论监督的主体主要有媒体机构与公众，二者都应该树立正确的媒介素养观，恪守基本道德准则，不能滥用表达权和监督权，要端正舆论监督的目的，推动新闻舆论监督健康、持续地深化。

总而言之，新闻舆论监督的持续深化与推进，仍然需要新闻从业者、媒体机构及全社会多方力量的共同努力，在当前各方面条件日趋成熟的情形下，可以通过制定合理的法律法规更好地为公众维权，从而开展合理高效的监督工作，为建设和谐社会做出贡献。

推荐阅读

1.陈力丹:《新闻理论十讲》,复旦大学出版社2008年版。

2.邹振东:《弱传播》,国家行政学院出版社2018年版。

3.[美]沃尔特·李普曼:《公共舆论》,阎克文、江红译,上海世纪出版集团2006年版。

4.[加]赫伯特·马歇尔·麦克卢汉:《理解媒介:论人的延伸》,何道宽译,商务印书馆2000年版。

思考题

1.什么是舆论?舆论有何特征?

2.你如何看待新闻舆论引导与舆论引导之间的关系?

3.结合实际谈一谈,新型主流媒体如何开展新闻舆论引导?

4.开展新闻舆论监督应遵循什么原则?

第八章　新闻自由与社会责任

新闻自由是一个历史概念,在近代报刊出现以后提出,历经漫长的发展,已形成完整的权利体系。同时,新闻自由还是一个相对的概念,与社会责任相伴而生。新闻自由主张的是个人免于政府强制和干涉的自由,社会责任则呼吁的是媒体所担负的社会责任。新闻自由离不开社会责任,20世纪西方传媒业的发展实践证明,没有社会责任的制衡,新闻自由将会走向垄断,将一些人排斥在主流话语之外,同时新闻媒体可能会撒谎、诽谤或者歪曲事实,从而侵犯大众的知情权等权利,这必将摧毁新闻自由,因而二者犹如一体两翼,相互依存,互为保障。

第一节　新闻自由

"让我有自由来认识、抒发己见、并根据良心作自由地讨论,这才是一切自由中最重要的自由。"①1644年11月,英国启蒙思想家约翰·密尔顿(John Milton)在英国下院的一场演说(A Speech for the Liberty of Unlicensed Printing)为新闻自由奠定了理论基础。新闻自由理念从提出到制度的确立,与废除书报检查制度的斗争密切相关,历时将近150年。到20世纪,经过人们不懈努力和反复斗争,新闻自由作为民主的基石,成为普适的理念而被世界各国人民广泛接受。同时新闻自由作为公民的一项基本的政治权利,各国以法律的形式进行规定和保护,只是受制于不同的社会政治制度,享有的主体及享有的程度不同。

① [英]密尔顿:《论出版自由》,吴之椿译,商务印书馆1958年版,第45页。

一、新闻自由的含义

新闻自由在不同的历史时期有不同的内涵:文艺复兴时期,仅指言论自由;17世纪印刷术广泛应用时期,主要指出版自由;现代报刊兴起后主要指报刊自由。随着社会演变,"press"的词义也在不断扩大,不仅指报章杂志、印刷媒体,还可指代记者、新闻工作者、新闻界,或者新闻报道和评论。20世纪80年代以前我国把"freedom of the press"一词通常译为"出版自由",现在往往翻译成"新闻出版自由"或"新闻自由"。而在新闻传播界,"新闻自由"使用频率最高。孙旭培先生认为:"新闻自由一般是指搜集、发布、传送和收受新闻的自由,是出版自由在新闻自由领域的实施和运用。从本质上讲新闻自由也就是出版自由。"[①]另外,鉴于20世纪中期中国很多进步报刊如《新华日报》等就已经广泛使用"新闻自由"这一概念,因此本书使用"新闻自由"一词。

目前对于新闻自由的定义,国内外还没有形成完全统一的看法,不过可以参考一下标准。

(一)国际新闻学会提出的四项标准

1951年5月在巴黎成立的国际新闻学会(International Press Institute,IPI),旨在确保新闻自由、促进新闻交流以及提高新闻业务而共同努力,将新闻自由规定为下列四种:

(1)采访自由(free access of news),记者对任何新闻事件具有采访、了解、调查并发掘新闻事实的权利,政府机关、有关部门或组织及个人应给予便利而不应进行阻挠。

(2)传递自由(free transmission of news),新闻事件无论发生在何地,记者采得后首先必须传送所属的新闻机构。如果传递受阻,将被视为侵犯新闻自由。

(3)出版自由(free publication of newspaper),报纸的出版与发行不受限制,亦不被事先检查。

(4)表达自由(free expression of views),每个公民都有思想、言论自由,有权通过新闻媒介自由发表对时政的评论,对政府部门及官员的批评。

---

① 孙旭培:《新闻学新论》,当代中国出版社1994年版,第25页。

(二)联合国《公民权利和政治权利国际公约》第十九条

联合国1966年签署通过、1976年生效的《公民权利和政治权利国际公约》第三部分第十九条规定:(1)人人有权持有主张,不受干涉。(2)人人有自由发表意见的权利;此项权利包括寻求、接受和传递各种消息和思想的自由,而不论国界,也不论口头的、书写的、印刷的、采取艺术形式的或通过他所选择的任何其他媒介。(3)本条第二款所规定的权利的行使带有特殊的义务和责任,因此得受某些限制,但这些限制只应由法律规定并为下列条件所必需:尊重他人的权利或名誉;保障国家安全或公共秩序,或公共卫生或道德。

以上标准和解释基本涵盖了新闻自由的范围,也是目前比较通行的判断标准。对于初学者,推荐程曼丽等人编著的《新闻传播学词典》对新闻自由的定义,即新闻自由通常指政府通过宪法或相关法律条文保障本国公民言论、结社以及新闻出版界采访、报道、出版等的自由权利,也可以延伸至保障新闻界不受干扰地采集和发布信息并提供给公众的充分自由。①

二、新闻自由思想的历史演变

纵观新闻自由思想的历史演变,它是在与废除书报检查制度的斗争过程中产生的,而在资产阶级革命中,废除书报检查制度与废除专制制度基本上是同步的,因此新闻自由被称为民主的基石。17～19世纪,压制出版自由的书报检查制度在欧洲国家先后产生了广泛影响。英国的书报检查制度盛于亨利八世和伊丽莎白一世时期,在资产阶级革命打击下,于17世纪中叶开始式微。法国检查制度强盛于17世纪末路易十四时期,渐衰于18世纪法国大革命。② 英国在1530年建立皇家特许出版制,随后相继成立皇家特许出版公司和皇家出版法庭,严惩对政府批评与不满的各种出版物;法国同期建立出版检查制度,编制禁书目录,严格控制思想传播,甚至动用鞭刑、火刑来禁止出版、传阅禁书。

这一时期,随着印刷术的改进、教育的普及以及公众阅读能力的提升,人们对信息需求逐渐增加,报业得到快速发展;社会新兴利益集团对政治自由的诉求越来越强烈,这一系列因素构成新闻自由发展的社会基础。尤其

① 参见程曼丽、乔云霞主编:《新闻传播学辞典》,新华出版社2012年版,第6页。

② 参见沈固朝:《欧洲书报检查制度的兴衰》,南京大学出版社1999年版,第7页。

是18世纪启蒙运动成为遍及欧洲的思想解放运动，大大地推动了新闻自由的发展浪潮。17～19世纪的一些思想家关于新闻自由的论述为新闻自由奠定了思想基础，并最终结出丰硕的果实。

(一)约翰·密尔顿《论出版自由》

1644年，约翰·密尔顿因书籍出版纠纷被传唤到议会，在答复质询时作了《论出版自由》的演说，明确提出“出版自由”的口号，这是人类历史上首次旗帜鲜明地提出这一概念。因此，通常意义上1644年被认为是新闻自由理念提出的元年。密尔顿的演讲系统地批判了书报检查制度，他认为人民有自由出版而不经过特许的权利，而“这自由则是一切伟大智慧的乳母”[①]。他的论点理论假设是：人们依靠理性可以分辨正误善恶，在了解和接受他人观点时不应该受到限制。因此，应该允许他参加“自由而公开的斗争”，这一思想逐渐发展为“观点的自由市场”和“观点的自我修正”两个概念。这在当时无疑是反抗书报检查制度和威权主义的一篇檄文，不过遗憾的是在当时并未产生多大影响，而在18世纪法国大革命前夕，因为法国演说家米拉波的翻译与传播得到复兴，从而闻名欧洲，传遍世界，成为经典论著。

同时期出版了《神学政治论》的斯宾诺莎(Spinoza)也作出了重要理论贡献。斯宾诺莎是荷兰著名的哲学家，是西方近代哲学公认的三大理性主义者之一。他指出，“一个自由的国家，每个人都可以自由思想，自由发表意见”，并且明确表示这是“天赋人权”[②]。他的思想对后来的法国启蒙思想和马克思都产生了一定的影响。

(二)詹姆斯·密尔《论出版自由》

到19世纪初期，英国自由主义思想从萌芽逐步走向成熟。1811年，詹姆斯·密尔(James Mill)发表《论出版自由》(*Library of the Press*)。相对于密尔顿，密尔的《论出版自由》对历史推进的作用更强，他将新闻自由置入公共领域与私人领域的范畴进行讨论，考察媒体权利侵害与保障、报业与政府和公众的关系。密尔认为，“出版自由作为一种不可或缺的安全保障，是对人类利益的最佳捍卫”，新闻自由“促成公众对所选代表信息的良好获知”，同时“出版作为一种工具，特别能对名誉造成侵害，并且对政府执政产

① [英]密尔顿：《论出版自由》，吴之椿译，商务印书馆1958年版，第44页。

② [荷]斯宾诺莎：《斯宾诺莎读本》，洪汉鼎译，中共编译出版社2007年版，第131页。

生影响”。[①] 他提出公众知情权，并主张利用法律系统来约束新闻自由，这在新闻理论研究上具有开创性意义。

(三)马克思主义新闻自由思想

关于新闻自由的思想，具有里程碑意义的是马克思主义关于新闻自由的思想。马克思主义新闻自由思想是在批判当时书报检查制度和错误的新闻思想基础之上确立的。虽然马克思与弥尔顿的新闻自由思想一脉相承，但是马克思主义新闻自由思想更为科学和深刻。马克思主义基于历史唯物主义和辩证的、相对的理念来思考新闻自由。他们认为新闻自由是现代市场经济发展的产物，并非天赋人权，新闻自由是衡量一个社会自由的尺度，同时新闻自由也是法定的自由。其基本观点如下。

1.新闻自由是最基本的自由

马克思说：“没有新闻出版自由，其他一切自由都会成为泡影。”[②]因此，针对当时的书报检查制度，他发出了战斗檄文，这也是他写的最早的两篇政论长文，即 1942 年 2 月写的《评普鲁士最近的书报检查令》和同年 4 月写的《第六届莱茵省议会的辩论——关于新闻出版自由和公布等级会议辩论情况的辩论》。他指出：“书报检查制度不是法律，而是警察手段，并且还是拙劣的警察手段。”[③]

同时，他们还批判西方的新闻自由受制于金钱的虚伪现象。恩格斯说：“资产阶级的力量全部取决于金钱……这样，出版自由就仅仅是资产阶级的特权。”[④]列宁更进一步，“在全世界，凡是有资本家的地方，所谓出版自由，就是收买报纸、收买作家的自由，就是买通、收买和炮制‘舆论’帮助资产阶级的自由”[⑤]。

2.新闻自由是社会的“第三种权力”

马克思在早年提出过“第三个因素”的观点，他说：“这个因素是政治的因素，但同时又不是官方的因素，这就是说，它不是以官僚的前提为出发点；这个因素也是市民的因素，但同时又不直接同私人利益及其迫切需要纠缠

① [英]詹姆斯·密尔：《论出版自由》，吴小坤译，上海交通大学出版社 2008 年版，第 2～3 页。

② 《马克思恩格斯全集》第 1 卷，人民出版社 1995 年版，第 201 页。

③ 《马克思恩格斯全集》第 1 卷，人民出版社 1995 年版，第 178 页。

④ 《马克思恩格斯全集》第 2 卷，人民出版社 1957 年版，第 647～648 页。

⑤ 《列宁全集》第 42 卷，人民出版社 2017 年版，第 93 页。

在一起。这个具有公民头脑和市民胸怀的补充因素就是自由报刊。”[①]通过自由报刊,“统治者和被统治者同样可以批评对方,此时双方不是‘从属关系’,而是‘权利平等’的关系,它可以不通过官方的中介,原封不动地将人民的怨愤传送到国家权力机构面前”[②]。1850 年,马克思针对政府规定的“每一篇文章都要有作者署名”再次指出:“当报刊匿名发表文章的时候,它是广泛的无名的社会舆论的工具;它是国家中的第三种权力。”[③]从“第三个因素”到“第三种权力”,马克思关于报刊地位的基本思想进一步强化。

第三种权力的具体表现就是舆论监督权。1849 年 2 月 7 日和 8 日,普鲁士莱茵省科隆市陪审法庭审理关于《新莱茵报》涉嫌侮辱前官员和诽谤宪兵的两桩指控,马克思和恩格斯分别在法庭上进行了有力的辩护,最后陪审团宣布《新莱茵报》无罪。马克思说:“报刊按其使命来说,是社会的捍卫者,是针对当权者孜孜不倦的揭露者,是无处不在的耳目,是热情维护自己自由的人民精神的千呼万应的喉舌。”[④]恩格斯在辩护后谈到了莱茵省的出版自由问题。他说:“如果禁止报刊报道它所目睹的事情,如果报刊在每一个有分量的问题上都要等待法庭的判决……那么,诸位先生,出版自由就完结了。如果你们想这样做,那么你们就判我们有罪吧!”[⑤]马克思、恩格斯的辩护,指出了在舆论监督过程中可能存在的侮辱和诽谤罪名成立的条件,不但进一步明确了马克思主义新闻法治思想,更捍卫了新闻媒体作为“第三种权力”的社会地位,这一斗争贯穿于马克思和恩格斯终生的新闻实践活动。

3.应该确立社会主义新闻自由

马克思主义认为,社会主义是在政治、经济、文化等一切领域对资本主义的全面超越。社会主义新闻自由是建立在资本主义新闻自由普遍形式的基础上,消除了金钱的制约作用后获取的更大的一种精神交往权利。对此,马克思、恩格斯和列宁都进行过深刻论述。

(1)在确立政权之前,政治自由、集会结社的权利和新闻自由等是工人运动有力的武器,工人阶级应当充分利用新闻自由等形式开展合法斗争。恩格斯指出:“没有新闻出版自由、结社权和集会权,就不可能有工人运动。”[⑥]

---

① 《马克思恩格斯全集》第 1 卷,人民出版社 1995 年版,第 378 页。

② 吴廷俊:《马列新闻活动与新闻思想史》,华中理工大学出版社 1992 年版,第 36 页。

③ 《马克思恩格斯全集》第 2 卷,人民出版社 2009 年版,第 179 页。

④ 《马克思恩格斯全集》第 6 卷,人民出版社 1961 年版,第 275 页。

⑤ 《马克思恩格斯全集》第 6 卷,人民出版社 1961 年版,第 285 页。

⑥ 邵华泽主编:《马克思主义新闻观及其在当代中国的运用和发展》,人民出版社 2009 年版,第 19 页。

(2)在党内报刊问题上,工人阶级政党报刊既要维护阶级和党的利益,又要坚持报刊自主和新闻自由。恩格斯主张党内批评与监督:“批评是工人运动的生命要素,工人运动本身怎么能逃避批评,禁止争论呢?难道我们要求别人给自己以言论自由,仅仅是为了在我们自己队伍中又消灭言论自由吗?”[①]不但如此,党报党刊还可以批评党的领袖或领导人,并为此需要保持形式上的独立。恩格斯告诫奥古斯特·倍倍尔:“你们在党内当然必须拥有一个不直接从属于执行委员会甚至党代表大会的刊物,也就是说这种刊物在纲领和既定策略的范围内可以自由地反对党所采取的某些步骤,并在不违反党的道德的范围内自由批评纲领和策略。你们作为党的执行委员会,应该提倡甚至创办这样的刊物……首先需要的是一个形式上独立的党的刊物。”[②]列宁则主张用公开性讨论促成党的统一:“我们要使我们的机关刊物成为观点极不相同的全体俄国社会民主党人讨论一切问题的机关刊物。”[③]

(四)麦迪逊和杰斐逊

麦迪逊和杰斐逊是美国新闻自由思想的代表人物,他们都主张新闻自由对公共权力的监督和制约作用。作为美国宪法之父,麦迪逊认为:“行政机构不被认为是不会犯错的,立法机构也不被认为是万能的。他们都是经由选举产生的,都是负有责任的。在这种情况下,给予媒体一定程度的自由就是自然和必要的。”[④]杰斐逊更是把新闻自由与民主联系起来,并宣称:“如果让我来决定,到底应该有政府而没有报纸,还是应该有报纸而没有政府,我将毫不犹豫地选择后者。”[⑤]二者的思想和特殊身份开创了美国媒体监督、批评政府的传统,并直接促使新闻自由思想由理念向制度转变。

(五)约翰·斯图亚特·密尔《论自由》

英国学者约翰·斯图亚特·密尔(John Stuart Mill)时期的英国,随着纸张税——最后一项限制新闻自由的法律的废除,基本实现了资产阶级新

---

① 《马克思恩格斯文集》第 10 卷,人民出版社 2009 年版,第 580 页。

② 《马克思恩格斯全集》第 38 卷,人民出版社 2020 年版,第 517~518 页。

③ 《列宁全集》第 4 卷,人民出版社 1984 年版,第 289 页。

④ 转引自侯建:《表达自由的法理》,上海三联书店 2008 年版,第 38 页。

⑤ [美]托马斯·杰斐逊:《杰斐逊选集》,朱曾汶译,商务印书馆 1999 年版,第 389~390 页。

闻自由，鲜有行政力量对新闻传播工作进行直接干预。那么，他关注的新闻自由的角度是什么呢？不同于其他同书报检查制度的斗争与反抗，他提到了长期以来大家忽视的一个问题，即多数人对少数人的压制。他提出：现在对自由的威胁不是来自政府，而是社会上多数人不能容忍非传统的见解，以人数上的优势压制和整肃少数人。此外，他于1859年出版《论自由》(*On Liberty*)，全面论证了言论自由思想与个性解放对人类社会文明的巨大贡献。他继承了约翰·弥尔顿关于真理问题的讨论，并进一步阐述了只有当个人在行使新闻自由权利对社会或他人造成伤害时才可以对其进行限制。密尔的论述奠定了新闻自由思想在西方社会中的主流观念地位。

综上，新闻自由在17世纪奠定思想基础，在18世纪付诸实践，在19世纪达到顶峰。"'出版自由'这个口号，从中世纪末直到19世纪成了全世界一个伟大的口号。为什么呢？因为它反映了资产阶级的进步性，即反映了资产阶级反对僧侣、国王、封建主和地主的斗争。"[①]新闻自由理论反映了自由竞争时期资产阶级的经济利益和政治需要。

三、新闻自由的法治化进程

有社会基础的支撑、思想理念的引导，经过人们将近150年的不懈努力与奋斗，新闻自由最终实现了法治化，以法律的形式确认为公民的基本民主政治权利。不过，新闻自由从观念的提出到制度的确立，并不是一帆风顺的。虽然各国都先后取消报刊检查制度，但代之以煽动法、诽谤法限制出版，并通过征收印花税使媒体不堪重负。对于这些限制，资产阶级进行了坚决的斗争才最终获得胜利。马克思说："新闻出版法就是对新闻出版自由在法律上的认可。""没有关于新闻出版的立法就是从法律领域中取消新闻出版自由。"[②]因此，讨论新闻自由，除了考察新闻自由思想的历史演变，还要考察新闻自由的法治化进程。

世界上最早的关于新闻自由的宪法性文件，是瑞典的《关于著述与出版自由的1766年12月2日之宪法法律》。该法废除了对出版物的事前审查，允许自由印刷并传播政府文件，极大地加强了公众通过报纸、杂志等印刷媒体自由表达思想的权利，在世界上首开"信息公开法"的先河。这部法律被赋予基本法的地位，属于世界首创。不过，该法规定了有关教会事先审查的

① 《列宁全集》第42卷，人民出版社1987年版，第85页。

② 《马克思恩格斯全集》第1卷，人民出版社1995年版，第176页。

若干例外以及对四大阶层、中央政府及其官员的若干特殊保护，有其历史局限，在当时的意义仅限于宣示与启蒙。不过1949年颁布的《出版自由法》（*Freedom of the Press Act*）和1991年实施的《表达自由法》（*Fundamental Law on Freedom of Expression*）与《政府宪章》《王位继承法》一起构成了瑞典现行四部宪法性法律。这是世界上独一无二地将规范和保障三大自由即出版自由、表达自由、信息自由的制度纳入宪法的国家，是从宪法上最系统、全面、详尽地保障出版自由、表达自由、信息自由的国家。

真正对世界进程产生影响的是法国1789年的《人权宣言》。其中第十一条宣称：自由传播思想和意见乃是人类最宝贵的权利之一。因此，每个公民都可以自由地从事言论、著述和出版，但在法律规定之下应对滥用此项自由承担责任。不过新闻自由并没有在法国变为现实，大革命后政权更迭频繁，新闻自由和新闻管制交替出现，直到1881年《出版自由法》才真正在法律上确定了法国的新闻自由。虽然如此，《人权宣言》的思想和内容还是随着法国资产阶级革命流传到欧洲其他各国，并为它们所效仿，所提出的新闻自由思想也为后来一些世界性的人权保护文件所吸收，具有国际性和长期性的影响力。

还有就是1791年12月美国议会通过的《宪法第一修正案》。英文原文为：

> Congress shall make no law respecting an establishment of religion, or prohibiting the free exercise thereof; or abridging the freedom of speech, or of the press; or the right of the people peaceably to assemble, and to petition the Government for a redress of grievances.

译文：

> 国会不得制定关于下列事项的法律：确立国教或禁止信教自由；剥夺言论自由或出版自由；或剥夺人民和平集会和向政府请愿申冤的权利。

该宪法文件虽然没有明确权利主体，但直接限制了国会制定限制新闻自由的法律，非常有效地保障了新闻媒体的出版自由。

除了对新闻自由进行立宪保护外，一些国家还会通过制定专门法或在一般性法律中予以保护。比如法国1881年制定的《出版自由法》废除特许制与保证金制，这意味着法国新闻自由体制正式确立。该法1889年得到重要补充，法院原则上禁止政府未经法院裁决就直接查封报社。该法还规定公民有权建立出版社、经营出版事业和新闻事业，从事新闻出版活动，自由地从事记者职业；出版诉讼不再由刑事法庭而由陪审团组成的民事法庭审理。《出版自由法》的诞生，可以说结束了法国一个世纪以来对新闻出版与言论表达的严密控制，在当时被认为是欧洲最自由的一部法令。这部法令是《人权宣言》的具体化，并对法国此后的报业发展产生了重要影响。它促进了现代报纸的产生，至今仍为法国自由报业的基石。①

另外，值得一提的是，早在1840年英国就颁布议会文件法案，对进入议会采访的记者给予方便和保护，这是世界上最早的公开、保护记者采访的法律。

随着社会发展，保护新闻自由已成为世界各国共识，世界性的关于新闻自由的文件为各国普遍接受。以法国《人权宣言》关于新闻自由的规定为蓝本，联合国于1948年通过了《世界人权宣言》(*The Universal Declaration on Human Rights*)。该宣言第19条规定："人人有权享有主张和发表意见的自由；此项权利包括持有主张而不受干涉的自由，和通过任何媒介和不论国界寻求、接受和传递信息和思想的自由。"

以公约形式明确规定且有具体实施细则的是1966年召开的第21届联合国大会上通过的《经济、社会和文化权利国际公约》和《公民权利和政治权利国际公约》，两个条约于1976年实施。前者强调国家在保护人权方面的积极介入，保护的是"积极的自由"；后者重点在于强调个人免于来自国家公权的干涉和压制，保护的是"消极的自由"。在《公民权利和政治权利国际公约》中，新闻自由的内涵已经扩展为"表达自由"。其中《公民权利和政治权利国际公约》第19条在有关思想自由和表达自由的经典表述(法国《人权宣言》第11条、美国《宪法第一修正案》、《世界人权宣言》第19条、《欧洲人权宣言》第10条等)的基础上，就有关思想自由和表达自由的问题做出了迄今为止最明白、最完整、最全面的表述。②

自由与权利是同义务与责任相关联的。1789年法国《人权宣言》就指出："思想与意见的自由交换为人类最宝贵的权利。但在法律限制内，须担负滥用此项自由的责任。"因此，各国新闻立法的目的不仅在于保障新闻自由，而且也对滥用新闻自由的行为与现象进行约束和惩罚。这表现在各国都对新闻报道的内容列有严格的禁载规定。比如瑞典《保密法》对新闻自由

---

① 参见王薇：《法国新闻自由的实现历程及其特点》，《新闻知识》2013年第10期。

② 参见陈力丹：《新闻理论十讲》，复旦大学出版社2020年版，第219页。

以及查阅政府文件的自由和权利进行合理限制；美国的《隐私权法案》限制获取信息时对公民隐私权的侵犯；南斯拉夫立法禁载“进行反人民、反国家、反南斯拉夫武装力量的犯罪活动”，禁载“提供或散布煽动公民骚乱或威胁公共秩序与和平的虚假、歪曲事实和危言耸听的新闻评论”等规定。

新闻自由思想理念的引领和社会法律制度的保驾护航，促进了西方20世纪传媒产业的空前发展繁荣。但资本主义经济体制固有的先天局限，使传媒产业垄断不断加剧，即使有相关法律的约束，媒介集团遵从资本逻辑的支配，导致话语资源分配严重失衡，公众舆论被资本操纵，社会上针对传媒的批评力度增加、强度也不断提高，再次使“新闻自由正处在危险之中”。[①]

第二节　新闻媒体的社会责任

“自由主义在17世纪奠定了自己的思想基础，18世纪付诸实践，19世纪达到了顶峰。然而，也正是在这个顶峰之上，自由主义开始了自己无可奈何的跌落。”[②]到20世纪，随着资本主义经济和政治上垄断的加剧，新闻自由理论逐渐为社会责任理论所替代。

一、社会责任论的提出

社会责任理论的核心思想最早由美国哈钦斯委员会在1947年提出，之后威尔伯·施拉姆等人所著《传媒的四种理论》使其成为与传媒的威权主义、自由至上主义、苏联共产主义并列的四大理论之一。当时的美国奉行的是自由主义经济思想，美国的报业所有权高度集中，形成垄断局面，几乎“一城一报”。为了争夺媒介市场，报业集团不惜以凶杀、色情、暴力等低俗新闻吸引读者，“观点的自由市场”不复存在。另外，随着爱因斯坦的相对论问世，人类开始意识到宇宙中的任何事物都是相对的，权利也不例外。各种自由权利的享有，都以承担相应的责任为前提。现代政治学者也已否定了“自然法”的观念，并认为“自然权利说”只是当时的一种政治口号而已，它基于一种假设，实际上并不可能存在。因此新闻自由理论认为自由是“天赋人权”，绝对不受干涉的理论基础受到挑战。

---

① [美]新闻自由委员会:《一个自由而负责的新闻界》，展江等译，中国人民大学出版社2004年版，第2页。

② 徐耀魁主编:《西方新闻理论评析》，新华出版社1998年版，第219页。

同时受到挑战的还有“真理的自我修正”观点。社会责任理论认为，人类并非在任何时候都能合乎理性地做出正确判断，所以必须先有好的教育机制、好的新闻工作者激励人们运用理性，“真理”才有可能出现。没有这种激励，人是不会主动去追求真理的。例如，有关公共事务的问题，人民必须先有足够的教育水平，再经过新闻工作者对公共事务做出客观且充分的分析报道，“真理”才有可能出现，才会愈辩愈明。如果这两个前提缺少了其中之一，真理就难以显露。启蒙运动所倡导的自由主义思想开始动摇，人们对于个人、理性与社会、国家不再像启蒙时代那样乐观与激进。现代社会至少不盲目伸张“新闻自由”，而是要求对大众媒介加上某种必要的“约束”，建立“自由而负责”的新闻事业。

《一个自由而负责的新闻界》应运而生。面对美国大众传媒垄断日益加剧的趋势，美国《时代》周刊创办人亨利·卢斯于 1942 年邀请芝加哥大学校长罗伯特·哈钦斯领导大学教授组成新闻自由委员会（又名“哈钦斯委员会”），其成员包括传播学者拉斯韦尔等十多名一流学者，以局外人和学者的身份探讨大众传播界越来越多的问题。他们对美国新闻自由的现状和前景展开了一项调查，其研究范围包括当时美国的广播、报纸、电影、杂志和图书等主要的大众传播媒介，同时对新闻界业主的良知、责任，以及这些责任对于形成公众舆论的普遍益处进行了讨论，先后九易其稿，于 1947 年发表了后来被称为传媒的“社会责任论”基石的总报告《一个自由而负责任的新闻界》。

新闻自由委员会认为，新闻自由是一项精神权利，带有义务性质，没有公认的道德义务就没有精神权利。同时，新闻界是可以被问责的，“它必须对社会负有如下责任：满足公众需求，维护公民权利以及那些没有任何报刊代言、几乎被遗忘的演说者的权利”[①]。而目前新闻自由处于危险之中，新闻媒体应担负起为一个自由社会提供其所需要的当前消息的责任。

1.一种就当日事件在赋予其意义的情境中的真实、全面和智慧的报道。

2.一个交流和批评的论坛。

3.一种供社会各群体互相传递意见与态度的工具。

---

① [美]新闻自由委员会：《一个自由而负责的新闻界》，展江等译，中国人民大学出版社 2004 年版，第 10 页。

4.一种呈现与阐明社会目标与价值观的方法。

5.一个将新闻提供的信息流、思想流和感情流送达每一个社会成员的途径。[①]

新闻自由委员会围绕政府、新闻界和公众提出了13条建议以满足上述需要,并认为“新闻界和公众愿意做的事情越多,留给国家做的事情越少”[②]。在结语中,新闻自由委员会再次强调新闻自由的重要性:“言论与新闻自由接近于一切自由权的中心意义。哪里的人们不能自由的传递彼此的思想,哪里就没有自由可言。哪里存在着表达自由,自由社会就在哪里发端……表达自由在各种自由权中是独一无二的:它促进和保护所有的其他自由。显而易见,当一个政权向独裁统治靠拢时,言论和新闻出版就被列入要加以约束或控制的首批目标之中。”[③]

可以看出,社会责任理论虽然不认可传统新闻自由理论的“观点的自由市场”“真理的自我修正”和“天赋人权不可限制”的绝对自由等观点,但它认可媒体的功能和新闻自由的意义,并且出发点是避免新闻界过于放任而被政府过多介入管制,实质上亦是为了维护新闻自由,反对政治的干预。所以媒体的社会责任论从本质上看同样也是一种新闻自由观,只不过在传统的新闻自由理论基础上更进一步,是对传统新闻自由理论的修正与革新。我们应该看到它的进步——提出道德与伦理的自我约束,同时也应该看到它的理想色彩,因为资本主义的结构化矛盾,传媒垄断现象有增无减,资本主义社会无法从根本上解决和改善缺失社会责任的状况,公民的新闻自由依然被资本控制。

二、社会主义制度下的新闻自由与社会责任

使新闻自由从资本的控制下解脱出来,真正为人民所享有,是马克思主义新闻观的要求,只有在社会主义制度才有真正实现的可能。马克思主义新闻观主张确立社会主义新闻自由制度,同时主张创办无产阶级党报,认为

---

① [美]新闻自由委员会:《一个自由而负责的新闻界》,展江等译,中国人民大学出版社2004年版,第11～12页。

② [美]新闻自由委员会:《一个自由而负责的新闻界》,展江等译,中国人民大学出版社2004年版,第80页。

③ [美]新闻自由委员会:《一个自由而负责的新闻界》,展江等译,中国人民大学出版社2004年版,第108页。

党报是党领导无产阶级进行革命斗争的锐利武器和重要阵地。“党报党刊是社会的捍卫者，是针对当权者的孜孜不倦的揭露者，是无处不在的耳目，是热情维护自己自由的人民精神的千呼万唤的喉舌。”[①]列宁批评和揭露了资产阶级新闻自由的欺骗性和虚伪性：“在全世界，凡是有资本家的地方，所谓出版自由，就是收买报纸、收买作家的自由，就是买通、收买和炮制‘舆论’帮助资产阶级的自由。”[②]而“人民的自由，只要在国家的全部政权完全地和真正地属于人民的时候，才能完全地和真正地得到保障”[③]。社会主义制度下，“不会有直接或间接使报刊屈从于货币权力的客观可能性，不会有任何东西能阻碍每个劳动者(或大大小小的劳动者团体)享有并行使其使用公有印刷及公有纸张的平等权利”[④]。列宁在十月革命后采取许多措施来保障人民新闻出版自由。不过由于苏联社会很快进入思想高度统一的斯大林时代，媒体完全沦为社会变革和社会控制的工具，他所设想的新闻传播“平等权利”未能真正实现。

我国社会主义新闻事业自创办以来，积极发展新闻自由，履行社会责任，取得了显著成绩。我国的新闻自由建立在以公有制为主体、多种所有制经济共同发展的社会主义基本经济制度的基础之上，社会主义新闻事业属于人民所有，社会主义新闻自由为最广大人民共同享有。人民通过媒体享有知情权、表达权、参与权和监督权，同时新闻媒体承担着实现和维护人民群众上述权利的责任和义务。我国的新闻事业坚持民主和法治、新闻自由和社会责任的统一。对于社会责任，在思想观念上强调对党负责、对人民负责；在新闻实践中，强调把社会效益放在首位。

在看到成绩的同时，我们也应该注意到我国少数媒体缺乏社会责任意识，片面追求经济效益而忽视社会效益。为此，我国从 2014 年起开始探索建立媒体社会责任报告制度，强化各级各类媒体的社会责任意识，促进我国新闻事业健康发展。当前新闻工作者要明确认识到，自由和责任是辩证统一的整体，要在新闻自由基础之上履行好社会责任，承担好社会使命，为实现“每个人的全面而自由地发展”的目标贡献自己的力量。

---

① 《马克思恩格斯全集》第 6 卷，人民出版社 1961 年版，第 275 页。

② 《列宁全集》第 42 卷，人民出版社 2017 年版，第 93 页。

③ 《列宁全集》第 13 卷，人民出版社 2017 年版，第 67 页。

④ 《列宁选集》第 3 卷，人民出版社 2012 年版，第 696 页。

推荐阅读

1.王薇:《法国新闻自由的实现历程及其特点》,《新闻知识》2013 年第 10 期。

2.[英]密尔顿:《论出版自由》,吴之椿译,商务印书馆 1958 年版。

3.[英]詹姆斯·密尔:《论出版自由》,吴小坤译,上海交通大学出版社 2008 年版。

4.[美]新闻自由委员会:《一个自由而负责的新闻界》,展江等译,中国人民大学出版社 2004 年版。

思考题

1.新闻自由思想历经了哪些历史演变?

2.探讨一下新闻自由和社会责任论之间的关系。

3.谈谈你对新闻自由的理解。

第九章　新闻法治

新闻法治和新闻自由是一个问题的两个方面。新闻自由需要新闻法治的保障和制约，新闻法治是用新闻传播法来保障和规范新闻传播行为。新闻法治保障公民依法享有新闻自由，包含知情权、参与权、表达权、监督权等权利，同时规约新闻传播活动主体不得危害国家安全、妨碍社会公共秩序、侵犯他人人格权和著作权等，权利和义务相互依存，不可分割。

第一节　新闻法治概述

马克思认为："新闻出版法是真正的法律，它是自由的肯定存在……应当认为没有新闻出版自由的立法就是从法律自由领域中取消新闻出版自由……因此，新闻出版法就是对新闻出版自由在法律上的认可。"[①]目前，世界上凡是法治国家，都有新闻传播法，只是法的形式有所差异。世界上分为两大法系：一类是海洋法系（又称英美法系），除了宪法等部分成文法外，主要是案例法和习惯法；一类大陆法系（又称法兰西法系），是成文法系，法律尽可能涵盖所有问题。不论海洋法系还是大陆法系，新闻法治主要围绕宪法规定的"新闻出版自由"展开，用新闻传播法来保障和规范新闻出版自由。

一、新闻传播法的含义

新闻传播法有广义和狭义之分。广义的新闻法指一个国家法律体系中一切适用于新闻传播活动的规范，是法的规范中调整新闻传播活动和关系

① 《马克思恩格斯全集》第1卷，人民出版社1995年版，第175～176页。

的各种规范的总称;狭义的新闻传播法是指由具有立法权的国家机关按照法定程序制定的规范性法律文件,具体到我国便是由全国人民代表大会或其常务委员会制定的专门针对新闻传播活动的一部法律。目前,欧洲多数国家以立法形式正式颁布了专门的新闻法;英国、美国、加拿大等国没有专门的规范新闻传播活动或新闻行业的狭义的新闻法,具体司法活动中以最高法院和上级法院的判例为标准;我国和日本、新加坡、印度等国家一样,没有专门的新闻法,但是在我国社会主义法律体系中,有许多规范同新闻传播活动密切相关。"历史和现状都表明,新闻传播以及整个大众传播领域的各种社会关系不可能只以一部法律来调整,这些社会关系涉及许多法律、各个法律部门;新闻传播法呈现为在国家法律体系总体框架内跨越多个法律部门、具有多种法源而加以组合的法律群。"①这个"法律群"便是我国新闻传播法的渊源。

二、新闻传播法的渊源

新闻传播法的渊源,是新闻传播法的效力来源,是指国家机关制定并认可的具有不同法的效力和地位的新闻传播法的不同表现形式,它回答了新闻传播法的规则是如何形成的、具有何种外部形式、具备何种程度的法律效力等问题。现阶段我国新闻传播法的渊源有国际条约和公约、宪法、法律、行政法规、地方性法规、行政规章等。

(一)国际条约和公约

主要包括《联合国世界人权宣言》、《经济、社会及文化权利国际公约》(中国政府代表 1997 年签字,全国人大 2001 年批准)和《公民权利和政治权利国际公约》(中国政府代表 1998 年签字,待批准)。

(二)宪法

宪法是一个国家的根本大法,拥有最高法律效力。根据下位法服从上位法、下位法不得违背上位法的原则,宪法是新闻传播法最重要的依据,新闻传播法需要解释宪法的有关条文并具体化有关条文。我国宪法历经 5 次修订,目前和新闻传播活动直接相关的有以下四条:

---

① 魏永征:《传统传播形态的颠覆和新闻传播法的架构——写于〈新闻传播法教程〉第六版出版之际》,《青年记者》2019 年第 9 期。

第二十二条：国家发展为人民服务、为社会主义服务的文学艺术事业、新闻广播电视事业、出版发行事业、图书馆博物馆文化馆和其他文化事业，开展群众性的文化活动。

第三十五条，中华人民共和国公民有言论、出版、集会、结社、游行、示威的自由。

第四十一条：中华人民共和国公民对于任何国家机关和国家工作人员，有提出批评和建议的权利；对于任何国家机关和国家工作人员的违法失职行为，有向有关国家机关提出申诉、控告或者检举的权利，但是不得捏造或者歪曲事实进行诬告陷害。

第四十七条：中华人民共和国公民有进行科学研究、文学艺术创作和其他文化活动的自由。国家对于从事教育、科学、技术、文学、艺术和其他文化事业的公民的有益于人民的创造性工作，给以鼓励和帮助。

（三）法律

法律效力仅次于宪法，分为基本法律和一般法律。其中由全国人民代表大会制定、修改的法律称为“基本法律”；由全国人民代表大会常务委员会制定、修改的法律称为“一般法律”。基本法律主要有民法、刑法和行政法等，如《中华人民共和国民法典》第 109 条关于人格尊严的规定，第 110 条关于姓名权、肖像权、名誉权、荣誉权、隐私权的规定，第 121 条关于个人信息的规定，第 123 条关于知识产权的规定，第 127 条关于数据保护的规定；《中华人民共和国刑法》对危害国家安全罪、危害公共安全罪、侵犯著作权罪、虚假广告罪、出版歧视和侮辱少数民族作品罪、侵犯公民个人信息罪、传播淫秽物品罪、侵犯公民人身权利罪的规定等都与新闻传播活动密切相关。一般法律中，与新闻传播活动直接相关的有《中华人民共和国广告法》《中华人民共和国著作权法》《中华人民共和国电影产业促进法》等。

（四）行政法规

行政法规是指国务院为领导和管理国家各项行政工作，根据宪法和法律，按照行政法规规定的程度制定的政治、经济、教育、科技、文化、外事等各类法规的总称。与新闻传播活动直接相关的主要有以下三个方面的内容：首先是直接管理新闻媒介的行政法规，如《广播电视管理条例》《互联网信息服务管理办法》《出版管理条例》等；其次是直接管理新闻活动的行政法规，如《中华人民共和国外国新闻机构和记者采访条例》;最后是其他相关条例,如《中华人民共和国政府信息公开条例》。

(五)行政规章

行政规章是行政机关制定的关于行政管理的规范性法律文件的总称。有部门规章和地方政府规章之分。部门规章主要是由国务院所属部门制定,如国家广播电视总局制定的《广播电视广告播出管理办法》;地方政府规章主要是由地方政府制定的规范性法律文件,比如《河北省新闻工作管理条例》《重庆市新闻媒体广告管理条例》等条例。

除此之外,特别行政区基本法和有关规范性文件也是我国新闻传播法的渊源。新闻传播法作为我国法律体系的一部分,具有法律的一般特征,它由国家创制并保证实施,具有普遍约束力。

第二节　新闻传播活动主体的权利和义务

新闻传播法之所以重要,主要在于能够保障整个社会的新闻信息有秩序地流通、保障公民的自由。所以,一个国家的新闻法治首先体现为对新闻传播活动的保障,即对新闻传播活动主体的权利进行有效保障。“新闻传播主体是指生产新闻与传播新闻的主体,既有群体又有个体。人们通常所说的新闻传播者,就是生产和传播新闻的人;人类的所有个体,都是天生的新闻传播者;人人都是新闻传播者,从来如此,而非今天如此。”①“公民、新闻媒体及新闻工作者构成新闻传播活动的主体。”②新闻传播法赋予新闻传播主体的权利主要围绕宪法规定的“言论出版自由”展开,包含知情权、参与权、表达权和监督权等。同时,《中华人民共和国宪法》第33条规定:“任何公民享有宪法和法律规定的权利,同时必须履行宪法和法律规定的义务。”

一、公民、新闻媒体和新闻工作者的新闻传播权利

权利是一个法律概念,与义务相对应,是公民依法应享有的权力和利益。它表现为享有权利的公民有权作出一定的行为以及要求他人做出相应的行为。人民的知情权、参与权、表达权和监督权,“这‘四权是公民言论、出

① 杨保军:《“新闻主体论”论纲》,《国际新闻界》2016年第1期。

② 《新闻学概论》编写组编:《新闻学概论》,高等教育出版社2020年版,第201页。

版自由的题中应有之义'……大众传媒是'四权'的载体和渠道。没有大众传媒,人民'四权'的实现是不可想象的"①。所以,新闻传播法保障新闻传播主体的权利便是保障公民、新闻媒体和新闻工作者的知情权、参与权、表达权和监督权。在现代媒介环境下,这些权利往往通过媒体和新闻工作者的采访权、报道权和传播权等得以实现。

(一)知情权

知情权是指人民群众依法拥有获知与其利益相关的各种政务信息及社会公共信息的权利。知情权是公民最基本的权利。1946 年联合国大会通过的第 59 号决议将知情权列为基本人权之一。1948 年《世界人权宣言》第 19 条规定:人人享有通过任何媒介寻求、接受和传递信息的自由,而不论国界,也不论口头的、书写的、印刷的、采取艺术形式的,或通过他所选择的任何其他媒介。我国宪法虽然没有直接规定知情权,但通过赋予公民平等权、言论自由权、政治权利以及监督权等权利保护公民的知情权。知情权是参与权、表达权和监督权的前提和基础。

知情权最早由美联社记者肯特·库柏(Kent Cooper)在 1945 年提出,认为公民享有通过传媒了解政府工作的法定权利。20 世纪 50 年代,这一概念得到法学界支持。首次体现知情权理念的法规是美国 1967 的《情报自由法》,该法使记者对政府信息有了更大的采访权,同时为了避免过度公开与采访侵犯公民隐私,于 1974 年通过了《隐私权法案》。随后,1976 年美国国会通过《阳光政府法案》,更进一步推动了政府信息公开化。随着社会发展,包括中国在内的大多数国家通过了政府信息公开的相关法律。2007 年,我国通过了《中华人民共和国信息公开条例》(2019 年 4 月 3 日国务院令第 711 号修订,自 2019 年 5 月 15 日起施行),条例规定政府信息"公开为常态,不公开为例外,遵循公正、公平、合法、便民的原则",并且明确主动公开范围不断扩大。

从 2003 年起,广州、上海、杭州等相继制定地方规章,在《中华人民共和国信息公开条例》的基础上更加细化公民的知情权,直接突出对公民知情权的保护,为公民的知情权的充分行使提供了更多网络信息平台。

---

① 李良荣、张春华:《论知情权与表达权——兼论中国新一轮新闻改革》,《现代传播》2008 年第 4 期。

(二)参与权

参与权也是国家尊重和保障人权的一个重要方面。我国宪法规定:人民有权通过各种途径和形式,管理国家事务,管理经济和文化事业,管理社会事务。党的十七大报告强调“制定与群众利益密切相关的法律法规和公共政策原则上要公开听取意见”。在新媒体环境下,公民的参与权除选举、投票、协商、听证会等实现方式外,主要通过网络讨论政务。“日益发达的网络传播引发的公众民主权利诉求的高涨,使得传统由媒体发动公众讨论、寻求公共问题解决方案的模式进入到公众在网络上自主发表观点、形成舆论甚至组织、进而影响媒体、影响政府的新阶段”,“网络媒体在承担信息传播功能和舆情功能的基础上,构建公共话语空间、参与社会公共治理的职能得以凸显和强化”①。2008年以后,各地网络问政平台由当地政府联合本地媒体相继推出,如号称“网络民意桥”的重庆网络问政平台、“行动迅速、狠抓落实”的驻马店网络问政平台等。随着媒介技术和公共媒介素养的提升,地方政府纷纷搭建全媒体平台,微博、微信、小程序等,充分构建了人民群众参政议政的网络全媒体问政平台。

(三)表达权

表达权是公民依法通过各种途径和形式对国家政治、经济、文化和社会事务表达意见和建议的权利。马克思在第六届莱茵省议会的辩论中提到:“没有书报出版的自由,其它一切自由都是泡影,自由的每一种形式制约着另一种形式,正像身体的这一部分制约着另一部分一样,只要某一种自由成了问题,那么整个自由都成问题。”②

表达权是公民最根本、最核心的权利。它涵盖宪法所规定的包括言论、出版、集会、结社、游行、示威自由,以及科学研究和文艺创作自由、对国家机关及其工作人员提出批评建议、控告的权利等等。宪法第35条规定:“中华人民共和国公民有言论、出版、集会、结社、游行、示威的自由。”保障公民的表达权是新闻法治的重要理念和内容。

① 徐徐:《试析“网络问政”所折射的政府、媒体、公众关系》,《新闻记者》2009年第10期。

② 《马克思恩格斯全集》第1卷,人民出版社1995年版,第201页。

(四)监督权

监督权是指宪法赋予公民监督国家机关及其工作人员活动的权利,是公民作为国家管理活动的相对方对抗国家机关及其工作人员违法失职行为的权利。[①]

马克思主义新闻观认为新闻自由是介于政府和公众之间的"第三种权力"。第三种权力的具体表现就是舆论监督权。对于舆论监督权,马克思指出:"报刊按其使命来说,是社会的捍卫者,是针对当权者孜孜不倦的揭露者,是无处不在的耳目,是热情维护自己自由的人民精神的千呼万应的喉舌。"[②]恩格斯主张党内批评和监督,认为党报党刊可以批评党的领导人,并为此需要保持形式上的独立。

宪法第41条规定:"中华人民共和国公民对于任何国家机关和国家工作人员,有提出批评和建议的权利;对于任何国家机关和国家工作人员的违法失职行为,有向有关国家机关提出申诉、控告或者检举的权利,但是不得捏造或者歪曲事实进行诬告陷害。对于公民的申诉、控告或者检举,有关国家机关必须查清事实,负责处理。"公民的监督权包括批评权、建议权、申诉权、控告权、检举权五项权利。习近平指出,能否有效地制止腐败现象关系到党的生死存亡和社会主义事业的成败,这就需要建立各种有效的监督机制,其中新闻媒介的监督是最经常、最公开、最广泛的一种监督方式。

正如19世纪初著名报人约瑟夫·普利策(Joseph Pulitzer)所言:"倘若国家是一条航行在大海上的船,新闻媒体就是船头上的瞭望者。他要在一望无际的海面上观察一切,审视海上的不测风云和暗礁险滩,及时发出警告。"拉斯韦尔也同样认为传播具备环境监视功能,起着"瞭望哨"的作用。此外,新闻媒介还发挥着"人民喉舌"的功用,在社会运行中扮演着越来越重要的角色。正因如此,必须警惕新闻传播权利被滥用的风险,以免造成对他人人格权、著作权等的剥夺,成为另一种意义上的"专制",甚至危害国家安全和社会正常秩序,因此应该在保障公民、新闻媒体和新闻工作者的知情权、参与权、表达权和监督权的同时,依法明确规定新闻传播主体的义务。

---

① 参见张光杰主编:《中国法律概论》,复旦大学出版社2005年版,第69页。

② 《马克思恩格斯全集》第6卷,人民出版社1961年版,第275页。

二、公民、新闻媒体和新闻工作者的义务

义务是法律规定权利主体必须作出一定行为或不作一定行为的责任，是保证法律权利得以实现的条件，是国家对一定的直接社会责任的确认。《欧洲保障人权和基本自由公约》第10条第一款规定“人人享有表达自由的权利”，第二款紧接着规定：“行使上述各项自由，因为同时负有义务和责任，必须接受法律所规定的和民主社会所必需的程式、条件、限制或者是惩罚的约束。这些约束是基于对国家安全、领土完整或者公共安全的利益，是为了防止混乱或者犯罪，保护健康或道德，为了保护他人的名誉或者权利，为了防止秘密收到的情报的泄露，或者为了维护司法官员的权威与公正因素的考虑。”新闻法治中，公民、新闻媒体和新闻工作者的义务主要体现在新闻传播活动中的一些禁止性规定中。

（一）不得危害国家安全

“皮之不存，毛将焉附？”国家安全事关国家安危和公民切身利益，是世界各国法律都明确保护的首要安全。《中华人民共和国国家安全法》（2015年修订）总则第2条明确规定：“国家安全是指国家政权、主权、统一和领土完整、人民福祉、经济社会可持续发展和国家其他重大利益相对处于没有危险和不受内外威胁的状态，以及保障持续安全状态的能力。”《中华人民共和国宪法》（2018年修订）第54条规定：“中华人民共和国公民有维护祖国的安全、荣誉和利益的义务，不得有危害祖国的安全、荣誉和利益的行为。”在新闻传播活动中，危害国家安全的行为主要是两种：一种是煽动危害国家安全，一种是泄露国家秘密。

1.禁止煽动危害国家安全

《中华人民共和国刑法》第105条第二款规定：“以造谣、诽谤或者其他方式煽动颠覆国家政权、推翻社会主义制度的，处五年以下有期徒刑、拘役、管制或者剥夺政治权利；首要分子或者罪行重大的，处五年以上有期徒刑。”《全国人民代表大会常务委员会关于维护互联网安全的决定》（2000年）明确规定：“为了维护国家安全和社会稳定，对有下列行为之一构成犯罪的，依照刑法有关规定追究刑事责任：利用互联网造谣、诽谤或者发表、传播其他有害信息，煽动颠覆国家政权、推翻社会主义制度，或者煽动分裂国家、破坏国家统一。”相关司法解释有《最高人民法院关于审理非法出版物刑事案件具

体应用法律若干问题的解释》(1998 年)第 1 条:“明知出版物中载有煽动分裂国家、破坏国家统一或者煽动颠覆国家政权、推翻社会主义制度的内容,而予以出版、印刷、复制、发行、传播的,依照刑法第 103 条第二款或者第 105 条第二款的规定,以煽动分裂国家罪或者煽动颠覆国家政权罪定罪处罚。”还有《最高人民法院、最高人民检察院关于办理妨害预防、控制突发传染病疫情等灾害的刑事案件具体应用法律若干问题的解释》(2003 年 5 月 15 日起施行):“利用突发传染病疫情等灾害,制造、传播谣言,煽动分裂国家、破坏国家统一,或者煽动颠覆国家政权、推翻社会主义制度的,依照刑法第 103 条第二款、第 105 条第二款的规定,以煽动分裂国家罪或者煽动颠覆国家政权罪定罪处罚。”

从以上相关法律规定可以看出,国家严禁新闻媒体通过造谣或诽谤方式煽动颠覆国家政权的行为。其中,造谣是指为了达到颠覆国家政权、推翻社会主义制度的目的而无中生有,捏造虚假事实,迷惑群众;诽谤是指为了达到颠覆政权、推翻社会主义制度的目的而散布有损于国家政权和社会主义制度的言论,以损害国家形象。不论是造谣还是诽谤,都具备非理性、非事实、蛊惑性等特点,具有导致反常行为的目的,一定要加以辨别。《中华人民共和国刑法》中与煽动有关的罪名主要有五条:煽动分裂国家罪、煽动颠覆国家政权罪、煽动民族仇恨和民族歧视罪、煽动暴力抗拒法律实施罪和煽动军人逃离部队罪。在我国煽动颠覆国家政权罪属于行为罪,行为人只要具有以造谣、诽谤或者其他方式煽动颠覆国家政权、推翻社会主义制度的行为,不管其所煽动的对象是否相信或接受其所煽动的内容,也不管其是否去实行所煽动的有关颠覆活动,均构成犯罪。不过也要注意,煽动不同于批评建议,批评建议也不同于造谣、诽谤,公民享有依法批评、监督、检举等权利,不能将后者按犯罪处理。

2.禁止泄露国家秘密

国家秘密是依照法定程序确定,在一定时间内只限一定范围的人员知悉的事项。国家秘密事关国家安全和利益,各国都依法禁止和制裁任何泄露国家秘密的行为。1889 年,英国制定了《官方保密法》,这是世界上成文法中第一部完整的保密法,经过几次修订,保护重点在于国家核心机密。

美国也有相关的法律法规,比如《国家安全法》《统一保密条例》等,法律体系比较健全。我国从 1949 年起就制定了一系列保护国家秘密的法律。宪法第 53 条规定:“中华人民共和国公民必须遵守宪法和法律,保守国家秘密。"《中华人民共和国保守国家秘密法》(1988年通过,2010年修订)第二章确定了国家秘密的范围。此外《中华人民共和国保守国家秘密法》第27条规定:报刊、图书、音像制品、电子出版物的编辑、出版、印制、发行,广播节目、电视节目、电影的制作和播放,互联网、移动通信网等公共信息网络及其他传媒的信息编辑、发布,应当遵守有关保密规定。"第28条规定:"互联网及其他公共信息网络运营商、服务商应当配合公安机关、国家安全机关、检察机关对泄密案件进行调查;发现利用互联网及其他公共信息网络发布的信息涉及泄露国家秘密的,应当立即停止传输,保存有关记录,向公安机关、国家安全机关或者保密行政管理部门报告;应当根据公安机关、国家安全机关或者保密行政管理部门的要求,删除涉及泄露国家秘密的信息。"

泄露国家秘密罪,根据刑法规定,包括故意和过失泄露国家秘密罪。第398条规定:"国家机关工作人员违反保守国家秘密法的规定,故意或者过失泄露国家秘密,情节严重的,处三年以下有期徒刑或者拘役;情节特别严重的,处三年以上七年以下有期徒刑。非国家机关工作人员犯前款罪的,依照前款的规定酌情处罚。"

媒体泄露国家秘密主要体现在以下几个方面:(1)政治上抢先发表党和政府及有关领导机关尚在研究中和尚未公开的重大决策方针,发表国家的外交和海峡两岸上层交往、祖国华人华侨交往的所谓秘闻;(2)军事上泄漏国防和军队建设的重大方针与规划,军事领导机关的重大决策,重要的军事会议,军队的编制、实力等;(3)经济上泄露尚不能或者不便公开的决策,发表未经国家有关部门正式公布的有关统计信息和国家的经济情况;(4)科技上详细报道我国处于领先水平的重大科技成果;(5)公安司法相关报道披露公安侦破手段、公安机关的实力等。

以上信息事关国家安全和利益,一旦泄密会造成非常严重的后果。1992年,原新华通讯社国内新闻编辑部吴士深伙同妻子马涛(原《中国健康教育通讯》杂志社编辑)将仅供有关人员内部传阅的绝密文件《〈在中国共产党第十四次全国代表大会上的报告〉送审稿》,非法提供给境外人员,导致报告在中共十四大召开前一周在香港《快报》上全文刊登,在国内外造成极为恶劣的影响。随着媒体保密意识的增强,此类泄密事件逐渐减少。2021年7月16日,由中国航天科技集团研制的亚轨道重复使用演示验证项目运载器首飞任务圆满成功,国家国防科技工业局新闻宣传中心在视频平台上发布消息时,视频仅显示"我国亚轨道重复使用运载器,飞行演示验证项目,首飞取得圆满成功”的文字,并没有相关图像。“中国军工”在这条视频下称“过于先进,不便展示”。这一行为获得中国大量网友点赞、评论、转发。

(二)不得危害社会公共秩序或公共利益

首先,根据美国学者 C. R. 赖特“四功能说”,大众传播除了环境检视和提供娱乐功能之外,还具备“解释与规定”和社会化功能。“解释与规定”功能即社会协调功能,大众传播可以向特定方向引导和协调社会成员的行为;社会化功能及教育功能,在传播知识、价值以及行为规范方面具有重要作用,并且现代人的社会化过程也是在大众传播环境中进行的。新闻传播活动对社会公共秩序和公共利益有重大影响。为了营造良好的社会风气,保护青少年身心健康,世界各国都对凶杀、暴力、淫秽等内容进行了禁载性规定,并保护未成年人、妇女等特殊群体的合法权益。

根据《中华人民共和国刑法》(2015 年修正)规定,制作、贩卖、传播淫秽物品都属于犯罪行为。《中华人民共和国刑法》第 363 条规定:“以牟利为目的,制作、复制、出版、贩卖、传播淫秽物品的,处三年以下有期徒刑、拘役或者管制,并处罚金;情节严重的,处三年以上十年以下有期徒刑,并处罚金;情节特别严重的,处十年以上有期徒刑或者无期徒刑,并处罚金或者没收财产。”第 364 条规定,向不满 18 周岁的未成年人传播淫秽物品的,从重处罚。

对未成年人的保护,各国一直非常重视。法国 1949 年颁布法律,禁止向 18 岁以下的未成年人提供性读物,这是世界上最早的保护青少年免遭淫秽物毒害的法律。德国新版的《青少年保护法》《反对因特网儿童色情法》等法律对防止青少年受到色情信息侵害、封锁儿童色情网页和打击儿童色情犯罪等作了具体规定。日本《青少年网络规范法》明确要求通信和网络服务商对三种“有害信息”设置未成年人浏览限制范畴,这三种信息分别是“诱使犯罪或自杀的信息”“显著刺激性欲的信息”“显著包含残忍内容的信息”。美国《儿童互联网保护法》规定中小学和公共图书馆应在网上安装过滤软件,确保屏蔽所有含有淫秽、色情等危害未成年人健康成长的不良信息。《中华人民共和国未成年人保护法》(2020 年修订)第 50 条明确规定:“禁止制作、复制、出版、发布、传播含有宣扬淫秽、色情、暴力、邪教、迷信、赌博、引诱自杀、恐怖主义、分裂主义、极端主义等危害未成年人身心健康内容的图书、报刊、电影、广播电视节目、舞台艺术作品、音像制品、电子出版物和网络信息等。”

其次，突发事件中的虚假信息传播对社会公共秩序有极大的破坏作用。《中华人民共和国突发事件应对法》第 65 条规定：“违反本法规定，编造并传播有关突发事件事态发展或者应急处置工作的虚假信息，或者明知是有关突发事件事态发展或者应急处置工作的虚假信息而进行传播的，责令改正，给予警告；造成严重后果的，依法暂停其业务活动或者吊销其执业许可证；负有直接责任的人员是国家工作人员的，还应当对其依法予以处分；构成违反治安管理行为的，由公安机关依法给予处罚。”

此外，《中华人民共和国治安管理处罚法》对于散布谣言，谎报险情、疫情、警情或者以其他方法故意扰乱公共秩序等行为，处 5 日以上 10 日以下拘留，并处 500 元以下罚款；情节较轻的，处 5 日以下拘留或者 500 元以下罚款。2021 年 5 月 24 日，新浪微博用户刘某在网上造谣发布新冠病毒疫苗致人死亡不实言论，造成恶劣社会影响。根据《中华人民共和国治安管理处罚法》第 25 条之规定，公安局依法对刘某予以行政拘留五日的处罚。

(三)不得侵犯他人合法权益

在新闻传播活动中，如果行为或表达不当，可能会侵犯采访、报道或评论对象的人格权或著作权等合法权益，发生新闻侵权行为。

关于新闻侵权，学界虽然说法不一，但也大致相同。魏永征认为：“新闻侵权行为就是在新闻采集和传播中侵害他人(自然人、法人)人格权的一种行为。”[①]孙旭培等认为：“所谓新闻侵权，一般是指通过新闻手段，对公民、法人和其他组织的名誉权、荣誉权、姓名权、名称权及其他合法权益造成不法侵害。”[②]顾理平认为：“所谓新闻侵权行为，是指新闻媒体和新闻记者利用新闻传播媒体对公民、法人或其他组织造成不法侵害的行为。”[③]总的来说，这些合法权益主要是指采访报道对象的名誉权、隐私权、肖像权及公民或法人的著作权等。其中，名誉权、隐私权、肖像权等属于人格权，著作权兼有人身权和财产权性质。《联合国宪章》《世界人权宣言》《公民权利和政治权利国际公约》都有专门条款对人格权进行保护，并为此对表达自由权作出限制。新闻媒体和新闻工作者在新闻传播活动中要认真履行义务，确保公民或法

---

① 魏永征：《中国新闻传播法纲要》，上海社会科学院出版社 1999 年版，第 195 页。

② 孙旭培主编：《新闻侵权与诉讼》，人民日报出版社 1994 年版，第 1 页。

③ 顾理平：《新闻侵权与法律责任》，中国广播电视出版社 2001 年版，第 42 页。

人的合法权益不受侵害。

1.不得侵害新闻报道对象的名誉权

名誉是对民事主体的品德、声望、才能、信用等的社会评价。名誉权是公民、法人享有应该受到社会公正评价的权利和要求他人不得非法损害这种公正评价的权利。世界绝大多数国家都以法律形式保护名誉权,我国法律也有明确的法律规定。《中华人民共和国宪法》第 38 条规定:"中华人民共和国公民的人格尊严不受侵犯。禁止用任何方法对公民进行侮辱、诽谤和诬告陷害。"名誉权一般属于民事权利范围,由《中华人民共和国民法典》予以保护:"民事主体享有名誉权。任何组织或者个人不得以侮辱、诽谤等方式侵害他人的名誉权。"

新闻侵犯名誉权的方式主要有侮辱和诽谤。侮辱是指故意用语言、文字、暴力等手段贬损他人人格,从而损害他人名誉的行为。新闻侮辱主要是使用一些侮辱性言辞对新闻报道对象进行辱骂和丑化。辱骂主要是使用疯子、流氓、无赖等字词或者用非形容人的语言来贬损他人人格;丑化是通过夸张、扭曲的文字或图像来描述特定人的形象。侮辱在近年来的新闻报道中出现较少,因为其作为"红色信号"容易被公众识别。相对于侮辱,诽谤较为常见。诽谤是指故意或者过失散布虚假事实贬损他人人格,从而损害他人名誉的行为。《最高人民法院关于审理名誉权案件若干问题的解答》第 7 条规定,"是否构成侵害名誉权的责任,应当根据受害人确有名誉被损害的事实、行为人行为违法、违法行为与损害后果之间有因果关系、行为人主观上有过错来认定。以书面或者口头形式侮辱或者诽谤他人,损害他人名誉的,应认定为侵害他人名誉权"。

另外,还要注意《中华人民共和国民法典》第 1025 条规定:"行为人为公共利益实施新闻报道、舆论监督等行为,影响他人名誉的,不承担民事责任,但是有下列情形之一的除外:(1)捏造、歪曲事实;(2)对他人提供的严重失实内容未尽到合理核实义务;(3)使用侮辱性言辞等贬损他人名誉。"在此要特别强调新闻媒体的"合理核实义务"。第 1026 条规定:"认定行为人是否尽到前条第二项规定的合理审查义务,应当考虑下列因素:(1)内容来源的可信度;(2)对明显可能引发争议的内容是否进行了必要的调查;(3)内容的时效性;(4)内容与公序良俗的关联性;(5)受害人名誉受贬损的可能性;(6)审查能力和审查成本。"

以上内容基本涵盖了新闻媒体合理审核的责任类型,并且规定行为人应当就其尽到合理审查义务承担举证责任，在一定程度上填补了我国有关法律空白，并且大大减少了新闻传播活动中侵害他人名誉权行为的发生。

与此同时，为了及时制止侵害行为、减少对受害人权益的损害，《中华人民共和国民法典》赋予受害人要求媒体及时更正、删除不实报道的权利。这就意味着当受害人有证据证明媒体侵害其名誉权时，媒体要及时采取更正或者删除等必要措施，同时承担赔礼道歉、消除影响、恢复名誉、赔偿损失等民事责任，严重情况下还需要负刑事责任。《中华人民共和国刑法》第246条规定："以暴力或者其他方法公然侮辱他人或者捏造事实诽谤他人，情节严重的，处三年以下有期徒刑、拘役管制或者剥夺政治权利。"

此外，我国2018年颁布实施了《中华人民共和国英雄烈士保护法》，该法规定"广播电台、电视台、报刊出版单位、互联网信息服务提供者，应当通过播放或者刊登英雄烈士题材作品、发布公益广告、开设专栏等方式，广泛宣传英雄烈士事迹和精神"，同时"禁止歪曲、丑化、亵渎、否定英雄烈士事迹和精神"，对英雄烈士的名誉、荣誉权依法进行保护。

2.不得侵害新闻报道对象的隐私权

隐私是自然人的私人生活安宁和不愿为他人知晓的私密空间、私密活动、私密信息。隐私权是自然人享有的私人生活安宁和不愿为他人知晓的私密空间、私密活动、私密信息依法受到保护，不受他人刺探、侵扰、泄露和公开等权利。隐私权包含两方面的含义：隐，即不愿为他人知悉或打扰；私，即与公共利益无关。隐私权受公共利益和本人同意的限制。

隐私权的概念最早由美国大法官路易斯·布兰迪斯(Louis Brandeis)和哈佛大学法学教授塞缪尔·沃伦(Samuel Warren)提出，他们主张"不受干扰的权利"，即独处权。

目前世界上很多国家已经形成较为系统、完备的隐私权法律保护体系，一些国家虽然没有隐私权或个人信息保护的专门法律，但在宪法、民法等法律中体现了对公民隐私权的保护。隐私权也得到国际社会的保护。《世界人权宣言》第12条规定："任何人的私生活、家庭、住宅和通信不得任意干涉，他的荣誉和名誉不得加以攻击。人人有权享受法律保护，以免受这种干涉或攻击。"《公民权利和政治权利国际公约》第17条规定："任何人的私生活、家庭、住宅或通信不得加以任意或非法干涉，他人的荣誉和名誉不得加以非法攻击。人人有权享受法律保护，以免受这种干涉或攻击。"

我国对隐私权的法律保护经历了从间接保护到直接保护的过程。1988

年最高人民法院在《关于贯彻执行〈中华人民共和国民法通则〉若干问题的意见(试行)》中采取变通的方法,规定对侵害他人隐私权,造成名誉权损害的,认定为侵害名誉权,追究民事责任。把隐私权列入名誉权进行保护,即间接保护的方式。2021年开始实施的《中华人民共和国民法典》第一次明确规定了隐私的保护范围,并将私人生活安宁作为隐私的重要内容。《民法典》第1032条规定:"自然人享有隐私权。任何组织或者个人不得以刺探、侵扰、泄露、公开等方式侵害他人的隐私权。"第1033条详细规定了若非权利人同意禁止侵犯隐私权的具体情形:(1)以短信、电话、即时通信工具、电子邮件、传单等方式侵扰他人的私人生活安宁;(2)进入、窥视、拍摄他人的住宅、宾馆房间等私密空间;(3)拍摄、录制、公开、窥视、窃听他人的私密活动;(4)拍摄、窥视他人身体的私密部位;(5)收集、处理他人的私密信息;(6)以其他方式侵害他人的隐私权。

以上所列也常常是新闻工作者在采访报道新闻时对他人隐私权造成侵犯的方式。隐私权受公共利益的限制,在具体新闻传播活动中要处理好隐私权和知情权的冲突与平衡,尤其是对公众人物的报道。公众人物分为自愿型公众人物和非自愿型公众人物,对于自愿型公众人物,其个人生活、经历在必要情况下适度公开,非自愿型公众人物视同一般自然人进行隐私保护。在新闻报道中要注意一些特殊群体,如未成年、性犯罪的受害人等要加以特殊保护。另外,死者虽然无法主张自己的隐私权利,但死者的隐私依然受法律保护,要避免"姚贝娜遗体被偷拍事件"再次发生。在采访方式上尤其要注意隐性采访的使用,在采访对象不知情的情况下,要合理使用和处理个人信息。《中华人民共和国民法典》第1035条规定:"处理个人信息的,应当遵循合法、正当、必要原则,不得过度处理……个人信息的处理包括个人信息的收集、存储、使用、加工、传输、提供、公开等。"默多克新闻集团旗下《世界新闻报》因窃听丑闻而被关停,应敲响媒体的警钟。

3.不得侵害新闻报道对象的肖像权

根据《中华人民共和国民法典》的规定,肖像是通过影像、雕塑、绘画等方式在一定载体上所反映的特定自然人可以被识别的外部形象。自然人享有肖像权,有权依法制作、使用、公开或者许可他人使用自己的肖像。同时,公民的肖像权受法律保护。《中华人民共和国民法典》第1019条规定:"任何组织或者个人不得以丑化、污损,或者利用信息技术手段伪造等方式侵害他人的肖像权。未经肖像权人同意,不得制作、使用、公开肖像权人的肖像,但是法律另有规定的除外。未经肖像权人同意，肖像作品权利人不得以发表、复制、发行、出租、展览等方式使用或者公开肖像权人的肖像。"由此看出，侵犯他人肖像权主要是因为"未经肖像权人同意"。

不过，《中华人民共和国民法典》也规定了"可以不经肖像权人同意"的情况，即肖像的合理使用。《中华人民共和国民法典》第 1020 条规定：合理实施下列行为的，可以不经肖像权人同意：(1)为个人学习、艺术欣赏、课堂教学或者科学研究，在必要范围内使用肖像权人已经公开的肖像；(2)为实施新闻报道，不可避免地制作、使用、公开肖像权人的肖像；(3)为依法履行职责，国家机关在必要范围内制作、使用、公开肖像权人的肖像；(4)为展示特定公共环境，不可避免地制作、使用、公开肖像权人的肖像；(5)为维护公共利益或者肖像权人合法权益，制作、使用、公开肖像权人的肖像的其他行为。

可以看出，新闻报道可以合理使用肖像，其实这也是国际公认的合理使用，不过如果使用不当也会出现侵犯他人肖像权的情况，比如非法拍摄并使用其肖像、歪曲使用他人肖像或者使用技术手段伪造他人肖像等。除此之外，还应注意虽然不存在以上情况，但是如果新闻插图中使用了与同期内容无关的照片，也容易引发肖像权纠纷。

4.不得侵害公民或法人的著作权

著作权是指自然人、法人或非法人组织依照法律规定就特定智力成果享有的专有权利。著作权分为精神权利和经济权利两种。其中，精神权利是人身权，包含发表权、署名权、修改权和保护作品完整权；经济权利是财产权，是在自己使用或允许他人使用作品时获得经济利益的权利，包括复制权、发行权、出租权、展览权、表演权、广播权、信息网络传播权、改编权、翻译权等权利。《中华人民共和国著作权法》(2020 年修订，2021 年 6 月施行)第 2 条规定："中国公民、法人或者非法人组织的作品，不论是否发表，依照本法享有著作权。"

《中华人民共和国著作权法》所称的"作品"，是指文学、艺术和科学领域内具有独创性并能以一定形式表现的智力成果。智力成果是社会进步的助推器，应当对其进行保护，同时为了社会的公共利益更应该合理使用。为了平衡著作权和社会公共利益之间的冲突，著作权设置了限制和例外，即作品的合理使用和法定许可。新闻传播可以合理使用著作权作品，不用征得著作权人同意，也不需要支付酬金。法定许可可以不经过权利人同意，但需要支付酬金，比如报刊转载、电台电视台播放、网络传播等的法定许可。虽然如此，但也要注意在使用时要履行以下义务。

《中华人民共和国著作权法》第 24 条规定："在下列情况下使用作品，可以不经著作权人许可，不向其支付报酬，但应当指明作者姓名或者名称、作品名称，并且不得影响该作品的正常使用，也不得不合理地损害著作权人的合法权益……报纸、期刊、广播电台、电视台等媒体刊登或者播放其他报纸、期刊、广播电台、电视台等媒体已经发表的关于政治、经济、宗教问题的时事性文章，但著作权人声明不许刊登、播放的除外；报纸、期刊、广播电台、电视台等媒体刊登或者播放在公众集会上发表的讲话，但作者声明不许刊登、播放的除外。"如果是法定许可，则"应当按照规定向著作权人支付报酬，指明作者姓名或者名称、作品名称，并且不得侵犯著作权人依照本法享有的其他权利"。

5.不得妨碍司法公正或司法秩序

新闻报道遵循真实客观公正原则，通过舆论监督评判是非，惩恶扬善，以维护社会公共利益为己任；司法活动具有公平、独立、求真等特点，以追求社会公平正义为己任。可以看出，新闻传播和司法活动终极目标一致。新闻报道对司法活动进行真实、公开、公正的报道，可以起到宣传法律知识、弘扬法治精神、促进司法改革、维护法律尊严的作用，这对于加快我国民主与法治建设，促进司法公正有着积极重要的意义。这既是满足公众知情权的需要，又是媒体对国家公权力行使监督权、批评建议权的需要，也是新闻报道的职责所在。

但是因为司法活动讲究独立性和程序性，而新闻监督讲究公开性和实效性，并且具备舆论引导性，在实际工作中会出现新闻活动干扰、妨碍司法的情况，呈现出媒介审判的态势。关于媒介审判，学界和业界都进行过界定。新闻法学家魏永征将媒介审判定义为："新闻媒体超越司法程序抢先对案情作出判断，对涉案人员做出定性、定罪、定量刑以及胜诉或败诉等结论。"[①]中国传媒大学王军教授的定义是："新闻媒体在报道消息、进行评论时，抢先对涉案人员做出定性、定罪、定刑以及胜诉或败诉等结论，造成破坏司法原则的后果。"[②]业界徐迅女士指出媒介审判的特征是"新闻媒体为影响司法审判的结果而发表的各类文图信息，报道的内容是给案件定性，给嫌疑

① 魏永征：《新闻传播法教程》，中国人民大学出版社 2006 年版，第 133～134 页。

② 王军编著：《传媒法规与伦理》，中国传媒大学出版社 2010 年版，第 52 页。

人定罪。在时间上，媒介审判是在诉讼程序中间，也就是在立案以后、结案以前才可能存在媒介审判，形式上媒体的各类文图信息都可以构成”①。

“媒介审判”发端于美国，由“报纸审判”发展而来，比较典型的案例是谢帕德诉马克斯韦尔案。该案的启示意义在于对于未决案件的不公正和有偏见的新闻报道，法院必须采取有力的措施，以维护被告的权利和司法公正。目前对于在司法报道中媒体的行为进行适当限制已成为国际惯例。联合国《公民权利及政治权利国际公约》明确规定，法院因情形特殊公开审判势必影响司法，而在其认为绝对必要之限度内，禁止新闻界及公众旁听审判程序之全部或一部。1994 年世界刑法学会《关于刑事诉讼中人权问题的决议》规定，新闻对法庭审判的报道，必须避免产生预先定罪或者形成情感性审判的效果。英国、美国都有藐视法院法来限制媒体报道以避免司法程序受到实质损害风险。我国对媒体司法报道也有一定的规范和限制。1994 年《关于最高人民法院接受新闻媒体舆论监督的若干规定》明确新闻媒体如果对正在审理的案件报道严重失实或者进行倾向性报道，干扰正常司法活动的，将依法追究相应责任。《新闻工作者职业道德准则》(2019 年修订)也提到新闻工作者要维护司法尊严，依法做好案件报道，不干预依法进行的司法审判活动，在法庭判决前不做定性、定罪的报道和评论。

新闻法治依照新闻传播法管理和规范新闻传播行为。目前我国新闻法治建设取得了很大进步，基本涵盖了新闻传播主体的权利和义务，使新闻传播行为在法治的轨道上顺利开展。但因为没有专门的新闻法等，还存在以下问题：一方面，新闻媒体在履行法定义务时，并没有被赋予对应的法定权利，虽然宪法等有相关法律条文规定新闻记者有采访报道权，但在实际执行过程中因缺少具体保障经常受阻，使新闻传播法在一定程度上成为“新闻管理法”；另一方面，部分新闻工作者法律意识淡薄，追逐经济利益，再加上新媒体环境下新闻传播主体更加复杂，传播形态不断变化，管理难度增大，不断出现虚假新闻、新闻寻租、新闻侵权、新闻娱乐化等违法违规行为。这给我国的新闻法治提出了新课题：如何完善新闻法制建设，进一步厘清新闻工作者的权利和义务，更好地保护和规范新闻传播行为？同时也对新闻工作者提出了新要求：如何理解自身职业角色？如何行使自己的职业权利？在新闻法治之外，应该遵守哪些职业道德？

① 吴飞、程怡：《传媒与司法的对话——“公开与公正——司法与传媒关系研讨会”述评》，《新闻记者》2006 年第 4 期。

推荐阅读

1.陈绚、王恩文:《新闻传播与媒介法治年度研究报告(2018～2019)》,中国人民大学出版社2021年版。

2.魏永征:《中国新闻传播法纲要》,上海社会科学院出版社1999年版。

思考题

1.简述我国新闻传播法的渊源。

2.新闻工作者依法享有哪些权利?

3.如何平衡新闻传播活动主体的权利和义务?

第十章　新闻职业道德

新闻传播法是新闻工作者职业规范实施的外部约束力量，是他律；新闻道德是新闻传播活动中形成的自我制约与规范，又称新闻自律信条，是新闻工作者的理性自律；作为新闻传播行为规范的他律和自律，二者互为条件，相辅相成。新闻法治是职业道德教育的重要手段和保障，遵守新闻传播法是新闻工作者的底线；同时，新闻职业道德为新闻法规提供存在的价值基础，对新闻法规具有多方面补充作用。新闻工作者要有高于法律法规的道德要求，否则“若传媒和新闻从业者不能普遍遵循职业规范，最后只能退到以法律作为唯一可靠的指导”①。“自律的媒介最自由。”②遵守新闻职业道德是新闻媒体和新闻工作者的基本工作要求。

第一节　新闻职业道德概述

新闻职业道德是一种职业道德，以职业的出现为前提。它起源于人类新闻传播活动，随着职业新闻传播活动的发展而发展。在职业新闻传播活动中，新闻工作者与新闻源、报道对象、受众之间越来越复杂的关系需要协调与约束，新闻职业道德应运而生。

---

① ［美］克利福德·G.克里斯蒂安等：《媒介公正：道德伦理问题真的不证自明吗？》，蔡文美等译，华夏出版社2000年版，第2页。

② 徐迅：《以自律换取自由》，《国际新闻界》1999年第5期。

一、新闻职业道德内涵与发展

(一)新闻职业道德的内涵

新闻职业道德是指新闻工作者在新闻传播职业活动中形成的一系列行为规范和道德准则。新闻职业道德通过调节新闻传播活动中各种关系发生作用,促进新闻传播健康、有序发展。这些关系主要体现在新闻工作者与新闻源、报道对象、受众、同行及所在媒体之间。比如,新闻工作者与新闻源之间,新闻源是新闻工作者的重要资源应当予以尊重与保护,但同时也应避免被别有用心的个人或团体操纵;新闻工作者与采访报道对象之间,采访报道对象是报道事件的参与者、知情者,因为采访报道而呈现在大众面前,因为自身媒体经验的局限,他们对新闻事件的讲述、报道所引起的连锁反应等都应该引起职业记者的警觉;新闻工作者与受众之间,受众是新闻工作者的服务对象,应满足其知情权,但不能一味迎合而置社会公共利益于不顾……通过协调以上关系,新闻职业道德为新闻工作者的职业行为提供指导,这有助于增强媒体公信力,提高传播效率,进而促进新闻事业发展,推动整个社会精神文明建设。

(二)新闻职业道德的发展

新闻职业道德形成于人类新闻传播实践活动,随着社会发展而不断变化更新。世界上不同国家和地区的媒体根据自身情况,制定了不同的职业准则和行为规范。19 世纪 30 年代大众报刊出现以后,一些商业报刊通过编造虚假新闻招揽读者,发表有倾向的政治言论迎合读者,甚至发布黄色新闻或其他耸人听闻、庸俗新闻来扩大影响,这些做法激发了公众的强烈不满,新闻职业道德规范和行业自律问题开始成为社会关注的问题。1874 年,瑞典政治家俱乐部制定的职业守则和新闻从业标准,通常被认为是世界上最早的新闻职业道德规范。此后,西方许多国家陆续制定了类似的新闻职业道德规范文件。其中,比较有影响力的是美国的一些职业道德规范,比如密苏里大学新闻学院院长瓦尔特·威廉(Walter Williams)订立的《报人守则》。《报人守则》宣称“新闻事业为神圣的职业”,以唤起新闻从业人员对新闻事业的热爱以及社会对新闻事业的尊重。后《报人守则》被译成几十个国家的文字,在世界上广为流传。再比如美国报纸主编人协会制定的《报业信条》。《报业信条》的七个要点——责任、新闻自由、独立、诚信、公平、正直和庄重，在世界上也广为传播，被许多新闻学著作引用。到 20 世纪 80 年代，美国将近三分之二的报社制定了成文的职业伦理规约。

其他国家的新闻媒体和新闻团体一般也都制定了不同形式的道德规范。就新闻团体而论，以日本新闻协会 1946 年制定的《新闻伦理纲领》最为著名；1963 年，英国新闻记者学会制定了《英国报人道德规则》；法国全国新闻记者联合会于 1966 年修订公布的道德信条；意大利全国报业新闻评议会 1957 年宣布的十条职业道德自律信条等。另外，随着国际合作与交流、区域或国际性新闻组织的出现，国际性新闻职业道德准则也相继出现。比较有代表性的有国际新闻工作者联合会于 1954 年在法国波尔多通过的《记者行为原则》，其中确定了记者职业活动的八项标准；联合国经济及社会理事会草拟、1954 年联合国大会颁发各会员国新闻工作者协会参照执行的《国际新闻道德公约》，明确了不歪曲或隐瞒事实，不挟私攻讦、诽谤、抄袭等五条自律规约。

中国的新闻职业道德规范在五四运动前后出现，在当时受西方新闻道德规范影响较大。一方面是借鉴和参考通过不同渠道传到中国来的西方职业守则，如美国的《报人守则》《报业信条》等；另一方面是在美国密苏里大学受过系统新闻学教育的徐宝璜在 1919 年出版的《新闻学》中专列一节"访员应守之金科玉律"，来探讨记者必须遵守、不能变更的信条。我国新闻从业人员自撰的道德自律信条，一般认为是始于 1942 年马星野起草的《中国新闻记者信条》，不过因为受成立于重庆的中国新闻学会委托起草，只在大后方国民党管辖的部分地区的新闻界实行，对当时共产党领导的抗日根据地影响甚微。

新中国成立后，范长江于 1950 年 7 月在华东新闻讲习班开学典礼上中提出了"人民新闻工作者的四个信条"：消息绝对真实、思想要正确、建立群众观点和建立自我批评。这四个信条在当时很有针对性，不过由于种种原因，它并未以"信条"的形式在全国新闻界普遍推行开来。

得到全国新闻界一致认同的新闻职业道德规范，是在改革开放时期完成的。1981 年，中共中央宣传部新闻局和中央新闻单位商拟《记者守则》（草案），在内部发到各新闻单位试行。《记者守则》共十条，从各方面对新闻工作者的职业道德进行了规范，并为中国记协 1991 年制定的《中国新闻工作者职业道德准则》做了准备工作。《中国新闻工作者职业道德准则》草案于

1987年出台，先发向中央和地方的新闻单位征求意见，于1991年1月中华全国新闻工作者协会第四届第一次理事会正式通过。《中国新闻工作者职业道德准则》共八条，后来又根据实行的情况和会员的意见，于1994年、1997年、2009年、2019年4次进行修订。

新闻职业道德受社会经济、政治、文化的制约，不同时代、不同国家的职业道德规范不同。同时，新闻业的发展使媒介形态更加多样化，媒介主体也越来越多元化，尤其是进入新媒体时代新闻传播生态发生结构性改变，新闻从业者重新集结，对新闻职业道德规范提出新的要求。

二、新闻职业道德共通性准则

尽管新闻职业道德受经济发展水平制约，与政治联系密切，深受社会文化传统影响，但作为一个共同的职业，世界上不同国家和地区的新闻从业者在一些原则性问题上已达成共识。

（一）保护消息来源

消息来源是指向记者提供线索的机构、个人。保护消息来源是指不公开有关消息来源的信息，包括姓名、工作单位、住址等一切可能危及消息来源正常生活或安全的信息。目前保护消息来源分为两类：一类是绝对性保护，指一旦记者向消息来源做出承诺，无论在何种情况下都不得向任何人透露消息来源的信息，澳大利亚、印度尼西亚等国家媒体道德规范中都有此规定；另一类是相对性保护，以加拿大、马来西亚的伦理规范为代表，列出了保护消息来源的例外情况，即当消息来源同意公开自己身份、保护消息来源与公共利益发生冲突、记者报道了虚假新闻或者法庭要求公开消息来源时，保护消息来源原则失效。

（二）保护隐私

《中国新闻工作者职业道德准则》规定："维护采访报道对象的合法权益，尊重采访报道对象的正当要求，不揭个人隐私，不诽谤他人。"中国、澳大利亚等国新闻职业道德规范对隐私采用相对性保护，即不论普通个人还是公众人物，都享有个人隐私不被侵犯的权利，但一旦个人隐私与公共利益有关，其隐私保护的范围就要缩小。

（三）更正

《中国新闻工作者职业道德准则》规定："刊播了失实报道要勇于承担责任，及时更正道歉，消除不良影响。"当媒体报道的信息有误时，更正是保证新闻准确性的一种弥补方式。这一原则要求媒体在发现有误信息时，应当"迅速""及时"地更正，尽管各国道德规范在更正内容、更正方式、更正措施上有些许不同。

（四）准确

真实是新闻的生命，准确是真实的重要保障。这一原则要求大致可分为三种类型：(1)从记者、媒体的责任角度规定准确报道是其职责所在，如美国《新闻摄影协会伦理规范》；(2)从满足公知知情权的角度强调媒体报道要准确，如斯威士兰《全国记者协会道德规范》；(3)从微观上规定要准确使用材料，如不歪曲原材料（包括图片、视频、引语等），力图还原材料本身的意涵和语境。如中国《新闻工作者职业道德准则》规定："根据事实来描述事实，不夸大、不缩小、不歪曲事实，不摆布采访报道对象，禁止虚构或制造新闻，刊播新闻报道要署记者的真名。"准确性在伦理规范中占有重要位置，属于报道事前要求，更正也是准确的重要保障，属于事后的补救措施。

（五）明确新闻界限

明确新闻界限是指新闻事实与观点相区分、新闻报道与广告相区分。这一原则要求，一方面是出于服务公众的考虑，使公众在获取新闻信息时不被广告、观点误导，以西班牙《新闻职业道德》为代表；另一方面是体现媒体的专业性和独立性，保证新闻报道不被经济利益支配，以德国《新闻准则》为代表。

（六）保障表达自由、新闻自由等

新闻职业道德规范对表达自由都有非常明确的定位，认为表达自由是人类最基本的自由和权利，是其他权利的基石，是民主制度、民主生活的一部分。表达自由、新闻自由等主要包括以下三个方面：(1)收集、获取信息的自由，主要是指自由接触消息来源，如科特迪瓦《新闻工作者的权利与义务》；(2)媒体、记者、个人发表观点、批评的权利和自由，如白俄罗斯《新闻工作者伦理守则》;(3)发布、传播信息的自由,如刚果《新闻工作者伦理规范》。

如何实现新闻自由?一方面是捍卫新闻自由,如尼泊尔《记者职业道德规范》规定:"新闻记者和媒体机构应该履行以下职责:保护和促进新闻自由。"另一方面是抵制外来压力,如秘鲁《新闻评议会利马原则》从限制政府行为的角度保障新闻自由,印度尼西亚《新闻记者行业保护准则》主张为记者提供法律保护,以保障新闻自由。

不过各国都意识到表达自由、新闻自由等是相对的自由,不能滥用,更不能违背法律、道德,危及国家安全等。如匈牙利《新闻工作者协会道德准则》规定:"实行新闻自由不得违反公共道德。"

(七)避免利益冲突

《中国新闻工作者职业道德准则》规定:"坚决反对和抵制各种有偿新闻和有偿不闻行为,不利用职务之便谋取不正当利益,不利用新闻报道发泄私愤,不以任何名义索取、接受采访报道对象或利害关系人的财务或其他利益,不向采访对象提出工作以外的要求。"避免利益冲突是指新闻工作者在履行专业角色时应当避免陷入各种利益冲突,从而影响报道的公正立场。为此,多国进行了以下禁止性规定:(1)记者或媒体不得接收奖金、礼品、旅游等馈赠,如捷克《记者伦理规则》等;(2)记者不得利用自己的职务和掌握的信息购买股票、证券等,以换取个人的经济利益,如加拿大《亚伯达省媒体委员会业务守则》;(3)记者不得在政府机构、公共机构、企业中任职,不得卷入政治活动。以上规范旨在避免记者因经济利益的诱惑及驱使,或因身兼其他社会职务而做出违背新闻职业道德和新闻专业操守,损害报道客观性的行为。

(八)正当方式获取信息

正当方式获取信息是指记者在收集信息的过程中应当使用合乎法律、道德规范的手段,如采用诚实、公开、恰当的方式获取信息。奥地利《传媒伦理规范》规定:"在获取口头或书面证据时,不得采取不公平或不恰当的方式。"这些不公平或不恰当的方式包括"歪曲事实、施加压力、威胁恐吓、制造紧张,以及在常规状况下使用窃听手段"等。不过相关规范在要求记者使用正当手段收集信息时也列出了例外情况,即当该信息与公共利益有关,使用其他手段无法获得信息时,媒体可以使用隐性的采访手法,这是使用非常规采访手法的底线。

(九)独立

《中国新闻工作者职业道德准则》规定:“严格执行新闻报道与经营活动‘两分开’的规定,不以新闻报道形式做任何广告性质的宣传、编辑记者不得从事创收等经营性活动。”这是为了保证媒体的独立性。保持新闻报道的独立性,就是对外可以免受外部力量的控制、干涉,不依附于任何政治、经济力量,并与它们保持一定的距离;对内可以自主决定自己的思想和行动,即独立于集团外部的干扰和媒体集团内部的影响。

独立于集团外部的干扰,要做到以下几点:(1)媒体不依附于政党、基金会等利益集团,如白俄罗斯《新闻工作者伦理守则》;(2)不受政治、经济力量的干涉和命令,如马来西亚《全国记者协会道德规范》;(3)媒体与外部的政治、经济力量保持距离,如斯威士兰《全国记者协会道德规范》。独立于媒体集团内部的影响包括两点:(1)媒体经营管理上的独立,新闻工作与广告、发行彼此独立,如印度《新闻评议会伦理准则》;(2)记者在媒体内部享有独立性,坚守自己的良知和职业规范,当编辑、媒体管理者的要求与职业规范、记者的信念相违背时,记者可以拒绝编辑的要求,如乌克兰《记者职业伦理规范》。

(十)禁止剽窃、抄袭

新闻报道享有著作权保护。《中国新闻工作者职业道德准则》规定:“尊重和保护新闻媒体作品版权,反对抄袭、剽窃,抵制严重歪曲文章原意、断章取义等不当摘转行为。”世界大多数国家把剽窃抄袭行为定性为职业不端行为、不道德行为以及违法行为。在避免剽窃、抄袭的主要对策上,主要是明晰引用的出处。如印度《新闻评议会伦理准则》规定:“为了消除新闻抄袭的嫌疑,报纸在发表抄录性新闻时,必须交代报道来源。”

除了以上多数国家提及的共通性准则,还有个别伦理准则只在较少的国家被提及,但也具有一定的参考价值和意义,主要有:(1)遵循良心条款。良心条款(consciousness clause)是指充分肯定新闻工作者拥有良心自由权利的条款,即承认记者有拒绝发表违背其良心、信仰的观点的权利,如刚果《新闻工作者伦理规范》。(2)良好的同行关系。建立良好的同行关系,有利于媒体内部的新闻生产顺利进行。这包括尊重团结同行,加强行业内部的交流，向同行提供援助等，如智利《新闻工作者协会的伦理准则》等。(3)保护民族文化。一方面，保护本民族的语言、文字，如希腊《职业新闻工作者》的伦理规范；另一方面要保护本民族的传统、历史等文化遗产，如中国、拉脱维亚等国的职业道德准则。

尽管新闻职业道德因国家媒体制度、文化习俗、社会经济发展等存在差异，但是在以上基本的新闻伦理原则和行为规范上存在相通之处。在这些共识性的准则里，既有准确、更正、明确新闻界限等硬性规定，没有例外情况，又有保护消息来源、保护隐私、以正当方式获取信息等柔性规定，当这些原则与公共利益冲突时，以公共利益为先。这体现了道德对善的最根本追求。

第二节　遵守新闻职业道德规范

新闻职业道德规范是新闻工作者对自己职业行为所进行的自我制约与规范。遵守新闻职业道德规范是对新闻媒体和新闻工作者的基本要求。马克思曾经批评一些报刊所表现出来的道德低劣行为，认为无原则妥协于金钱与恶势力的新闻工作者是“最无气节、最软弱、最糊涂的作家”①，是“可怜的两栖动物和两重人格的人”②。在马克思看来，新闻工作者要有人格操守，还要坚守社会责任。新闻工作者要保有“高贵天性”，必要时为维护新闻纯正性可以牺牲自己的生存。

从社会主义新闻事业的社会使命出发，我国党和国家领导人继承和发展马克思主义新闻观，也提出过很多明确的职业道德规范要求。毛泽东要求报纸“严禁扯谎”，“请看事实”，记者“没有调查就没有发言权”，“头脑要冷静”，“记者到下面去，不能人家说什么，你就反映什么，要有冷静的头脑，要做比较”。邓小平认为新闻工作者应成为人类灵魂的工程师；胡锦涛提出新闻报道必须坚持党性原则，必须坚持以人为本等要求；习近平强调新闻舆论工作是一项崇高而辛苦的职业，要不断强化新闻舆论工作者职业精神和职业操守，培养造就一支政治坚定、业务精湛、作风优良、党和人民放心的新闻舆论工作队伍。

---

① 《马克思恩格斯全集》第2卷，人民出版社2005年版，第461页。

② 《马克思恩格斯全集》第2卷，人民出版社2005年版，第460页。

一、弘扬和树立新闻职业精神

新闻职业道德通常通过新闻媒体及新闻工作者在新闻传播活动中处理各种职业关系时所表现出来的职业观念、职业态度、职业情感、职业作风以及它们的社会效果体现出来。而对职业观念、职业态度、职业情感、职业作风等的理解与认识构成新闻职业精神的基本内涵。新闻职业精神是新闻职业道德的内核,新闻职业道德是新闻职业精神的外在表现。因而,遵守新闻职业道德规范首先要弘扬和树立新闻职业精神。

要弘扬和树立社会主义的新闻职业精神,关键在于要用马克思主义的新闻观来看待新闻工作,来认识新闻现象,来确立符合人民利益、符合辩证唯物主义和历史唯物主义的职业观念和职业态度,来培养符合社会需要和新闻传播自身规范的职业情感和职业作风。① 这要求新闻工作者树立正确的新闻职业理想,明确新闻职业责任,理顺新闻职业关系。

新闻职业理想是新闻工作者对新闻职业的想象和希望以及对职业成就的向往与追求。新闻职业理想构成职业道德的核心内容,是职业道德的"灵魂"。"铁肩担道义,妙手著文章"是许多新闻工作者职业理想的写照。坚定的职业理想是职业精神的前提和依托。有了职业理想和职业精神,便有了职业责任和担当。新闻工作者要认识到我国的新闻事业是党、政府和人民的耳目喉舌,是服务于国家、社会、公众的社会公共事业,一定要合理行使国家和人民赋予的新闻传播权利,完成自己的职责和使命。

2016 年 2 月 19 日,习近平总书记主持召开党的新闻舆论工作座谈会并发表重要讲话,深入阐述了新时期新闻舆论工作者的职责和使命:"在新的时代条件下,党的新闻舆论工作的职责和使命是:高举旗帜、引领导向,围绕中心、服务大局,团结人民、鼓舞士气,成风化人、凝心聚力,澄清谬误、明辨是非,联接中外、沟通世界。要承担起这个职责和使命,必须把政治方向摆在第一位,牢牢坚持党性原则,牢牢坚持马克思主义新闻观,牢牢坚持正确舆论导向,牢牢坚持正面宣传为主。"②

同年 11 月 7 日,习近平总书记会见中国记协第九届理事会全体代表和中国新闻奖、长江韬奋奖获奖者代表时,对新闻记者提出了四点希望。一是要坚

---

① 参见郑保卫:《简论新闻职业精神与职业道德建设》,《新闻战线》2004 年第 5 期。

② 习近平:《坚持正确方向创新方法手段　提高新闻舆论传播力引导力》,2016 年 2 月 19 日,http://www.xinhuanet.com//politics/2016-02/19/c_1118102868.htm。

持正确政治方向，同党中央保持高度一致，坚持马克思主义新闻观，坚守党和人民立场，坚持中国特色社会主义，做政治坚定的新闻工作者。二是要坚持正确舆论导向，深入宣传党的理论和路线方针政策，深入宣传全国各族人民为实现“两个一百年”奋斗目标、实现中华民族伟大复兴中国梦进行的奋斗和取得的成就，弘扬主旋律，释放正能量，做引领时代的新闻工作者。三是要坚持正确新闻志向，提高业务水平，勇于改进创新，不断自我提高、自我完善，做业务精湛的新闻工作者。四是要坚持正确工作取向，以人民为中心，心系人民、讴歌人民，发扬职业精神，恪守职业道德，勤奋工作、甘于奉献，作风优良的新闻工作者。一句话，就是要做党和人民信赖的新闻工作者。[①]

二、遵守新闻职业道德准则

做党和人民信赖的新闻工作者，是实现社会主义事业的重要保障。新闻工作者担负着传播信息、报道新闻、引导舆论、服务社会的重大使命，必须严格遵守新闻职业道德准则。中华全国新闻工作者协会制定的《中国新闻工作者职业道德准则》历经 4 次修订，对新闻工作者提出了明确的要求：中国新闻事业是中国共产党领导的中国特色社会主义事业的重要组成部分。新闻工作者坚持以马克思列宁主义、毛泽东思想、邓小平理论、“三个代表”重要思想、科学发展观、习近平新时代中国特色社会主义思想为指导，增强“四个意识”，坚定“四个自信”，做到“两个维护”，牢记党的新闻舆论工作职责使命，继承和发扬党的新闻舆论工作优良传统，坚持正确政治方向、舆论导向、新闻志向、工作取向，不断增强脚力、眼力、脑力、笔力，积极传播社会主义核心价值观，自觉遵守国家法律法规，恪守新闻职业道德，自觉承担社会责任，做政治坚定、引领时代、业务精湛、作风优良、党和人民信赖的新闻工作者。

（一）全心全意为人民服务

忠于党、忠于祖国、忠于人民，把体现党的主张与反映人民心声统一起来，把坚持正确舆论导向与通达社情民意统一起来，把坚持正面宣传为主与正确开展舆论监督统一起来，发挥党和政府联系人民群众的桥梁纽带作用。这是我国新闻工作的基本方针和根本宗旨。

---

① 习近平：《坚持正确新闻志向　做业务精湛的新闻工作者》，2016 年 11 月 8 日，http://china.cnr.cn/news/20161108/t20161108_523250083.shtml。

(二)坚持正确舆论导向

坚持团结稳定鼓劲、正面宣传为主，弘扬主旋律、传播正能量，不断巩固和壮大积极健康向上的主流思想舆论。

(三)坚持新闻真实性原则

把真实作为新闻的生命，努力到一线、到现场采访核实，坚持深入调查研究，报道做到真实、准确、全面、客观。

(四)发扬优良作风

树立正确的世界观、人生观、价值观，加强品德修养，提高综合素质，抵制不良风气，保持一身正气，接受社会监督。

(五)坚持改进创新

遵循新闻传播规律和新兴媒体发展规律，创新理念、内容、体裁、形式、方法、手段、业态等，做到体现时代性、把握规律性、富于创造性。

(六)遵守法律纪律

增强法治观念，遵守宪法和法律法规，遵守党的新闻工作纪律，维护国家利益和安全，保守国家秘密。

(七)对外展示良好形象

努力培养世界眼光和国际视野，讲好中国故事，传播好中国声音，积极搭建中国与世界交流沟通的桥梁，展现真实、立体、全面的中国形象。

三、谨防新闻道德失范行为

虽然我国职业道德规范对新闻工作者提出了严格的职业道德要求，但在实际新闻活动中，一些新闻工作者受多种因素影响，出现许多新闻道德失范现象。

“失范”是一个社会学概念，最早是由社会学家涂尔干提出。涂尔干认为，“失范”是社会标准的缺失，即一个社会控制其成员对无限物质追求的失败。美国的默顿受此启发，提出了著名的失范理论，即把偏差行为归结为失范，也就是对社会规则的破坏。默顿认为，当文化目标和社会价值规范同社会成员按照目标和规范去行动的能力严重脱节时便会产生失范现象。[①] 新闻失范迄今为止并没有一个统一的界定，我们可以参考失范的界定，将其描述为新闻传播过程中的偏差行为。

早在 2005 年，学者陈力丹就对我国传媒在职业规范和职业道德方面的问题进行了总结：

1.传媒的编辑部门与广告、发行或经营部门混岗的现象较为普遍。

2.广告与新闻栏目（节目）或其他节目混淆。

3.传媒的新闻栏目或节目拉赞助（有的以“某某杯”奖励的名义）的现象相当普遍。这种现象一般认为是正常的，这恰恰说明现在传媒职业意识的缺失。

4.受贿无闻。这种现象最近几年开始呈上升趋势，即在一些恶性事故或其他不利于既得利益者的事件中，记者被收买而对事实的发生默不作声。

5.假新闻出现的频率逐年升高。这里既有利益驱动的原因，也有职业规范的问题。

6.传媒参与事实进程的“新闻策划”相当普遍（学界称为“假事件”，即传媒自己制造事实，然后报道该事实，达到公关的目的）。

7.免费看节目比赛和免费旅游、赶场拿“红包”、由被采访单位报销费用（包括吃喝、住宿和交通费）和接受“土特产”礼品等等，被相当多地记者视为常态。

8.侵犯公民的隐私。

9.在报道中对正在审理的案件进行“媒介审判”的现象较为普遍。

10.侵犯当事人的著作品。

11.介入式暗访和“偷拍偷录”成风。

12.拒绝更正与答辩。

13.炒作明星绯闻和犯罪新闻。

14.无人性的冷漠新闻增多。

---

① 参见[美]罗伯特·K.默顿：《社会理论和社会结构》，唐少杰、齐心等译，译林出版社 2015 年版，第 260～293 页。

15.虚假广告和低俗广告较多。[①]

可见新闻道德失范的行为表现方式多种多样，但是试图通过列举的方式对新闻失范行为进行界定恐怕永远也无法涵盖所有失范行为。

周俊从微观和宏观两个方面对新闻道德失范进行了界定。从微观上来说，新闻道德失范就是新闻媒体及其从业者违背新闻职业道德的行为，他将其称之为是新闻失范行为。从宏观上来看，是指新闻业在职业道德层面上的恶性运行状态，他将其称为新闻失范状态。[②]

从这些概念来看，新闻道德失范的行为主体是新闻媒体及其从业人员，如果是在传统媒体时代这样的定义比较容易理解。但是随着公民新闻的发展，显然新闻道德失范的主体已经不仅仅是新闻媒体及其从业人员，任何新闻发布者都可能成为新闻失范行为的主体。因此，新媒体时代，新闻道德失范应该界定为新闻传播者违背职业道德的行为。这样一来，不仅涵盖了专业的新闻媒体及其从业人员，而且也涵盖了公民新闻时代作为新闻发布者的社会公众，符合当前的新闻实践。因此，新闻道德失范是指新闻传播者不符合新闻职业道德规范的职业行为。

无论是列举式还是概括式的新闻道德失范概念界定，都离不开对新闻失范类型的研究和分析。有关新闻失范的期刊文章涵盖的主题词主要包括：道德、失范、假、真实、失实、有偿、策划、混岗、侵权、低俗。[③] 因此，我们讨论的新闻失范现象主要包括虚假新闻、新闻寻租、新闻侵权、新闻娱乐化、缺少人文关怀、不当或过度使用隐性采访等。

虚假新闻包含假新闻、失实新闻、策划新闻和伪新闻四种类型，较为典型的案例有“纸包子”“快递小哥雨中爆哭”等事件。前者是传统媒体记者故意造假，后者是自媒体内容被主流媒体未加核实而转发。从2002年开始，《新闻记者》每年推出“年度十大假新闻”(2013年后改为“年度虚假新闻研究报告”)，对上一年具有典型性、影响广泛的虚假案例进行梳理，剖析其成因与趋势。

新闻寻租主要是指媒体利用公共权力谋取不正当经济利益的行为，源于新闻工作者职业角色认知错位，把新闻报道权当成特殊的权力，属于公权力腐败。新闻寻租的形式多种多样，在不同时期呈现不同特点，概括起来可

① 陈力丹：《我国传媒职业意识缺失的现状及解决的对策》，《现代传播》2005年第4期。

② 参见周俊：《新闻失范论》，人民日报出版社2014年版，第31页。

③ 参见周俊：《新闻失范论》，人民日报出版社2014年版，第46页。

以分为三类：一类是有偿新闻，主要表现形式为提供有偿的版面或者播出时间刊发各种形式的“含金”报道；另一类是有偿不闻，通过给媒体人员一定的费用，将负面新闻或者是批评性稿件撤除，比较典型的案例是山西繁峙矿难；还有一类是新闻敲诈，指的是真记者或假记者以媒体曝光相威胁，要挟当事人从而非法获取财物的行为，如 21 世纪网新闻敲诈案。新闻寻租在损害媒体公信力和受众知情权的同时，也使假新闻屡禁不止，不符合我国法律法规和职业规范要求。新闻侵权包括新闻侵犯名誉权、隐私权和著作权等，也同样是违背法律和道德规范的行为。

新闻娱乐化是指在进行新闻报道时新闻工作者不仅突出报道软新闻，而且在报道硬新闻时，还将硬新闻软化甚至游戏化，讲求新闻报道趣味性乃至刺激性。在新闻报道内容上偏向软新闻，消解时政新闻的严肃性，将带有刺激性、犯罪性、暴力性或者灾害性的新闻以及花边新闻等软性内容作为新闻报道的重点，从严肃话题中竭力挖掘娱乐因素；在新闻报道形式上，注重硬新闻加入人情味，到最后的片面追求吸引力，强化事件的喜剧悬念或煽情刺激，走新闻故事化、新闻文学化道路。

在传媒报道中要体现人文关怀，即在新闻采访、写作、制作等一系列环节把人奉为主体，将每一个个体视为目的而非报道的手段，肯定人的价值。人文关怀的核心理念是对人的生存状况及历史境遇的关注，对人的尊严、人的价值及对符合人性的生活条件的肯定。在新闻报道中体现人文关怀是媒体文明和成熟的重要标志，但在不少新闻报道中存在人文关怀缺失的现象。他们忽视“人”的主体地位，只将新闻报道视为获取经济利益和博眼球的载体。如“小悦悦事件”和“杨武事件”，片面追求轰动效果，反复使用刺激性素材，忽略受害人的心理状况，对受害者进行二次伤害，也对媒体的公信力造成了不良影响。

隐性采访是指在采访对象不知情的情况下，通过偷拍、偷录等记录方式，或者隐瞒记者的身份，以体验的方式或者其他方式，不公开猎取已发生或正在发生又未被披露的新闻素材的采访形式。隐性采访使用得当可以有效地实现舆论监督，但因为能激发受众的好奇心提升媒体的关注度而常常被媒体过度推崇使用。隐性采访没有向采访对象公开记者身份，用偷拍、偷录的方式进行采访，虽然能获得真实的新闻素材，但是这种手段存在欺骗性，稍不留神就会触犯道德和法律底线，比如“茶水发炎事件”和《南方都市报》暗访高考替考事件等。

以上失范行为的出现，首先是因为新闻工作者业务能力不精，盲目追求热点，过度追逐时效和流量，甚至对重大问题不加核实一键转发，出现一些“刚出生的婴儿喊妈妈”这样的低级错误。其次是因为后真相时代真相变得不再重要，感情占据主导位置，人们在信息大爆炸时代只相信符合自己价值观的信息，媒体为迎合受众，新闻报道的主观性、倾向性越来越明显，使新闻偏离真实准确的轨道，出现新闻娱乐化甚至媒介审判等现象。再次是新闻工作者自我角色认知偏差，导致报道权利异化，出现缺少人文关怀、媒介审判、新闻寻租、隐性采访等不当使用采访报道权的现象。最后是我国媒介经营管理体制问题。我国现有的媒介制度是“事业单位，企业管理”，将媒介的所有权与经营权分离。这给媒介机构带来了经济压力，成为各种失当经营行为的内在驱动力。此外，社会监督不力、法律法规及行业规范不健全同样导致了问题的发生。

面对这些问题需要重塑新闻职业道德规范，提升新闻工作者从业水平。“道德的基础是人类精神的自律。”新闻工作者要明确自己的职业角色，树立和弘扬职业精神，遵守职业道德准则，增强社会责任感，提升业务水平，成为党和人民放心的新闻工作者。

推荐阅读

1.陈力丹：《马克思主义新闻观教程》，中国人民大学出版社 2015 年版。

2.陈力丹等：《中国新闻职业规范蓝本》，人民日报出版社 2012 年版。

3.展江、彭桂兵：《媒体道德与伦理 · 案例教学》，中国传媒大学出版社 2014 年版。

思考题

1.新闻工作者应该遵守哪些职业道德与准则？

2.请简要分析当前新闻实践活动中有哪些新闻道德失范现象？

3.假如你是一名新闻工作者，你会树立什么样的新闻职业精神？

第十一章 新闻受众

中外学者的考证研究、历史遗存等都证明，在现代意义的“新闻受众”出现之前，“受众”已经在人类历史上存在很长时间。在受众发展的历程中，“阅读公众”的出现具有里程碑意义，是新闻受众出现的前奏。在新闻受众研究领域，作为消费者的受众、作为公民的受众、作为社会群体的受众和作为权利主体的受众，是影响最为广泛的四种受众观。近年来，随着传播手段的更迭，受众在新闻生产和传播中的地位发生重大变化，他们不再满足于作为新闻内容的被动视听人，而是积极介入新闻生产和传播的全过程，甚至通过集体行动改变大众传媒的新闻报道议程。传播环境的变化也对受众的媒介素养提出新要求，媒介素养教育成为公民教育的重要组成部分。

第一节 新闻受众的特点

从外延来看，受众大于新闻受众。古代讲学、辩论、表演等活动的观看者都可以看作是受众的滥觞。现代意义上的新闻受众伴随近代报纸的出现而形成，大致经历了“小众化受众→大众化受众→分众化受众→个众化受众”的演进历程。人数多、分布广、匿名、孤立和消极被动是传统意义上新闻受众的一般特点，这些特点已经随着传播手段的更迭发生重大变化。

一、什么是新闻受众

新闻受众泛指新闻信息的接受者，指通过报纸、广播、电视、网络等渠道接收新闻信息的人。学者们对受众进行了不同的界定，李良荣认为：“在大众传播领域，受众指的是大众传播媒介信息的接受者，其中最主要的，是指三大新闻媒介即报纸的读者、广播的听众和电视的观众。"[①]童兵认为:"受众是新闻信息传播流程中的终端,是新闻媒介及其承载信息的消费者,又是对新闻媒介、新闻信息和新闻传播者本身的检验人。"[②]刘建明认为:"受众,又称新闻的受传者、收受者或阅听人,指新闻传播另一端的读者、听众与观众的总称,是新闻信息传播的终点。"[③]魏学宏等认为:"受众指的是信息传播的接收者,包括报刊和书籍的读者、广播的听众、电视电影的观众、网民。"[④]

通过以上定义可以看出,学者们对受众界定的差异主要在于媒介范围。如书籍、电影等的读者观众在部分学者看来可以归入受众的范畴,而有些学者则没有将他们归入受众的范畴。

丹尼斯·麦奎尔(Denis McQuail)认为,西方的媒介受众"起源于古代体育比赛的观众,以及早期公共戏剧与音乐表演的观众"[⑤]。相比西方的公共戏剧、体育比赛和音乐表演,春秋战国时期诸子百家讲学、论辩等的听众成为中国古代较早的受众形态。如孔子开私人讲学之风,一生授徒三千,曲阜孔庙大成殿前的杏坛相传即为孔子聚众讲学之所。战国时齐国的稷下学宫是世界历史上第一所官办高等学府,百家诸子在此聚集讲学、发表观点、互相诘难。此外,先秦时期"瞽矇"是当时社会重要的"媒介人",在教育、音乐、历史等内容的传播中发挥了重要作用,是当时的职业口头传播者,他们面对的对象也是先秦时期的媒介受众形态。济南无影山出土的西汉彩绘陶乐舞杂技俑,除了 8 名乐工和 6 名杂技表演者,还有 7 位观众。这些观众和麦奎尔所说的体育比赛、音乐表演观众类似,也是我国早期受众形态。至唐宋时期,"说话"艺人所面对的观众构成当时规模庞大的受众群体。这些艺人在勾栏瓦舍中公开讲述故事、小说和历史等,人们"不以风雨寒暑,诸棚看人,日日如是"[⑥]。当时较大的勾栏瓦舍可容纳上千人。在西方,古希腊的"行吟诗人"往来穿梭于各个城邦,为人民诵唱英雄故事和民族史诗,荷马就是其中杰出的代表;中世纪的行吟艺人、街头杂耍人同样是面对众多受众的传播

---

① 李良荣:《新闻学概论》,复旦大学出版社 2021 年版,第 277 页。

② 童兵:《理论新闻传播学导论》,中国人民大学出版社 2000 年版,第 142 页。

③ 刘建明等:《新闻学概论》,中国传媒大学出版社 2007 年版,第 248 页。

④ 魏学宏等:《传媒与受众——传媒多样化下的舆论能力提升与受众生态环境》,甘肃文化出版社 2012 年版,第 105 页。

⑤ [英]麦奎尔:《受众分析》,刘燕南等译,中国人民大学出版社 2006 年版,第 3 页。

⑥ (宋)孟元老等:《东京梦华录　都城纪胜　西湖老人繁胜录　梦粱录　武林旧事》,中国商业出版社 1982 年版,第 32 页。

者和表演者。

在受众发展史上具有里程碑意义的事件是阅读公众的形成。阅读公众是现代意义上的新闻受众出现的前奏。15世纪中叶,源自德国的机器印刷在欧洲引发了一系列连锁反应。数量巨大、价格低廉的书籍造就了阅读公众这一群体。欧洲最早的阅读公众由一群阅读宗教书籍的教徒构成,古登堡的《四十二行圣经》、马丁路德的《九十五条论纲》、加尔文的《基督教原理》等让整个欧洲的读者第一次被一本一模一样的图书连在一起。安德森所谓的"想象的共同体"在近代报纸出现之前就已具雏形。在中国,早在唐代就已出现雕版印刷,北宋毕昇发明活字印刷术后,印刷术及其带来的图书成本的降低,使书籍在中国有了更广泛的流传。然而,考虑到当时人口的识字率,阅读公众仍然只占人口极少部分。廉价图书和识字率相辅相成,廉价图书有助于降低受教育成本,提高人口识字率。同时,较高的识字率又是图书得以流传的社会文化基础。

阅读公众较之前的媒介受众的一个显著区别在于受众不必再局限于特定的时间和空间,媒介接触成为一种极具自主性的、分散的过程。阅读公众和后来的大众传媒受众具有极高的相似性,二者都是分散的、原子式的、匿名的、在很大程度上是互不接触的。印刷图书使相同的内容传播给数量极大的受众,受众的规模获得了空前的增加。同时,这也意味着受众和传播者之间联系的减弱。在过去,受众可以一边观看比赛、表演,一边做出反馈,表演者也可以根据反馈做出相应的调整,如桑内特所说的18世纪法兰西戏台上观众对表演的干预。[①] 此外,由于受众处于同一个"观众席",彼此之间也存在互动沟通的可能。阅读公众使得传者和受众之间形成一种纵向的、单线的联系,多矩阵式的、横向的联系在阅读公众中很难存在。

二、新闻受众的历史

尽管"新闻受众"的外延比"受众"狭窄得多,但新闻受众的历史却与人类的历史一样长。新闻受众与新闻传播活动相伴而生,而新闻传播活动是人类与生俱来的一种日常活动,与渔猎、采集、耕种等一样历史悠久,伴随人类社会的发展而出现。在人类逐渐摆脱大自然走向文明社会的过程中,人类需要在严酷的自然环境中求生存,在语言尚未形成时,人类就利用各种符

① 参见[美]理查德·桑内特:《公共人的衰落》,李继宏译,上海译文出版社2014年版,第103页。

号传递“新闻”，这些新闻对人类的生存繁衍意义重大。例如，某个地方的果实成熟了，呼唤同伴前去采摘；附近发现野兽的踪迹，提醒大家注意躲避和防范。在这些人类早期的信息传播活动中，人类的祖先利用各种符号向他们的同伴和族群传递新闻，新闻的受众是族群内的同伴。不仅如此，新闻的分享和交流对于人类摆脱蒙昧状态走向文明、形成社会具有重要意义。没有新闻传播活动人类也就无法在大自然中生存，更无法脱离蒙昧状态进入文明社会。因此，“新闻乃是任何社会生活的基本需要之一。”①

新闻受众与人类社会相伴而生。人类进入文明社会后，新闻传播活动愈发频繁。例如，烽火台就是传递军事新闻的媒介，沿途的士兵、负责守卫的将领都是新闻的受众。我国古代的王朝建立过庞大的邮驿系统，用于传递重要军事信息。官方张贴的各种榜文等都具备新闻媒介的功能，阅读或听人阅读榜文的百姓都是新闻的受众。除了这些有文字记载的、可考证的古代新闻传播活动外，古代民间还存在大量无法记录的新闻传播活动，这些活动的传播对象都可以看作新闻的受众。

近代新闻事业出现以前，西方同样利用各种渠道发布新闻。例如古罗马凯撒大帝在议事厅外石膏板上发布政务、军事、司法等新闻，被后世称为《每日纪闻》。中国唐代开始出现的进奏院状、邸报等政府官报以政府官员为主要受众，后来延及士大夫阶层。与政府官报相对的民间“小报”在宋代出现且屡禁不止，代表了民间对新闻的强烈需求。它们的读者都属于广义上的新闻受众。

现代意义上的新闻受众伴随近代报纸的出现而形成。14～15 世纪，威尼斯即出现“手抄新闻”，被称为《威尼斯公报》。这些手抄新闻最初主要刊载商业信息，对商业新闻有着强烈需求的商人阶层是现代意义上最早的报刊新闻受众。古登堡印刷术在欧洲流传后，印刷新闻纸开始出现。1502 年，有记录的最早的印刷新闻纸问世，但它还不能被视为真正意义上的报纸。近代报纸出现早期，书、报、刊等并没有明确区分。定期出版、机器大量印刷、不针对特定读者、以刊发新闻为主，这是判断近代报纸的标志。基于此，1615 年创办于德国法兰克福的周报《法兰克福新闻》被认为是“第一家真正的报纸”，1650 年创办于德国莱比锡的《新到新闻》成为世界上第一家日报。

从近代报业出现开始，由于社会经济、报业体制、媒介技术等方面的变

① [法]皮埃尔·阿尔贝、[法]费尔南·泰鲁：《世界新闻简史》，许崇山等译，中国新闻出版社 1985 年版，第 3 页。

革,新闻受众的形态也发生了相应的变化。

大众报刊出现之前,报纸的受众都只是社会中的小部分人。尽管从具体数字来看,受众的数目依然相当可观,但与后来的大众报纸无法相提并论。可以说,当时的受众的"小众化受众"。

1833年,美国人本杰明·戴(Benjamin Day)创办了世界上第一份大众报纸《纽约太阳报》(*New York Sun*)。《纽约太阳报》售价仅为1美分,除了新闻还拿出大量版面刊载广告,低廉的价格也让《纽约太阳报》获得极大的发行量,到1876年发行量达13万份。大众报纸的发行量和之前的报纸相比,往往是它们的几倍、十几倍甚至几十倍。到大众报刊时,报纸真正成为普通民众的日常读物,新闻受众进入"大众化受众"时代。

与大众传播相对应的是分众传播。"分众"(Demassification)最早是由阿尔文·托夫勒(Alvin Toffler)提出。他认为:"面向社会公众的信息传播渠道数量迅速扩展,传播媒介的服务对象从广泛的大众群体,逐步分化为不同兴趣和利益的特殊群体。"[①]分众传播强调受众的细分,传播者针对不同的群体生产不同的新闻,各种专业化报纸、专业化电视栏目是分众传播的典型。"分众化受众"成为"大众化"受众后新闻受众的又一重要形态。

随着传播技术的发展,人类进入信息爆炸的时代。大量信息经由手机等媒体不断涌向内容消费者,分众传播已经不能满足用户的新闻消费需要。早在1996年,尼古拉·尼葛洛庞帝(Nicholas Negroponte)就在《数字化生存》中指出:"你不必再阅读别人心目中的新闻和别人认为值得占据版面的消息,你的兴趣将扮演更重要的角色。"[②]而大数据、云计算等技术的发展,使各种手机媒体开始利用算法推荐进行新闻分发。尼葛洛庞帝所说的"我的日报"成为现实。算法推荐首先由今日头条等聚合类资讯App开始,"你关心的才是头条"成为今日头条的口号。今日头条通过收集用户的内容消费习惯,利用算法对用户进行画像,进而提供有针对性的新闻资讯。除了聚合类新闻资讯App,短视频App、机构媒体的新闻客户端等也陆续开始探索个性化新闻分发。在这些App上,每个人看到的新闻都不一样。新闻受众进入"个众化受众"时代。

① [美]阿尔文·托夫勒:《未来的冲击》,孟广均等译,新华出版社1996年版,第146页。

② [美]尼古拉·尼葛洛庞帝:《数字化生存》,胡泳、范海燕译,海南出版社1997年版,第181页。

三、几种不同的受众观

根据不同的标准,新闻受众可以划分为不同的类型。如,根据接触的媒介类别可以分为纸媒读者、视听媒体阅听人、网络新闻媒体用户等。

根据接触媒介的频率可以分为忠实受众和随机受众。忠实受众是某个媒体长期、稳定的受众群,媒体针对这些受众群生产新闻信息;随机受众是不固定、偶尔接触某媒体的受众群体,吸引随机受众是媒体扩大影响力和传播力的重要手段。

根据接触媒介的现实性分为现实受众和潜在受众。现实受众指在实现对新闻媒体日常接触的受众,潜在受众指由于传输设备、社会条件等未接触某种媒介却存在接触可能性的受众,如尚未充分掌握智能手机使用的老年群体、尚未形成新闻阅听习惯的青少年群体等。

按照接触媒介的地理覆盖范围可以分为区域受众、跨区域受众和跨国受众。区域受众指某种区域媒体的受众,如城市报纸的读者、不上星的城市电视的观众等;跨区域受众则是某些全国性媒体的受众,如全国性报纸的读者、全国性电视台的观众等;跨国受众指接触外国新闻媒体的某国居民。在互联网出现之前,区域性受众普遍存在,互联网的出现打破了媒体的地理范围,很难存在完全意义上的区域受众。互联网出现之前跨国受众主要是收听国外广播、收看邻国电视节目的受众,互联网出现后浏览使用境外网站、手机客户端的受众成为跨国受众的主要群体。

根据媒介使用行为是首要活动还是次要活动,可分为投入式受众和伴随式受众,如在不从事其他活动的前提下专心阅读一份报纸或浏览一个新闻 App 的受众是投入式受众;而在吃饭、做家务的同时收看电视新闻栏目、在聚会交谈的间隙偶尔打开手机接触新闻资讯等则属于伴随式受众。除此以外,受众还可以按照人口统计学标准,按照性别、年龄、职业、受教育程度等进行具体的划分。

与受众类别相对应的是受众观。受众类别是依据不同指标对受众所进行的具体划分,这种划分在很大程度上是直观的、可见的。而受众观则是一种潜藏的看待受众的观点态度,隐藏在媒体、企业等组织和相关个人的主观意识当中。受众观强调的是对受众在新闻传播活动中的角色和地位的认知。受众研究在西方有不同的理论传统,不同传统对受众的看法存在鲜明区别。也正是不同传统之间的交锋对垒和互相影响才让我们对受众这一新闻传播活动中的重要主体有了更为全面的认知。了解不同传统下的受众观念,对于我们全面深刻地理解受众有积极价值。

(一)作为消费者的受众

最早的受众研究和受众调查源于传媒产业经营的需要。传媒经营者希望通过对受众数据的统计来说服广告客户,这里的受众数据除了规模外还包括身份、位置、性别、年龄等信息。受众作为消费者有两重含义:一是受众是传媒内容的消费者,他们向媒介经营者购买新闻;二是受众是广告产品的消费者,受众阅听媒介产品的同时收到广告内容从而转变为广告主的客户。在这一视角下,受众在闲暇时间的媒介接触行为所带来的注意力被打包成商品,销售给传媒产业的广告客户,同时他们还要为这些广告客户生产的商品和服务买单。整个传媒产业的主要目的就是和广告客户一道,促使受众产生更多消费和购买行为。

在广告等行业的狂飙突进下,作为消费者的受众带来众多负面影响。过度消费给人们带来严酷的经济压力,甚至因此负债累累。而生产者又不失时机地推出各种信贷手段,刺激人们超前消费。消费的过度又必然带来对工资收入增长的需求,为此人们不得不把更多的时间用于工作以赚取劳务工资。整个社会进入一个吊诡的循环:过度劳动以满足过度的消费需求,过度劳动生产出的过量消费品又需要不断鼓动其他消费者过度消费。而这些消费者在生产端为拼命赚取工资收入不得不忍受高强度、长时间的劳动。在生产和消费的链条上,人们要么是消费者,要么是生产者,人类遭受了空前的异化。这背后离不开广告业和传媒业的宣传和怂恿。视受众为消费者这一受众观无形中助推了人类的异化。

与消费者受众观相对应的是传媒和广告行业的一系列操作手法和运营模式。尽管消费者受众观将受众看作消费者的同时,也存在消费者权益保护等方面的媒介报道需求。这一点在我国的新闻媒体实践中尤其突出。消费者权益保护曾经成为以都市报为代表的媒体承担公共性、发挥政治作为的重要方式。但将受众视为消费者的负面作用要远远大于积极作用。将受众视为媒体的内容消费者,就意味着媒体经营的主要目的在于满足受众的口味和偏好,经营的唯一衡量价值就是受众规模的扩展和媒体利润的增加。美国新闻史上的黄色新闻潮就是消费者受众观下传媒行业运营法则的生动体现。

霍克海默、阿多诺、阿尔都塞等法兰克福学派先驱早就看穿了文化工业的欺骗性。大众传媒是文化工业的重要环节，法兰克福学派的学者们早就对消费者这一受众观展开过批判。在广告的刺激下，人沦为了被资本刺激的“虚假需求”的奴隶，消费由满足人类需要的手段转变成目的本身，人的价值、人的意义似乎只有在不断消费中才能得到确证。在消费社会的文化攻势下，人成了失去了否定能力的“单向度的人”。商品拜物教的背后，我们应该看到将受众视为消费者这一受众观起到的推波助澜的作用。

（二）作为公民的受众

与消费者受众观相对的是公民受众观。公民不仅是一个法律词语，还具有丰富的社会和政治意涵，社会政治含义下的公民在日常生活和媒介实践的出场频率要远高于法律意义上的公民。公民的受众观强调受众不仅仅是消费市场的内容消费者和广告产品的消费者，而是享有公民权利、积极表达诉求、承担公共责任、履行社会义务、参与公共事务和监督公共权力的受众。

近代报刊诞生数百年来，报纸积极参与社会变革的过程，成为社会变革的重要力量。媒体通过新闻报道和舆论引领，抨击旧制度，传播新思想，进而引发社会全面变革。媒体引发社会变革、促成社会进步，最终要落脚到具有公民意识的受众身上。对于转型中的我国来说，公民受众观的一个重要表现是媒体在对公民意识的培养和引领方面所发挥着的不可或缺的作用。例如，2005 年圆明园防渗工程引发巨大争议，除了项目本身的科学性和合理性外，有关部门行政决策流程上的瑕疵也成为争议的焦点。在整个事件中，北京媒体《新京报》发表多篇评论和报道。针对社会公共事件的报道和评论不但能传递事实和观点、引领社会舆论，还能引发为数众多的受众参与讨论、影响事件进程。

在网络媒体时代，作为公民的受众表现更加突出。2020 年 3 月司法部公布《中华人民共和国外国人永久居留管理条例（征求意见稿）》。意见稿在司法部官方微博一经发出就在网络上引发轩然大波。网民们聚集在司法部微博下通过留言评论的方式发表自己的看法。这种主人公意识、参与意识和责任意识正是公民受众观的生动体现。

西方新闻学中的“社会责任理论”隐含了将受众视为公民的受众观。在社会责任理论下，传媒应该为政治制度服务，提供有关公共事务的信息；应该启发民智，使之能够自治；应该监督政府，保障个人权利；应该保持经济自立，不受特殊利益集团的压迫等。[①] 从这一受众观出发，新闻媒体应该充分保障受众作为公民的基本权利，尤其是作为政治参与等活动基础的知情权。传媒首先不是资本谋利的工具和广告商宣传的渠道，而应该是报道新闻、引导舆论的社会公器，应该更多地体现公共性而非商业性。

（三）作为社会群体的受众

作为社会群体的受众通常和大众、公众、群众等概念联系在一起，受众被视为现代传媒和社会环境所塑造的一种群体形式。

作为社会群体的受众有两种组织方式：一是在成为受众之前，这些独立的个人已经是某个或紧密或松散的群体的成员。群体成员之间身份明确、价值观和政治立场相近、具有共同的群体认同，他们主要是社会、政治、经济等因素的产物，而不是由媒体塑造的。国际共产主义先驱列宁从发布工人传单开始他的新闻宣传工作，阅读这些传单的工人在成为受众之前就已经属于工人这一群体的成员。1895 年，列宁提出无产阶级政党要拥有自己的机关报，无产阶级政党机关报以党员为受众，政党这一组织先于政党机关报而存在。现代西方社会媒体存在不同的倾向性，这种倾向性在美国大选中表现得尤为突出。支持特朗普、希拉里或拜登的媒体针锋相对，直接而露骨地表达对某一位候选人的支持或批评。尽管不同倾向性的报纸不直接隶属于某个政党或利益集团，但不同媒体所面对的读者是具有相似政治倾向的选民。这些选民的政治倾向在很大程度上是事先存在的，媒体的政治立场因为和选民一致而成为这些选民接受的媒体。除此之外，各单位用于内部宣传的媒体如青岛大学的《青岛大学报》、半岛都市报的《半岛人》、恒大集团的《恒大报》以及华为、字节跳动等的内部论坛，都以内部员工为受众，他们在成为受众之前已经作为企业成员而以群体的形式存在。

二是媒体因为其报道倾向等聚集了一批忠实读者，这些读者存在相似之处，成为社会群体。这种群体受众因媒体的报道、通过媒介接触行为而具备群体的特性，与上一种受众群体相比具有很大的不稳定性和流动性。这种群体受众往往能够通过共同的媒介接触活动形成相近的价值观、共同的政治态度和共同的群体身份认同。一个典型例子是社区媒体。在城市这样

---

① 参见[美]弗雷德里克·S.西伯特等：《传媒的四种理论》，戴鑫译，中国人民大学出版社 2008 年版，第 62 页。

一个陌生人聚集的空间，社区居民大多互相不相识，处于原子化的状态。社区媒体的运营却可以增进居民间的了解、沟通和互动，在很大程度上也能形成针对社区范围的“小尺度认同”[①]，使社区媒体的受众具备群体的某些属性。

（四）作为权利主体的受众

作为权利主体的受众观强调对受众权利的关照和维护，认为新闻媒体应该在其新闻传播活动中积极保障受众的基本权利。作为权利主体的受众主要涉及受众的知情权、媒介接近权、参与权和表达权等（参与权与表达权可参考本书第九章相关内容）。

知情权是新闻受众的基本权利。获悉与自己生存和发展密切相关的各种新闻资讯对人类的生存具有重要意义。人类进入信息化社会后，信息的价值进一步彰显，知悉应当知悉的信息已经成为人的一项基本权利。新闻媒体是社会新闻信息的主要来源，承担着维护民众知情权的重要职责。

对于新闻媒体来说，保障公民的知情权要及时、准确、客观、公正地报道新闻。同时，我们也应该看到，在某些新闻事件中新闻媒体只是新闻的采写报道者而非新闻的来源。从整个社会的角度出发，保护受众的知情权不仅仅与新闻媒体有关，政府机关、企业组织等也应该及时公开社会公共事务信息，接受媒体采访。

媒介接近权，也被称为“媒介近用权”，1967 年由美国法学学者巴隆最先提出，其核心思想是传媒应该向受众开放，强调每个社会成员都有接近媒体、利用媒介公开发表意见的自由。西方新闻媒体对媒介接近权的具体落实主要包括“反论权”和“意见广告”两种形式。“反论权”即受到媒体攻击或负面报道时有权要求媒体刊登或播出反驳声明。相对于刊登反驳声明，反论权更多的是由记者在采访活动中贯彻。如记者采取暗访、卧底等方式报道负面新闻后，一般都会再进行公开采访给当事人公开回应的机会，并呈现在报道文本中。“意见广告”则是以收费的形式提供一定版面由受众进行事实陈述或观点表达。在我国媒体的实际操作中，媒介接近权主要有新闻热线、编读往来、更正声明、读者来信、评论投稿等方式。部分纸媒曾专门开设读者来信相关栏目，而电视新闻节目过去以收费短信的方式将受众的文字

① 孙玮、潘霁：《空间争夺战——中国大城并区的媒介话语分析》，《探索与争鸣》2016 年第 10 期。

在屏幕下方滚动，也是媒介接近权的一种表现形态。尽管如此，从规模、频率来看，这些方式难以完全满足受众的媒介接近需要。

近年来，随着互联网和移动互联网的崛起，手机媒体成为用户获得媒介接近权的最优渠道。微博、微信等具有极强的传播力，抖音、快手等短视频平台在微博、微信的基础上进一步降低了文化素养门槛对媒介近用权的限制。此外，移动互联网时代，各机构媒体纷纷采取各种渠道加强与用户的互动和往来，如在客户端开设自媒体号、开设论坛区、开设“找记者”等板块等。相对于过去的编读往来等，用户媒介接近权得到了更好的保障。

近年来，另一个值得关注的受众权利是“不知情权”。信息时代，不知情权的重要性愈加凸显。人类已经进入信息爆炸时代，各种来源的信息让人应接不暇，在知情权还未充分保障的情况下，各种娱乐新闻、低俗新闻等充斥网络。注意力经济时代，流量意味着金钱，各媒体平台想尽一切办法吸引眼球。抖音、今日头条等算法推荐的信息分发方式让人们沉溺于信息资讯的泥潭无法自拔，耗费大量时间精力。不知情权和知情权看似矛盾对立，实则统一一致。过多的信息接触反而不利于真正有价值信息的凸显，因此不知情权也是对知情权的保护。

四、新闻受众的特点

在传统的新闻传播活动中，受众彼此孤立，缺乏互相沟通的渠道。受众被动消极，成为大众传媒生产的新闻内容的被动视听人。对于大众传媒来说，受众是原子式的匿名存在者，作为收视率或发行量统计中的一个数字，被动消极。具体来看，传统新闻传播活动中的新闻受众有以下特点。

（一）数量众多

自大众报纸开始，新闻媒体的受众得到极大扩张，便士报的发行量多达十几万甚至几十万、上百万份。巨大的报纸发行量意味着庞大的受众群体。位居世界报纸发行量前列的日本《读卖新闻》《朝日新闻》等，发行量一度超过 1000 万份。不仅如此，对于商业报刊来说，受众的多少与其影响力的强弱、广告经营的好坏存在直接关联，各媒体无不通过各种方式扩大受众群体。

广播和电视出现后，其覆盖面之广，足以把所有人都纳入受众的范畴。互联网和移动互联网的出现使新闻呈现出全新形态。门户新闻网站时代，各大网站秉持“流量为王”的生存法则，流量越大意味着网站连接的受众越多。手机作为一种伴随性媒体，被视为人的“器官”之一，为新闻受众的扩张提供了全新方式。根据第 47 次《中国互联网络发展状况统计报告》，截至 2020 年 12 月，我国网络新闻用户规模达 7.43 亿，较 2020 年 3 月增长 1203 万，占网民整体的 75.1%；手机网络新闻用户规模达 7.41 亿，较 2020 年 3 月增长 1466 万，占手机网民的 75.2%。[①]

（二）分布广泛

受众分布广泛有多重含义。首先，从人口统计学来看，新闻受众覆盖年龄、职业、阶层、学历、收入、性别等各不相同的人群。尽管受众在人口的不同圈层中的比率、渗透率、绝对数值等存在差别，但任何人口统计学圈层几乎都是新闻受众的来源。

其次，从地域来看，新闻受众同样分布广泛。每个区域的受众都接受全国性新闻媒体的新闻报道，同时也是本地新闻媒体的受众。国内新闻、本地新闻、社区新闻等不同新闻重叠交织，实现了新闻受众在地域范围上的广泛覆盖。

最后，新闻受众的广泛性还体现在时间和空间上。任何空间和碎片化的时间都可以被人们用来进行新闻阅听活动。在报纸流行的时代，人们在公交车等不同的场合阅读报纸，手机的随身性及功能的扩张使各种“缝隙空间”被充分填充。缝隙空间指人们在不同场所、地点间移动的过程中所经历的空间，如从家庭到工作场所的位置移动所经历的公交车厢、地铁车厢等，从一个城市到另一个城市所经历的客机机舱等。在缝隙空间中，人们利用手机随时随地进行新闻接受活动。同时，手机也让卧室、卫生间都变成新闻接受的空间。

（三）孤立匿名

传统媒体时代，即报纸、广播、电视为主要新闻媒体的时代，受众与媒体之间呈放射状网络联系，新闻媒体作为新闻的发布者处于新闻传播网络的中心，受众则通过新闻阅听活动同新闻媒体产生链接，但受众之间却彼此孤立，很难产生交集。

---

① 参见中国互联网络信息中心：《中国互联网络发展状况统计报告》（第 47 次），2021 年 2 月，http://www.cac.gov.cn/2021-02/031c_1613923423079314.htm。

匿名性强调受众在大众传媒面前是匿名的，大众传媒通过“机械复制”的方式将大量同质内容在相同的时间内批量发布给为数众多的受众。大众传媒对每个具体的信息接收者是不了解的，受众是一种匿名的存在。尽管大众传媒可以通过受众调查等方式了解自己的受众，但这种了解更多是了解受众这个群体，每一个受众表现在调查中仅仅是一个数字。

(四)消极被动

消极侧重于受众和媒体的关系。传统媒体时代，尽管也有部分受众通过编读往来、手机短信等方式与媒体发生关联，通过大众传媒发出自己的声音，但他们在整个受众群中所占的比例极低。报纸、电视等媒介形态和媒体的采编力量决定了他们无法实现受众和媒体之间的大规模沟通。

传统媒体时代，受众的新闻获得方式具有被动性。对于传统大众传媒的受众来说，他们看到的是经“把关人”把关后的新闻，新闻媒体以其采编方针等有选择地加工和处理新闻，读者被动地阅听媒体传递给他们的新闻。受众看到什么新闻、看到的新闻以何种方式报道、看到的事实真相是否全面客观，在很大程度上是由新闻媒体决定的。这一特点在网络新媒体时代得到改变。在互联网和移动互联网时代，网友不仅能够借助搜索引擎等实现新闻的自主搜索，还可以通过发布微博、发布留言评论等方式自主生产新闻、介入新闻事件。同时，在算法机制下，媒体平台会根据某条新闻资讯的受众阅读情况决定其发布的权重，一条抖音短视频能否推送给更大范围的受众，与其此前的完播率、点赞量、留言率等密切相关。可以说，在大数据背景下，新闻资讯传播存在“阅读即传播”的特点。用户成为一条新闻能否得到有效传播的重要因素，与传统大众传媒时代的被动状态呈现出迥异的差别。

第二节　新闻受众地位的变化

近年来，随着传播技术的不断更迭，传统媒体时代的“中心—边缘”式的传受关系不断遭遇挑战。为此，麦奎尔总结了训示型、注册型、咨询型和对话型四种新型传授关系。训示型受众代表了传统的单向传播下的受众；咨询型受众强调受众从信息源的信息中主动选择，是一种积极的搜寻者；对话型受众预示着传者和受众之间的身份变得模糊，彼此交流思想、交换意见、形成联系；注册型受众意味着受众被置于某一中心系统的观察之下。[①]“受众”这一表述的合理性也受到越来越多的质疑，有学者认为“受众”一词所指代对象在现在的传播环境下已经不复存在。[②]

一、受众变化的背景

新闻受众的变化有两个方面的宏观背景。

一方面是技术背景，主要表现为移动通信网络的发展，移动接收终端的普及、进化以及移动软件的研发和推广。互联网是人类信息传播史上的里程碑，移动互联网进一步将移动性、随身性等特性加诸互联网之上。自此，人们接入网络无需定着在某个固定的空间，互联网的影响力、渗透力得到极大提升。从 3G 到 4G 再到正在普及的 5G，移动通信网络不断进化，利用移动设备接入互联网体验也越来越好，资费迅速降低。中国语境下，移动、联通等供应商都是国有企业，兼顾经济效益和社会效益，即便地理位置偏远的山村也早已被 4G 网络覆盖。移动通信网络成为新型受众不断扩张的重要基础设施因素。

自从苹果公司开启智能手机大潮以来，智能手机不断迭代，千元机就可实现绝大多数上网功能，手机的迅速普及让传统大众传媒的受众得以接入移动互联网，从而获取各种新闻资讯。手机也被视为继报纸、广播、电视、互联网之后的第五媒体。与此同时，手机应用不断开发，互联网公司开发出了种类多样、功能丰富的新闻、社交等软件，微博、微信、抖音等对普通网友实现“媒介赋权”，草根网红的逆袭打破了传统大众传播对新闻传播话语权的垄断。

另一方面，新型受众的出现也有深刻的社会经济因素。近些年中国经济不断发展，中国一跃成为世界第二大经济体。宏观经济的发展为社会各项事业的进步奠定了坚实的经济基础。对于个人来说，经济增长改变了人们的消费观念，年轻人不再热衷储蓄而更喜欢超前消费。数字庞大的网民、繁荣的文化市场，为相关企业提供了巨大的盈利空间，这成为移动互联网领域软件与硬件不断更新的重要动力。此外，公民意识觉醒，网民对公共话题表达欲和参与欲提升，也是受众变化背后的重要社会政治因素。

① 参见[英]丹尼斯·麦奎尔：《受众分析》，刘燕南等译，中国人民大学出版社 2006 年版，第 49～53 页。
② 参见张昱辰：《理解“用户”：受众研究的拓展与创新》，《青年记者》2019 年第 33 期。

二、从主动受众到用户

对于受众发生的种种变化，学者用“主动的受众”来进行概括。学理意义上对主动受众的探讨可以追溯到伯明翰学派。霍尔在《电视话语的编码与解码》中认为，受众在面对信息的时候会产生多种解读方式，包括对抗式、协商式和霸权式。美国主流传播学派的“有限效果理论”也认为受众不是被动、孤立的，传播效果受到很多因素的制约，否定了过去的“魔弹论”“皮下注射论”等强效果理论。尽管也有学者从选择、参与、使用的角度来讨论主动的受众，但更多学者还是从受众对文本的解释出发来思考受众的主动性。这些观点认为，在新闻活动生产、传播、接受的线性过程中，受众的主动性仅仅体现在传播过程的末端。尽管对受众的观点进行了较大幅度的修正，但依然未摆脱传统的窠臼。

近些年来，受众这一概念受到越来越多的质疑。有人甚至认为“受众”一词所指代的对象已不存在。因为受众只能适应于大众传媒研究，而无法适应新媒体研究，受众应该被“用户”(user)取代。与受众相比，用户是来自经济领域的概念，后来被移植到互联网领域，最早用来指代对水电基础设施及其他商品、服务、设备等的购买、消费和使用者，强调自主选择权、自主消费和用户体验等。也有学者担忧在新闻学中使用“用户”一词过于突出其经济色彩，容易形成对新闻媒体公益性和人文精神的排斥。①

三、从受众到用户所发生的变化

“受众”到“用户”概念演进的背后是新技术环境下新闻生产中传受关系的重大变迁，这一变迁主要表现在以下几个方面。

(一)从被动接收到主动参与

从信息接收的角度出发，传统的新闻受众处于被动状态，媒体处于主动、甚至是操控的地位。大众传媒生产新闻并通过报纸、广播、电视等发送给受众。受众处于线性新闻生产过程的末端，对新闻生产其他环节极少介入。而用户通过对新闻全程的主动参与获得了相应的主体地位，媒体的中心地位被打破，用户对新闻的主动参与主要表现在以下几个方面。

---

① 参见蔡雯:《从面向“受众”到面对“用户”——试论传媒业态变化对新闻编辑的影响》,《国际新闻界》2011年第5期。

1.用户直接生产新闻

用户对新闻的生产可以追溯至 BBS 时代。BBS 是一个网络公共留言板，任何网友都可以面向所有网友发布内容，中国互联网发展早期百度贴吧、天涯论坛、凯迪社区、西祠胡同等曾是许多重大新闻事件的策源地。除了这些全国性论坛，各地方、各城市也出现了大量地方城市论坛，如杭州的十九楼、青岛的青青岛社区等。

个人网站、博客等出现后，“公民记者”开始崛起，一些博主以独立记者的身份展开调查，生产新闻。“公民记者”是指非新闻媒介专业人士在某些新闻事件中展开独立调查，借助网络等平台对外发布新闻的人群。他们没有职能部门颁发的新闻记者证，也不在专业的媒体机构任职，因而不是专业新闻记者。1998 年，美国人德拉吉(Matt Drudge)在个人网站率先曝光克林顿性丑闻，德拉吉也被视为全球最早的“公民记者”。博客传入中国后，持续报道中国“最牛钉子户”的周曙光被视为“中国第一个通过博客关注并参与公共事件的公民记者”。博客时代，公民新闻篇幅较长，需要耗费一定的精力，有些“公民记者”还需要进行深入调查，并不是每个网民都有能力参与。

短小精悍的微博极大降低了新闻生产的难度和门槛，微博的出现让公民记者遍布全网。代表性事件是 2011 年的 7·23 甬温线特别重大铁路交通事故。2011 年 7 月 23 日 20 时 30 分，甬温线浙江省温州市境内 D301 与 D3115 次列车发生动车组列车追尾事故。事故造成 40 人死亡、172 人受伤。事故发生 3 分钟前，新浪网友发出微博：“狂风暴雨后的动车这是怎么了？爬的比蜗牛还慢……可别出啥事儿啊。”事故发生 8 分钟后，新浪网友发布微博：“D301 在温州出事了，突然紧急停车了，有很强烈的撞击。还撞了两次！全部停电了！我在最后一节车厢。”这成为外界了解此次事故的最早消息来源。利用手机的便携性以及其丰富的拍照录像功能，任何一个网民都可以成为新闻的生产者。不仅如此，由于规模庞大、分布广泛的网民身处新闻发生的第一现场，其生产的新闻的现场感、时效性等可能超过远道而来的专业记者。网友微博已经成为专业新闻媒体的重要线索和素材来源。

微信进一步扩展了公民新闻的发布渠道。微信上生产和传播的公民新闻分为两个类别：一类是网友在微信朋友圈发布的图片文字等；另一类是微信公众号上生产的新闻。近年来，随着机构媒体调查性报道的式微，大量深度记者离开媒体，利用微信公众号这一平台继续开展活动。如 2018 年 7 月，原《南方周末》资深记者在微信公众号“兽楼处”发布《疫苗之王》，虽然文章很快因违规被删除，但引发了媒体对问题疫苗的评论、解读，产生巨大社会反响。

当今，快手、抖音等短视频平台也成为用户生产新闻的新形态。短视频操作简单、直观，极大地降低了媒介使用的门槛，很多新闻经由短视频传播出去。例如，2021 年 4 月，抖音用户发布的“1300 斤菠菜 15 元”的短视频引发网友强烈关注，成为热点新闻事件。对于这位网友来说，短视频只是记录生活的一种形式，而对其他网友来说“1300 斤菠菜仅卖 15 元”却具有一定的新闻价值。

2.用户通过阅读、转发、点赞、评论等介入新闻的生产和传播

社交媒体时代，微博、微信等成为新闻媒体影响力的重要来源。网友尽管没有直接生产新闻，但将新闻转发到自己的社交媒体也是对新闻传播过程的介入。除了转发，阅读、点赞、评论等对于新闻报道同样意义重大。在抖音、快手等短视频平台上，某条视频在网友处获得的打开率、完播率、点赞率、评论率等是这条视频能否得到更大范围推送的重要因素。

3.用户介入新闻事件，影响事件进程

自媒体时代网友已不满足于简单地了解新闻，还希望通过集体行动扭转机构媒体设定的新闻议题。2012 年 8 月，在一起特大交通事故处理现场，时任陕西省安全生产监督管理局局长、党组书记杨达才因面露微笑引发争议。后来网友发现他在不同场合的新闻报道中曾佩戴多块价值不菲的名表，引发众多网友为“表哥”鉴表。2013 年 9 月，杨达才因受贿罪和巨额财产来源不明罪获刑。在此次事件中，网友将交通事故这一报道议题扭转成对官员个人生活作风和贪腐问题的追问，最终导致官员落马。与此类似的事件还有 2008 年南京江宁区房产局局长周久耕的“天价烟事件”。

（二）从匿名的受众到具体的用户

大众传媒时代，受众以群体的形态存在，受众个人无论对于媒体还是对于其他受众来说都是匿名的、均质的和非人格化的，仅仅表现为电视收视率或报纸发行量统计中的一个数字，读者或观众的个性被抹杀。这根源于大众传媒时代的媒体运作特点。大众传媒时代媒体作为唯一的新闻发布者，面对的是为数众多的受众。从影响力、传播力和媒介经营等角度出发，媒体的主要经营目的就是增加发行量、提高收视率，单个读者和观众的个人特征对于媒体并不重要。

与大众传媒的受众相比，新媒体时代用户个人特征的重要性日益凸显。其最直观的表现就是每个用户在媒体平台上都有一个独一无二的“用户名”，有的还可以设定自己的头像、个性签名等。用户名在彰显用户个人身份的同时，也使每个用户都是具体的、独特的，用户个人化的因素在媒体传播中的权重越来越大。这就是前文中麦奎尔所说的“注册型用户”。

这一点最直观的表现在以今日头条为代表的聚合类新闻资讯 App 和抖音、快手等短视频平台上。在这里，用户个人的使用行为被平台记录下来，进而针对每个用户进行用户画像，并在此基础上进行有针对性的内容分发。在这些平台的后台，每个用户都是与众不同的，因此今日头条会提出“你关心的才是头条”这一口号。除了大型传媒公司，部分机构媒体也在自己的新闻客户端利用大数据等技术探索新闻的个性化分发。

（三）从单向传播到多向交互

受众到用户的变化还体现在传播者和接受者之间关系网络的变化。在大众传媒时代，信息从媒体发送给读者听众等，而读者听众端向大众传媒端发送的信息却很少，呈现为一种单向的、放射式的关系网络。而受众彼此之间则是陌生的关系。

新媒体时代，用户和用户之间、用户和媒体之间的关系网络发生了很大的变化。首先，从用户和媒体的关系来看，用户端向媒体端发出的内容越来越多，不再局限于过去的编读往来、读者来信等。在客户端上，每一次阅读都会给媒体留下痕迹。在微信、微博上，每一次转发都在向媒体传递对某条新闻的态度。点赞、留言、评论等则进一步将用户个人的看法表达出来。

从用户和用户的关系来看，用户之间不仅能通过转发、评论等方式进行交流互动，而且用户的评论还构成其他用户阅读的新闻文本的一部分。新闻客户端、微博、微信等平台上发布的新闻，在一定程度上可以看作罗兰·巴特意义上的可写文本。新闻一经生产，就脱离了传播者的掌控而进入互联网这张意义生成的大网。用户可以通过评论对媒体生产的新闻进行补充、质疑、批判等。不仅如此，在某些新闻事件中，用户还可以形成具有一定集体认同、统一采取集体行动的网络社群。用户之间的网络社群可以分为两类：一类是因某个热点公共事件而聚集的网络社群。如 2020 年新浪网友针对《中华人民共和国外国人永久居留管理条例（征求意见稿）》防控来自韩国的境外输入新冠肺炎疫情等，通过微博留言等集体行动产生了一定的同一性。这类网络社群以事件为核心,能够在短时间内迅速生成并影响公共舆论和事态发展。同时,这类网络社群也极易消散,话题热点消散后,社群也就消失。另一类是针对明星等公共人物形成的粉丝群体,当“爱豆”有新闻发生时,粉丝群体能迅速被动员起来。这类网络社群凝聚力强、持久性强、行动力强,有的还形成了严密的组织,不会因新闻的过时而消失,有一定的稳定性。同时,这类粉丝群体往往受众面小,仅包含特定年龄用户。

因此,从传受关系来看,传统大众传媒时代的受众彼此之间处于陌生化和原子化的状态,与大众传媒形成了单向的、放射式的网络关系。而对新媒体时代的用户来说,用户之间、用户与媒体之间形成了复杂交互的网络关系,关系网络从放射状网络演变为全信道网络。

第三节　社交媒体时代新闻受众媒介素养教育

社交媒体时代的新闻受众同时是新闻的生产者、转发者和评论者,他们的发布、转发、评论、点赞等行为可能给新闻传播活动带来重大影响。社交媒体时代,新闻受众媒介素养的重要性日益凸显。提升新闻受众的媒介素养,需要政府、机构媒体和用户的多方合力。

一、社交媒体

“社交媒体”一词译自英文“social media”,最早出现在电子书《什么是社交媒体》(*What Is Social Media*)中。尽管汤姆·斯坦迪奇(Tom Standage)在《从莎草纸到互联网:社交媒体简史》里认为,社交媒体已经有2000年的历史。但提及社交媒体,一般指Web2.0背景下用户可以进行内容生产和交互的媒体,在中国语境下,BBS、博客、微信、微博、抖音、小红书等在一定程度上都具备社交媒体的属性。

社交媒体由“社交”和“媒体”两个词组成,分别强调了社交媒体的社交属性和媒体属性。前者强调社交媒体允许人们通过分享信息与他人实现互动,后者强调社交媒体是一种媒体工具,同时也意味着信息通过社交网络进行传播。当今,社交媒体已经成为网民获取新闻资讯的重要来源。各大传媒机构纷纷开设官方微博、官方微信和官方抖音等,将新闻客户端内容转发到社交媒体。

“六度分割理论”认为,个体最多通过五个中间人就可以与任何陌生人发生关联，这成为社交媒体出现的理论基础。1995 年 12 月成立的 Classmates.com 是最早的社交网站之一，其宗旨是帮助同学之间再次取得联系。1997 年 5 月，Sixdegrees.com 成立。Sixdegrees.com 允许用户创建个人数据并向好友发送站内消息，设置好友列表。2002 年创建的 Friendster 迅速吸引了大量注册用户，成为早期社交媒体的重要代表。2003 年，社交网站 MySpace 出现，MySpace 为用户提供音乐社交服务，上线一个月用户数突破百万，2005 年全球月访问量达到 1 亿。2004 年，MySpace 的竞争对手 Facebook 上线，并在日后超越 MySpace，成为全球最大的社交媒体。2005 年，视频分享网站 YouTube 上线，至 2015 年其全球用户已超过 10 亿。2006 年，Twitter 上线，140 个字符的输入限制让 Twitter 简单易行迅速风靡全球。

2005 年成立的 51com、人人网（原校内网）曾是在中国风靡一时的社交媒体。2005 年腾讯公司上线即时通信工具 QQ，QQ 空间的推出使 QQ 具备明显的社交媒体属性。2009 年，新浪微博上线，2020 年第四季度新浪微博月活用户达到 5.21 亿。2011 年，腾讯推出即时通信工具微信，2012 年上线微信公众平台，2020 年第四季度微信及 WeChat 合并月活账户数为 12.25 亿。2019 年，抖音短视频上线，在快手短视频已提前布局的情况下迅速扩张用户，2020 年日活跃用户已突破 6 亿。目前，新浪微博、微信和抖音成为中国网民在移动端应用最为广泛的社交媒体。

二、媒介素养

“素养”来自英文“literacy”，最早由吴翠珍引入新闻传播领域。传统上，媒介素养主要应用于印刷媒介。后来素养一词的应用场景不断扩大，“传播艺术包括语言和视觉艺术如戏剧、艺术（指美术、雕塑等）、电影、视像（指录像、VCD、DVD 等）以及电视”[①]，媒介素养被认为是解读媒介内容必需的知识和能力。

媒介素养的内涵并非一成不变，而是一个历史性、发展性、动态性的概念。随着传播媒介的更迭和传播环境的变化，媒介素养的内涵、外延也发生了相应的变化。

学者们对媒介素养应该包含的维度存在一定的争议，有学者集中探讨

① 白传之、闫欢：《媒介教育论：起源、理论与应用》，中国传媒大学出版社 2008 年版，第 23 页。

媒介信息处理和媒介参与意向两个方面[①]，有学者从媒介接触、媒介认知和媒介参与三个方面进行分析[②]，还有学者将社会化媒体时代的媒介素养区分为获取信息、评估信息、网络参与、网络交流四个维度。[③] 我们认为，随着手机的普及，媒介已经无处不在，受众不必像阅读报纸或收看电视那样在专门的时间和空间进行媒介接触，因此接触媒介的种类、时长等在媒介素养中的重要性不断降低。社交媒体时代，用户对媒介的使用除了接收新闻外还增加了其他许多新的意涵，因此媒介参与这一维度在媒介素养中的地位越来越突出。因此，我们认为探讨社交媒体时代的媒介素养应从认知、使用、批判和创造四个方面的能力出发。

媒介认知能力强调对媒介的基本认知，如媒介的生产流程、媒介加工处理过程、媒介的本质、媒介的类别等。随着传播技术的进步，媒介的外延越来越宽泛，甚至出现“万物皆媒”的说法，任何事物都能发挥媒介的功能，体现媒介的部分属性。这给人们的媒介认知带来巨大挑战。以短视频为例，如果不了解短视频平台的加工处理手段，“眼见为实”这一说法很容易成为虚假信息的传播根源。2020 年的“假靳东”事件，背后一个重要原因就是中老年女性群体对短视频的认知存在偏差，不了解媒介背后的加工和处理手段。

媒介使用能力强调用户熟练地使用各种媒介，满足资讯获取、消遣娱乐及其他需求。对于报纸来说，识字成为媒介使用能力的基础。广播电视则进一步降低了媒介使用门槛，能听懂普通话（部分方言栏目除外）成为对观众、听众的基本要求。近年来，随着移动互联网的不断发展，各种新兴媒介应用层出不穷。年轻人群作为“移动互联网原住民”能够迅速掌握使用技巧，而对于作为“移动互联网移民”的老年人来说，移动互联网时代的媒介使用能力成为一种需要训练和学习才能掌握的技能。此外，在算法推荐的机制下，网民很容易沉迷于手机不能自拔，有限度地使用手机、防止沉迷也是媒介使用素养的重要方面。

媒介批判能力强调对媒介的运作过程和生产机制进行批判的能力。媒

---

① 参见周葆华、陆晔：《从媒介使用到媒介参与：中国公众媒介素养的基本现状》，《新闻大学》2008 年第 4 期。

② 参见路鹏程、骆杲、王敏晨、付三军：《我国中部城乡青少年媒介素养比较研究——以湖北省武汉市、红安县两地为例》，《新闻与传播研究》2007 年第 3 期。

③ 参见楚亚杰、唐榕蔚：《社会化媒体时代的媒介素养与跨文化适应》，《新闻界》2020 年第 11 期。

介批判能力强调培养批判型受众，其思想根源可以追溯至德国法兰克福学派的大众文化批判理论。纳粹在德国上台后，希特勒利用广播等宣传工具煽动起德国民众的战争情绪。纳粹宣传的鼓动性、迷惑性在战后引发学者们的深刻反思，阿多诺(Theodor Wiesengrund Adorno)专门写了《弗洛伊德理论和法西斯主义的宣传程式》一文，对法西斯主义宣传程式进行了研究。被迫移居美国后，法兰克福学派学者又看到消费主义大潮下商业性媒介对民众的蛊惑和煽动及其带来的麻醉后果。德国、美国等西方国家的媒介素养教育很重视培养媒介批判能力，致力于培养批判型受众。媒介批判素养有两个维度，一是对媒介传递的特定信息的批判能力。移动互联网时代传播门槛的降低导致虚假信息泛滥，面对网上流传的大量信息，网民要能够利用自己的生活经验、知识储备等对信息的真假作出判断，并作出相信还是不相信的选择。二是对宏观的媒介现状、媒介运作、媒介环境等进行反思和批判的能力。

媒介创造能力是在前三者的基础上提出的新要求。与社交媒体相对应的另一个词是"自媒体"(We Media)，自媒体和社交媒体在覆盖的领域上有许多交叉，二者的主要区别在于概念指涉的侧重点不同，自媒体侧重于新闻信息等的生产和发布。自媒体时代，媒介内容生产和创作的门槛极大降低，有学者认为我们已经进入"群体传播"时代。[①] 在受众和传者的身份不断模糊的背景下，使用媒介工具创造内容进行自我表达也是媒介素养的重要方面。利用微博、微信、抖音等记录生活、展示自我在技术上相对容易掌握。媒介创造能力主要体现在创作理念和传播伦理方面，如不传播虚假信息、不侵犯他人隐私、不进行网络攻击和网络暴力等。

三、社交媒体时代受众媒介素养缺失

社交媒体时代的新闻传受关系日趋模糊，新闻受众除了接收信息外，还生产、评论并转发新闻。从生产者、传播者和接收者这三个层面出发，社交媒介时代的新闻受众媒介素养缺失主要表现在以下方面。

(一)生产者层面

生产者层面的媒介素养缺失主要表现为发布虚假信息和不当言论，发

① 参见隋岩:《群体传播时代:信息生产方式的变革与影响》,《中国社会科学》2008 年第 11 期。

动网络攻击和网络暴力，侵犯他人隐私等。

发布虚假信息，如 2020 年 4 月 4 日新浪微博账号“玛丽莲梦六”发布长篇微博，散布武汉方舱医院千人共用一个卫生间等涉及新冠肺炎疫情的不实信息。这些内容被大量转发、阅读，造成恶劣影响。事后，该微博账号持有人获刑半年。又如，2017 年 5 月两位青岛大妈拍摄视频称蛋糕店用棉絮做肉松，视频发布后被大量传播。当晚，众多市民包围涉事蛋糕店，引发社会性群体事件。事后经权威部门检测，相关产品中未发现棉花类物质。事后，两位大妈因虚构事实扰乱公共秩序被行政拘留。

发表不当言论，如 2021 年 2 月新浪微博用户“辣笔小球”发布微博歪曲事实真相，诋毁贬损加勒万河谷边境冲突中的卫国戍边英雄，被南京警方拘留。又如 2016 年新浪微博用户“作业本”侮辱诋毁邱少云烈士，被法院判决公开赔礼道歉，并连带赔偿原告邱少云烈士之弟邱少华精神损害抚慰金。

网络暴力是指网民在网络空间通过发布不实信息、公开他人隐私、发表诋毁、谩骂、侮辱性言论对他人进行人身攻击，给当事人造成伤害的行为。社交媒体的出现使网络暴力行为更易实施，对当事人更易造成伤害。新冠肺炎疫情发生以来，多位确诊患者的姓名、性别、年龄、身份证号、电话、户籍地址等隐私信息遭披露，给当事人造成极大困扰。2020 年 12 月，四川省成都市出现新冠肺炎确诊病例。有关部门公布了新冠肺炎确诊病例赵某的活动轨迹，轨迹显示赵某几天内多次出入酒吧等娱乐场所。随后，赵某大量个人信息被披露，众多网友对赵某的生活作风等进行谩骂嘲讽，使其遭受了巨大精神压力。

无论是发布虚假信息、不当言论，还是侵犯他人隐私、发动网络暴力，网友都是其中的重要力量，这凸显了社交媒体时代网友媒介素养的缺失。

(二)传播者层面

社交媒体的一个重要特点就是新闻信息随着社交网络进行传播，在社交媒体时代“转发”已经成为新闻获得传播力和影响力的重要来源。一位用户在朋友圈转发某条微信图文，他的所有好友都成为这条图文的潜在读者。

转发什么内容受到多种因素影响，如个人偏好、信息内容、关系网络等。对转发者来说，转发微博或微信图文成为用户自我表达、自我形象建构和自我认同形塑的过程。转发什么样的内容，代表自己关注什么样的问题，也就意味着自己是一个什么样的人。转发也是个人社会关系网络的再确认，微信好友之间互相“点赞”或“评论”也是线上社会交往的一种方式。不仅如此，网友还可以在转发的同时针对转发的内容进行评论，进一步表达观点和态度。对于自己的微信好友或关注自己微博的其他用户来说，转发也是信息的筛选和推荐过程。

对于一些流量明星来说，他们发布的微博往往能产生巨大的转发量。2015年6月，吉尼斯世界纪录认证机构宣布王俊凯2014年9月21日发布的一条博文截至2015年6月19日中午12点共产生42776438条转发，获得“转发最多的一条微博TM信息”的称号。然而，流量明星的巨大转发量也存在流量造假的嫌疑。央视曾对明星流量造假行为进行曝光，流量造假已经形成完整的产业链，产生了很大的负面影响。社交媒体用户媒介素养方面的问题主要表现为转发的虚假不良信息破坏网络环境，助长谣言传播。微信是基于熟人的社会关系网络，微信好友的身份、职业、年龄、性别、性格等大都是清晰明确的，这种熟悉的关系有助于增强图文的可信度，如果用户转发的内容是虚假不实信息，转发者无形中成为网络谣言的推手。

（三）接收者层面

在新传播环境下，社交媒体已经成为网民新闻信息的重要来源。从接收者层面来看，社交媒体时代的受众媒介素养缺失主要体现在以下几个方面。

1.对网络谣言缺乏辨识能力

谣言的出现和流传有深刻的社会心理根源，如有学者认为谣言“是一种缓解焦虑和不确定性的尝试”①，谣言能让人“从恐慌中解脱出来”②，谣言是一种反权力③，谣言是一种社会抗议④。社交媒体为谣言传播提供了新的渠道，已经成为网络谣言散布的温床，社交媒体上的网络谣言传播速度更快、影响规模更大，政治谣言、食品安全谣言、突发公共事件相关的谣言、明星人物谣言等顷刻间就能传遍整个互联网。网友因为个人学历、媒体经验等往往对此缺乏辨识能力；此外，很多谣言通过人际关系传播，熟人的可靠性又

---

① Prashant Bordia, Nicholas DiFonzo, “Problem Solving in Social Interactions on the Internet: Rumor as Social Cognition”, *Social Psychology Quarterly*, 67(1), 2004, pp.33-49.

② ［德］汉斯-约阿希姆·诺伊鲍尔：《谣言女神》，顾牧译，中信出版社2004年版，第39页。

③ 参见［法］卡普费雷：《谣言》，郑若麟、边芹译，上海人民出版社1991年版，第19页。

④ 参见胡泳：《谣言作为一种社会抗议》，《传播与社会学刊》2009年第9期。

增加大了谣言的迷惑性。

2.社交媒体成瘾

社交媒体成瘾是指用户无法抵抗社交媒体的诱惑,用于社交媒体的时间和频度超越正常限度,从而给自身的生活、学习、工作、社交、生理及心理健康造成负面影响。许多网友都有这种体会,睡前刷朋友圈不知不觉就过去了一个小时,刷短视频的时候各种有趣的内容不断涌现出来,自己根本停不下来。这就是典型的网络成瘾。

有学者研究了 Facebook 的成瘾行为,总结出网络成瘾的 6 个要素:(1)显著性(salience),成瘾活动对思想和行为产生支配;(2)情绪改变(mood modification),成瘾活动调节或改善情绪;(3)耐受性(tolerance),需要增加活动量才能达到先前的效果;(4)终止(withdrawal),当活动停止或突然减少时产生的不愉快的感觉;(5)冲突(conflict),在人际关系、工作/教育和其他活动中引起冲突;(6)复发(relapse),在禁欲或控制后恢复到早期活动模式。① 社交网络成瘾能给用户带来明显的负面后果,如人际交往懈怠、睡眠时间减少、影响工作表现、学习成绩下降等,此外还会伴随沮丧、颓废等负面情绪。

四、如何提升社交媒体时代用户的媒介素养

随着社交媒体用户数量不断扩张,社交媒体用户媒介素养已不是个别群体、个体或机构的问题,需要全社会共同努力。提升社交媒体用户媒介素养,需要政府、平台、用户三方面施以合力。

(一)政府方面

政府有关部门应探索将媒介素养教育纳入学校课程教育体系。西方许多国家都把媒介素养作为民众教育的重要方面,将媒介素养相关教育纳入学校课程。与西方国家相比,我国在这方面还存在很大的短板。以美国为例,早在 2000 年之前,美国就有 48 个州颁布了媒介素养教育课程指导准则。在美国的中小学教育体制中,媒介素养教育分布于语言艺术与传播艺术、社会研究性质课程、健康教育课程、美术与表演艺术课程四个课程门类

① C. S. Andreassen, et al., "Development of a Facebook Addiction Scale", *Psychol Rep*, 110(2), 2012, pp.501-517.

当中。[①]

除了学校教育外，政府还应针对不同人群开展专门性媒介素养培训。近年来使用社交媒体的老年人越来越多，社交媒体对于满足老年人的休闲娱乐、人际沟通等需求发挥了重要作用。同时，由于生活经历、年龄、文化素养、接受能力等方面的原因，老年人在社交媒体环境下的媒介素养缺失问题日益凸显，对老年人的身心健康、家庭关系、财产安全等各个方面产生负面影响。因此，政府应该通过街道办事处、社区、老年大学等机构开展针对老年人的媒介素养培训。此外，农村留守儿童、职前教师、政府官员等群体同样需要有针对性的媒介素养教育。

此外，政府应从机构设置和财政支持两个方面提高对媒介素养教育的重视程度。如探索尝试在各级教育部门成立专门的负责媒介素养教育的部门和处室，统筹本辖区内媒介素养教育的综合管理和组织实施工作；成立媒介素养教育基金、设立媒介素养教育专项课题，供高等院校、科研院所、传媒机构等申报实施，以开展媒介素养教育相关活动。

（二）机构媒体方面

在当前的媒体传播环境中，对于媒体机构来说，传统媒体和新媒体之间的划分已经失效，报社、期刊社、广播电视台等传统意义的大众传媒无不开展媒介融合探索，开通各种新媒体平台，如微信、微博、抖音、客户端及其他自媒体号。因此，我们用机构媒体来指代传统意义上的报纸、广播、电视等大众传媒机构。我国的机构媒体是党和国家宣传事业的一部分，应遵循社会效益和经济效益相统一的原则。尽管在新媒体环境下机构媒体的受众被分流，但不可否认的是，机构媒体经过近几年的媒介融合探索仍有相当大的传播力和影响力，更有自媒体无法比肩的公信力。因此，机构媒体应该在民众的媒介素养教育方面发挥作用。

机构媒体可以在相关新闻报道中增加媒介素养教育的内容。近年来，涉及网民媒介素养的新闻层出不穷，如网络诈骗、网络暴力等。2020 年 10 月发生的“假靳东”事件成为一时热点新闻，引发全国媒体报道。机构媒体在报道此类新闻时，除了事实报道外还应该增加一些深度内容，揭露事件背后的原因、背景等深层次信息，从而给读者以启迪。还可以采访相关专业人

---

① 参见陆晔等：《媒介素养：理念、认知、参与》，经济科学出版社 2010 年版，第 68～73 页。

士对新闻事件进行专业解读，给网民以警示。同时，面对此类新闻，机构媒体还可以配发编者按、记者手记、新闻评论等对事件进行进一步解读，对受众进行有针对性的媒介素养教育。

（三）用户方面

在社交媒体背景下，用户需加强自我学习和自我教育，在充分发挥主观能动性的前提下提升自身媒介素养。纸媒时代，媒介素养侧重于文字读写能力，掌握一定数量的汉字，能够流畅地阅读报纸文章就具备了作为报纸受众所需要的基本媒介素养。而这一媒介素养的形成只需要接受学校教育即可。然而，随着传播媒介的演进，文字读写能力已无法满足当代新媒体对用户媒介素养提出的新要求。

学校教育提供的文字识读能力已经无法满足用户提升媒介素养的要求，社交媒体时代的用户需要确立终身学习的理念，在日常媒介使用过程中不断提高自身媒介素养。终身学习的必要性体现在以下两个方面：一方面，媒介环境不断变迁，新媒介层出不穷，新出现的媒介对任何人来说都是新的，只有通过学习才能掌握；另一方面，媒介对日常生活的影响日益深入，媒介已经不仅仅是新闻信息获取、休闲娱乐等方面的工具，而是日常生活的一部分，缺乏相应的媒介素养和对相关媒体的使用，将给生活带来各种不便。因此，树立终身学习理念，在日常媒介使用中不断学习，才能从根本上提高自身媒介素养。

推荐阅读

1.童清艳：《受众研究》，上海交通大学出版社 2013 年版。

2.［英］罗杰・迪金森等编：《受众研究读本》，单波译，华夏出版社 2006 年版。

3.［英］麦奎尔：《受众分析》，刘燕南等译，中国人民大学出版社 2006 年版。

思考题

1.传统意义上的新闻受众有哪些特点？这些特点对于新闻的生产和传

播产生了哪些方面的影响？

2.从“受众”到“用户”的转变过程发生了哪些变化？

3.社交媒体时代新闻受众媒介素养存在哪些问题？提高受众媒介素养可以从哪几个方面着手？

第十二章　新闻媒介产业的经营与管理

新闻媒介产业的经营管理大致可分为两个方面：一方面是国家对新闻事业的管理，另一方面是新闻单位所进行的产业经营活动。新闻媒介产业具有重要的意识形态属性，对新闻媒介产业进行管理是世界各国通行的做法。当前媒介环境的迭变对新闻管理提出新的挑战、形成新的难点，如何有效地对媒介产业进行管理事关社会主义建设大局。新闻媒介产业还有很强的经济属性，对于新闻单位来说，在市场竞争中获取利润是重要的生存根基。同时，除了经济上的目标，媒介产业经营活动还应追求社会目标，把社会效益放在首位，实现社会效益和经济效益的有机结合和良性互动。

第一节　新闻媒介产业的属性

新闻媒介产业的属性在我国曾产生激烈争论，随着市场经济体制的确立和传媒产业格局的变迁，新闻事业的属性才日渐明晰。随着传播环境的变化，新闻的内涵在一定程度上得到了更新，新闻的边界也得到了一定程度的扩张，这要求我们对新闻事业属性的认知也要与时俱进。在现有新闻传播环境下，新闻事业的意识形态属性和经济属性最为突出。

一、意识形态属性

意识形态是一个内涵丰富、不断变动且极具争议的词语。意识形态既可以看作一种“虚假”观念的反映，也可以看作代表统治阶级思想的一种观念体系。同时，意识形态在一定的社会环境下还可以成为进步阶级的思想武器。新闻事业的意识形态属性主要突出其代表一定阶级、阶层或社会群体的利益，通过新闻的选择、建构、把关等发挥舆论引导的作用。

关于新闻事业的意识形态属性，马克思主义经典作家进行了充分论述，产生了喉舌论、政治家办报、新闻的党性等诸多观点。

（一）喉舌论

早在1986年，晚清著名报人、维新派人士梁启超就将新闻媒介视为耳目喉舌。他在《论报馆有益于国事》一文中说："去塞求通，厥道非一，而报馆其导端也。无耳目，无喉舌，是曰废疾。"[①]在他看来，报馆作为耳目喉舌的主要作用在于"去塞求通"，即实现信息的沟通。清末资产阶级革命派利用报纸鼓吹革命，将报纸视为传播革命声音的手段。孙中山曾将《民报》称为"同盟会之喉舌"。中国共产党在不同的历史时期都非常重视新闻媒体的宣传功能，突出其喉舌属性，强调新闻事业要将党的路线、方针、政策宣传给党员和群众，是党的事业的"宣传者"和"组织者"。

（二）政治家办报

无论在中国还是西方，报纸都与政治产生过密切关联。西方曾经有过很长一段政党报刊时期，报社接受政党的资助，替政党说话。我国清末无论是资产阶级改良派还是资产阶级革命派，都把报纸作为传播政治理念、实现政治理想的重要工具，并开展办报活动。

中国共产党历来重视宣传事业，早期革命领导人有丰富的办报经验，而"政治家办报"这一理念，最早由毛泽东提出。1957年前后，毛泽东在对邓拓、胡乔木、吴冷西等人的谈话及相关会议上提到"政治家办报"，主要强调报纸要与政治密切联系。

此后，中国共产党历任领导人对政治家办报继续论述、阐释、继承和发展。在当前的传播环境下，政治家办报的范围已经不仅仅是报纸，而应该扩展到广播、电视、互联网等领域，各媒体都要加强思想引导和舆论引领，以生动、贴近、通俗的方式将党的路线、方针、政策传递给广大人民群众，并进行权威、接地气的解读。

（三）党性原则

列宁最早将党性与新闻事业连在一起。1905年，列宁在《党的组织和党

---

① （清）梁启超：《论报馆有益于国事》，《时务报》1896年创刊号。

的出版物》中的相关阐述被认为是新闻事业党性原则的滥觞。这篇文章强调要正确处理新闻事业和党的事业的关系，强调新闻工作者应该站在党的立场上开展工作，党报要接受党的领导和监督。

中国共产党对新闻事业党性原则有过充分论述，1942 年《解放日报》改版社论中提出要贯彻“党性、群众性、战斗性和组织性。”新中国成立后，新闻事业的党性原则继续得到贯彻和强调。

近些年，随着社会主义市场经济体制的确立、新闻改革的深入和网络媒体的蓬勃发展，新闻传播环境、媒介构成、媒介体制发生了重大变化。除了党报、党刊、党台外，还有党报、党刊、党台创办的市场类媒体，党报、党刊、党台及其市场类媒体创办的网络媒体以及社会上以个人和企业为主体创办的自媒体等。面对复杂的媒介构成，有人可能产生如下疑问：党政媒体要坚持党性原则，其他性质的媒体是否要坚持党性原则？如何坚持党性原则？我们认为，除了党报、党台、党刊外，其他性质的新闻媒体也应坚持党性原则，具体来说，体现在以下三个方面：一是坚持正确的政治方向，二要接受各级宣传部门的领导和管理，三是坚持正确的舆论导向。

二、经济属性

过去我们通常将新闻媒介定义为上层建筑的一部分，突出新闻媒介的意识形态属性，新闻媒介的经济属性在很长时间内被遮蔽。1957 年，王中提出新闻事业的两重性：“一重是宣传工具，一重是商品，而且要在商品性的基础上发挥宣传工具的作用。”[①]随着我国新闻改革的不断推进，尤其是“事业单位、企业管理”的传媒体制的确立，新闻事业的商品性日益突出。李良荣继续对新闻媒介的属性进行探讨，认为我国的新闻事业具有“上层建筑”与“信息产业”的双重属性。[②] 在当前的媒体环境下，新闻事业的经济属性主要表现在以下几个方面。

（一）近代报纸是西方商品经济发展的产物，现代新闻业已经成为国民经济的重要组成部分，创造了巨大的经济收益

近代报纸的出现与欧洲资本主义发展带来的信息需求密切相关。商品经济的发展产生了对新闻信息的需求，同时也为新闻事业的形成奠定了必

① 王中：《新闻事业的发展规律和报纸的职能》，《王中文集》，复旦大学出版社 2004 年版，第 16 页。

② 参见李良荣、沈莉：《试论当前我国新闻事业的双重性》，《新闻大学》1995 年第 2 期。

要的物质条件，如纸张行业和印刷行业的发展、交通运输的进步等。

资本主义工商业发展带来的商品销售需求，使报纸广告成为一种刚性需要，报纸得以从政党报刊转变为商业报刊。新闻机构成为一个能够获取巨额利润的经济组织。西方现代报纸进入商业报纸阶段后，报纸开始脱离党派的资助，成为自给自足的机构。美国报业史上的《纽约太阳报》开创了大众报纸的风潮，成为了第一份以商业理念创办的商业报纸。由于巨大的发行量，《纽约太阳报》获得了广告商的青睐，除了新闻还刊登大量广告，开创了后来的“二次销售”模式，引发无数模仿者。近些年，西方先后出现了一些传媒巨头，如默多克的新闻集团是一个横跨报纸、广播、影视、期刊、网络及其他行业的巨大的集团。

中国近代报业史上《申报》开广告业务之先河，史量才主持的《申报》取得商业上的巨大成功，其广告版面已经超过新闻和副刊。1949 年、1978 年，我国先后尝试报纸企业化经营。社会主义市场经济体制确立以来，我国的新闻产业获得巨大发展，商业性广播电视台、商业性报纸空前繁荣。尤其是 1995 年《华西都市报》开创的都市报传统，让各家都市报给所属的传媒集团创造了巨额利润。

（二）新闻是一种商品，需要订户付费购买

新闻作为商品，首先体现在用户需付费获得承载新闻的媒介产品。尽管大多数电视新闻产品不需要用户直接支付费用，但电视台能利用插播在新闻等节目之间的广告时段赚取经营收益，同样具有很强的商品性。

近年来，各大媒体对新闻版权的维护进一步体现了新闻作为商品的特性。过去，报纸等传媒将自己的新闻产品免费提供给门户网站，以扩大报纸的影响力。近年来，随着版权意识的增强和报业经营形势的恶化，各大媒体纷纷成立专门部门维护自己新闻产品的知识产权。在这方面，《新京报》的探索具有很强的代表性。近年来，《新京报》的版权收入已经成为报社营收的重要来源。国内媒体纷纷同今日头条、一点资讯等网络新闻媒体签订版权协议，将自己的新闻产品售卖给对方。

不断兴起的在线内容“付费墙”直接向读者收费阅读，使新闻产品的商品性更加突出。2009 年以来，新闻集团旗下的报纸《泰晤士报》《华尔街日报》等先后开始实施内容付费策略。2013 年，美国第一大报业集团甘乃特旗下所有 82 家报纸建立“付费墙”。至 2017 年底，《纽约时报》已有 260 万数字

付费用户，全年订阅收入超过10亿美元，占总收入的60%以上。付费阅读在中国还处于起步阶段，2017年财新传媒率先尝试付费阅读，取得了良好效果。

近年来，知识付费在我国不断发展，逻辑思维、分答、得到等知识付费产品获得了一大批用户，让我们看到新闻付费阅读的巨大潜力。付费墙进一步突出了新闻产品的商品性，付费读者购买的不是报纸这个物品而是新闻内容本身。

（三）新闻业在经济和市场活动中发挥重要作用

新闻业在经济和市场活动中的作用主要通过广告表现出来。商品流通离不开商品信息的传播，而广告对于商品流通具有重大意义。

广告和大众传媒的结合是广告发展史上重要的里程碑事件，除了给新闻业本身带来巨大改变外，也使广告进入全新的传播时代。在我国社会主义市场经济发展的历史上，媒体广告曾经给商品的销售带来巨大促进作用。经济属性是新闻媒介产业的属性之一，然而过于强调新闻媒介产业的经济属性也可能带来负面影响，如虚假新闻、低俗新闻、有偿新闻和有偿不闻、恶意炒作等。在探讨新闻媒介产业的经济属性时，必须坚持经济效益和社会效益的有机结合，要始终把牢舆论宣传的正确导向。

第二节　国家对新闻媒介的管理

新闻媒介除了经济属性外还有很强的意识形态属性，其传播的内容对社会有巨大影响。因此，任何时代、任何国家都对新闻媒介进行严格管理。这种管理既是维护社会稳定，保证经济发展的需要，也是巩固政治统治和政权平稳的需要。当前，传播环境更加复杂、传播主体更加多元、传播手段更加丰富，新的媒介形态不断出现，给新闻媒介的管理提出新的挑战和命题，在对新闻媒介进行管理时应按照舆论引导的要求、关照传媒整体环境、尊重市场运作的规律，科学有效地进行管理。

一、当前国家对新闻媒介管理的难点

传播媒介的不断发展带来了传播主体、受众、方式的巨变，在当前的传播环境下已经不存在真正意义上的传统媒体，报纸、广播、电视等都进行了

深度的媒介融合探索，传统媒体机构利用自身优势不断拓宽传播渠道。"事业单位，企业管理"的媒介经营体制，也给我国新闻媒介的管理带来挑战。

（一）传媒体制带来的管理难点

对我国新闻改革进行过深入研究的李良荣教授提出我国新闻体制的"事业单位、企业管理"模式，并认为"它有事业单位的义务，却不能享受事业单位的权利；它有企业的义务，却不能享受企业的权利"[①]。从当前的传媒运作来看，我国各级党台、党报、党刊享受财政拨款，而它们旗下的市场类媒体，如党报旗下的都市类报纸等，则需要面向市场竞争获取利润以维持自身运转。同时，作为党宣传事业的一部分，它们也要接受新闻宣传部门的管理。市场类媒体需要吸引受众以扩大影响力从而吸引广告用户，这是在传统的"二次售卖"模式下新闻媒体在市场中立足的根本。对于市场类媒体来说，新闻监督类稿件往往能吸引大量读者从而在报业竞争中占据优势。例如，1999 年创刊于青岛的《半岛都市报》之所以能迅速在青岛报业市场站稳脚跟，在此后的报业竞争中占据优势，一个重要原因就是《半岛都市报》是《大众日报》的子报，这决定了它更便于刊发监督类稿件。在创办早期，"半岛敢说话""有事找半岛"成为青岛市民的共识。从另一个角度来看，《半岛都市报》的敢说话，恰恰成为地方宣传部门对新闻媒体进行管理的难点。

媒体也纷纷认识到刊发监督类稿件对于扩大影响力的重要意义，在过去一段时期，许多地方媒体和地方新闻主管部门玩起"猫捉老鼠"的游戏，被形象地概括为"临场发挥"[②]。比如，在新闻主管部门还没反应过来的时候，第一时间把负面新闻发布出去，等收到相关通知和要求后再做处理；再如，将某些本地媒体无法操作的新闻线索提供给外地媒体的记者等。临场发挥一方面在某种程度上保证了受众的知情权，另一方面也给新闻主管部门的媒介管理造成困难。正如学者丁柏铨所说，要让既具有意识形态属性又具有新闻产业属性的新闻传媒，在体现其意识形态功能的时候不与其产业属性相违背，而在体现其产业属性的时候又不与其意识形态属性相违背，需要找到契合点。[③]

---

① 李良荣：《论中国新闻媒体的双轨制——再论中国新闻媒体的双重性》，《现代传播》2003 年第 8 期。

② 潘忠党：《新闻改革与新闻体制的改造——我国新闻改革实践的传播社会学之探讨》，《新闻与传播研究》1997 年第 3 期。

③ 参见丁柏铨：《新闻理论新探》，新华出版社 1999 年版，第 236～249 页。

(二)传媒技术发展带来的管理难点

论坛(BBS)使普通网民获得了网上发声的渠道。在论坛时代,大量新闻在天涯社区、百度贴吧、猫扑网等发酵。博客的出现进一步催动了“人人都有麦克风”,催生了“公民记者”群体的出现。对于这些公民记者,新闻主管部门对他们的管理存在非常大的难度。随着移动通信网络的发展以及智能手机为代表的移动通信终端的普及,博客之后的微博、微信、短视频等使得“人人都是记者”成为趋势。普通网友在路过新闻现场的时候,用手机拍摄即可将新闻现场通过互联网传播。

在自媒体平台上产生的众多网红大V,他们不隶属于任何新闻媒介机构。有些网红出于各种目的进行恶意炒作,扰乱互联网环境。例如,“立二拆四”“秦火火”等制造大量网络谣言,产生极大的传播力,严重扰乱网络传播环境。部分网络大V宣扬历史虚无主义,对革命先烈肆意污蔑,产生了恶劣后果。不仅如此,新闻信息借助移动互联网平台能够现快速传播,这也增加了新闻宣传部门管理的难度。

对于机构媒体来说,从《人民日报》、新华社到省市县各级媒体纷纷开设官方微信、官方微博、官方抖音等,进行媒介融合,并取得积极成果。这对于我们占领网络舆论场,实现党的声音在网络平台的传播具有重要意义。同时,这些新媒体号的话语方式、运作模式、内容生产方式等与过去存在很大不同,这一现象也给媒介管理带来新的命题。

(三)新闻实践新变化给媒介管理带来的困难

从2012年开始,我国报业广告经营额经历断崖式下滑,曾经经济状况良好的报社开始入不敷出,“纸媒寒冬论”甚嚣尘上。近年来,每年都有报纸关张的消息传出。面对严峻的生存态势,各媒体积极开展自救。自救的一个重要路线就是打破过去对“二次销售”这一经营模式的依赖,纷纷开始多渠道、多元化经营。

在当前的媒体环境下,新闻媒介单纯依靠广告已经很难生存下去。一方面是各种新媒体平台的崛起,分散了网友和用户的注意力,报纸、广播、电视等的发行量、收视率急剧下滑,广告价值日趋缩水。另一方面是在“万物皆媒介”的局面下,新闻媒体过去的广告客户纷纷在微博、微信、抖音、快手等平台开设账号,他们的自我宣传、自我营销也能取得良好的效果。因此,对媒体广告的需求和依赖性越来越低。然而，新媒体也使过去的广告客户产生了新的需求，如舆情应对、宣传策划、整合营销等。

在“二次销售”日趋失能、客户新需要不断出现的背景下，新闻单位开始摸索新的盈利模式，新闻单位和政府机关、企业等的关系产生了变化。大量新闻单位进行采编流程再造、内部架构调整，这些新实践给新闻事业管理提出新命题、带来新挑战。

二、西方国家的新闻媒介管理

尽管西方发达国家宣称新闻自由，但实际上他们依然采取各种措施对新闻媒介进行管制。有学者指出：“美国政府除了通过法律，如关于煽动、淫秽、诽谤、隐私、新闻自由、公平审判、版权和广电媒体所有权反垄断立法等手段，对传媒实行多方面直接控制外，还采取许多手段对媒体实施间接有效地控制。”①

（一）西方的媒介体制

讨论西方国家的媒介管理，首先要对西方国家的媒介运行体制进行划分。目前世界上的媒介体制主要分为公营媒介体制、私营媒介体制和国营媒介体制三种，其中国营媒介体制以中国为代表，党报、党台、党刊属于国有，旗下面向市场展开运作的市场类媒体也属于国有资产。西方媒介运行体制，包括公营媒介和私营媒介两种，两种媒介体制并非完全隔绝，往往在一个国家中同时存在。

“公共媒介既不以营利为目的也不为国家所有，它将商业压力和政治干涉排除在外，其存在是提供公共服务。通过公共媒介，公民获得信息、接受教育，并享受娱乐。当多族群的利益、节目的多样性、编辑的独立性、适当的资助方式、责任和透明度有保障之时，公共媒介可以起到民主基石的作用。”②一般认为公营媒介起源于英国广播公司（BBC），日本广播协会（NHK）、德国的德国广播联盟也是公营媒介的代表。公营媒介不以营利为目的，主要目标在于为公众提供有关教育、公共文化、公共服务等方面的信息，致力于提高公民文化水平、参政能力等。公营媒介原则上属于全体人民，与政府、资本保持距离，一旦获准设定后即独立运行。公营媒体一般不

① 明安香：《美国新闻传媒与政府的关系剖析》，《社会科学管理与评论》2005 年第 1 期。

② 罗彬：《国外公共媒介管理制度借鉴研究》，《新闻爱好者》2015 年第 4 期。

播放广告，以避免商业利益的渗入，其主要收入来源是视听费。尽管公营媒介不完全归国家所有，但是西方政治势力对公营媒介依然有很大的影响力。

与公营媒介相对的是私营媒介，私营媒介由私人或股东投资创办，其本质是以营利为目的的私营企业。私营媒介自主经营，独立运作，不受政府的控制，强调对股东负责，以董事会为最高管理机构，以广告经营为主要收入来源，经营的主要目标是获取商业利润。为了实现盈利，私营媒介要迎合受众，不断扩大受众规模，这导致私营媒介存在一定程度的媚俗化倾向，娱乐新闻占比较高。同时，还要维护广告客户的利益，大银行、大企业等在很大程度上能对私营媒介的经营产生影响。西方普遍将媒体视为“看门狗”、第四等级，在这一点上私营媒体在一定程度上可以发挥监督政府的功能。近年来，西方的私营媒介集团化、垄断化、跨国化趋势越来越明显。美国哥伦比亚广播公司（Columbia Broadcasting System，CBS）等六大媒体集团控制了90%左右的观众市场[①]，默多克借助其旗下的新闻集团成为全球最举世瞩目的传媒大亨。

（二）西方国家对媒介的管理手段

西方国家对媒介的管理可以分为刚性手段和柔性手段两种。刚性手段主要是通过法律、行政力量等强制措施对新闻媒体的报道和宣传活动进行管理，柔性手段主要通过公关、补贴等方式引导媒介服务于政治。

1.西方媒介管理的刚性手段

（1）通过新闻法条或新闻判例对新闻报道活动进行管理。西方国家有关新闻的法律法规繁多，这些法律法规除了发挥保护新闻自由、保证节目质量、保护新闻当事人相关权利的作用外，也是对新闻报道活动进行管理的手段。尽管美国一再声称“新闻自由”，并通过宪法第一修正案从最高法的角度对新闻自由予以确认和保护，但是美国的新闻自由现实却并不如想象得那么乐观。有国际组织统计，2018 年美国新闻自由指数居全球第 45 位。[②]美国没有独立的新闻法，但通过判例和其他法条对新闻媒介的采访和报道活动进行管制，如《反间谍法》《反煽动法》等。英国对媒介的法律控制由为数众多的判例、法条组成，英国立法部门还会专门以立法的形式应对某些特殊的传媒事件。2002 年，英国议会为阻止新闻集团对英国媒介的并购专门

---

① 李良荣:《新闻学概论》,复旦大学出版社 2011 年版,第 217 页。

② 参见崔欣、许加彪:《美国法律框架与新闻自由的冲突与平衡》,《新闻知识》2018 年第 11 期。

修改相关法律。

(2)设立政府机构,发挥行政力量。西方国家管理新闻媒介的另一个重要手段就是设立政府机构,通过行政禁令、行政审查等方式对新闻媒介进行管理。美国的新闻管理机构对媒介的管制随着国际和国内形势的变化时紧时松。从一战开始美国先后设立公共信息委员会、军事情报处、战时新闻局、传播办公室、全球宣传办公室等机构,对新闻媒体的报道活动进行监管。这些机构经常以军事机密、国家利益等理由,对新闻媒介的报道活动进行干涉。“9·11”事件后,美国政府加强了对媒体的管制,要求“凡是战争报道都必须严格遵照要求发表”,对违反规定的媒体和记者进行严厉处罚。[①] 英国、法国、德国等西方国家都设有相关行政机构负责管理新闻媒体。

2.西方媒介管理的柔性控制

除了以上刚性手段外,西方媒体还“练就了一套运用、引导、控制甚至操纵媒体的本领,积累了丰富的经验。他们善于根据自己的需要……用适当的方式来传递信息”[②]。这些手段比刚性手段更丰富、更具隐藏性,对媒体往往能产生出其不意的效果。

(1)以发布新闻左右舆论。政府部门发布的时政新闻对于国计民生有重要价值,成为媒介竞争的重要方面。而这些信息大多掌握在政府官员手中。欧美国家政府官员经常利用掌握的信息资源左右舆论。美国早在19世纪初就建立了新闻发言人制度,新闻发言人通过披露部分事实、掩盖部分事实等方式引导舆论。除了新闻发言人,美国政府官员还经常以“泄密”的方式,通过非官方渠道透露官方消息,以左右舆论。这种方式一方面是对亲近媒体的支持,报道独家重要时政要闻对于增强媒体影响力意义重大;另一方面也是对部分不合作媒体的惩罚,失去重大消息意味着记者的失职和媒体的失能。“泄密”能从正反两方面迫使媒体和政府建立良好的沟通和合作关系。不仅如此,通过非正式渠道透露官方消息还降低了政府部门“造谣”的成本,为利用虚假消息欺骗媒体和公众提供了诸多便利。

(2)以财政手段影响媒介。以财政手段影响媒介主要有两种常见的方式:一是大财团控制媒介,美国等西方国家的媒介集中程度非常高,几家大财团控制着国内绝大多数媒体。美国的私营财团以盈利为根本目的,而这些财团又对政治有很深的卷入,政治候选人上台后实行的政策可能对它们

---

① 参见张艳梅、安平:《西方发达国家政府舆论宣传管理措施述论》,《中州学刊》2009年第4期。

② 明安香:《美国新闻传媒与政府的关系剖析》,《社会科学管理与评论》2005年第1期。

的经营活动产生重大影响。因此，财团和政府之间存在密切联系，通过这种关系，财团成为政府影响媒介的一个杠杆。此外，英美等国政府还经常以税收、财政补贴等方式对媒介机构产生影响。

(3)以行业自律管理媒介。英美等国有数量众多的新闻传播行业组织。早在 1936 年，英国全国记者联盟就制定了《行为准则》，1953 年英国成立报业自律组织"英国报业总评议会"，1991 年英国建立"新闻投诉委员会"[①]。行业自律组织除了保护新闻自由、防止报道权滥用、维护新闻行业的操作规范外，也在一定程度上为政府管控媒介提供了中介。

除了以上手段外，西方国家还通过雇用写手对政府有关政策进行宣传鼓动，借助公关公司控制和影响媒介等。

三、我国的新闻事业管理

我国的新闻媒体是党和人民的耳目喉舌，是宣传大政方针、报道先进典型、弘扬社会正能量、传播社会主义核心价值观、凝心聚力开展社会主义建设的重要力量，有效管理对于发挥新闻事业的功能具有重要意义。随着新闻媒介以及传播技术、传播环境的变化，我国新闻事业管理的管理主体发生变化，管理手段也与时俱进。

(一)管理主体

新中国成立以来，我国经历了多轮机构改革，新闻事业管理机构也经过多次变化。1949 年，我国成立广播事业管理处负责对广播台的管理，后改为广播事业局，至 1981 年一直称为"广播事业局"或"中央广播事业局"。1982 年，随着电视的普及，中央广播事业局改组为广播电视部，后又改为广播电影电视部，1998 年改组为国家广播电影电视总局。

1949 年 2 月，成立中共中央宣传部出版委员会，当年 11 月改组为中央人民政府政务院新闻总署。"新闻总署的成立标志着国家开始有计划、有措施地贯彻执行党和政府有关新闻事业的政策方针和执行法令，并召开全国性新闻工作会议，调整和发展新闻事业，研究指导新闻业务的改革。"[②]1951 年完成私营新闻机构改造后，新闻总署撤销。

---

① 吴飞、林敏:《政府的节制与媒体的自律——英国传媒管制特色初探》,《浙江大学学报》(人文社会科学版)2005 年第 2 期。

② 方汉奇主编:《中国新闻事业通史》第 3 卷，中国人民大学出版社 1999 年版，第 30 页。

此后，中宣部成为我国新闻事业的主要管理者，党管宣传的体制进一步确立。中宣部主要负责全局性、导向性、宏观性、战略性的管理以及意识形态建设。1985 年，在文化部下设国家版权局，1987 年改组为国务院直属的新闻出版署，2001 年更名为新闻出版总署，2013 年大部制改革背景下国家新闻出版总署与国家广播电影电视总局合并为国家新闻出版广电总局。2018 年，国家新闻出版广电总局撤销，组建国家广播电视总局、国家新闻出版署（国家版权局）、国家电影局。国家广播电视总局为国务院直属机构，国家新闻出版署（国家版权局）、国家电影局由中宣部统一管理。

地方各级新闻事业单位，由各级党委管理，具体由地方各级宣传部门管理，地方宣传部门负责属地对属地范围内新闻媒体的报道活动进行管理。

值得一提的是，近年来随着媒介融合的推进和网络新闻传播活动影响的与日俱增，各级宣传部门下设网信办对网络新闻单位进行管理。2011 年 5 月，国家互联网信息办公室成立，此后省、市各级网信部门陆续成立。随着媒介融合的发展，网信部门和新闻出版部门、广播电视部门的职能产生一定程度的交叉。例如，对报纸、电视台等开设的新媒体产品，如网站、客户端、微信、微博等，网信部门负有管理职责，但作为主管单位，新闻出版部门和广播电视部门也有管理权限。

（二）管理原则

新闻机构是党的宣传事业的重要组成部分，新闻报道工作是社会主义建设的重要力量。我国新闻事业管理主要贯彻两大原则：一是党管新闻原则，二是属地管理原则。

1.党管新闻原则

党管新闻原则强调中国共产党在新闻舆论宣传工作中的主导地位，各级各类新闻媒体都要接受党的领导，报道党的路线方针政策，新闻媒体尤其是各级党报、党刊、党台在新闻报道活动中要坚持党性原则，充分发挥耳目喉舌的作用。从马克思和恩格斯开始，无产阶级革命者就十分重视报纸的作用，马克思和恩格斯参与创办了大量报刊。马克思和恩格斯把党报视为党的重要思想武器和舆论工具，强调既要发挥党报对党的监督作用，也要坚持党对党报的领导作用。

列宁进一步强化了党对新闻事业领导的观点，在《党的组织与党的出版物》中明确提出了无产阶级新闻事业的党性原则，强调新闻事业是无产阶级革命事业的组成部分，必须接受无产阶级政党的领导。从毛泽东开始，中国共产党历任领导人都十分重视新闻事业的作用，强调党对新闻事业的管理。毛泽东尤其强调新闻事业的党性原则，重视对新闻事业的领导，要求"抓紧对通讯社及报社的领导，务使通讯社及报纸的宣传完全符合于党的政策，务使我们的宣传增强党性"①。

同时，我们也应看到，随着传播环境的变化和新闻媒介自身的进展，党管媒体原则下具体的管理手段、管理方式、管理措施等要不断推陈出新，要不断适应新媒体新环境。在移动互联网背景下，地方新闻宣传主管部门由于种种原因对新闻媒体尤其是网络新闻媒体管理不到位的现象仍然比较突出，一些突发性的负面舆情事件对新闻管理手段提出了更高的要求，处理不好有可能损害党和政府形象、破坏党和政府的权威。总之，在新的媒介环境下，践行党管媒体的原则，必须灵活机动，要不断加强各级新闻宣传干部的新媒介素养，提升党对新闻事业的管理能力。

2.属地管理原则

属地管理原则即根据新闻媒体所在地域确定具体的管理机关。前些年中国传媒市场经历了跨地域办报扩张的高潮，众多报业集团离开自己的驻地开办新的报纸，如光明日报报业集团和南方报业集团联合在北京创办的《京华时报》、山东大众报业集团在青岛创办的《半岛都市报》等。根据属地管理原则，《京华时报》应该接受北京市新闻出版部门的管理，而《半岛都市报》则应接受青岛市新闻出版部门的管理。

属地管理原则的法律依据主要来自《中华人民共和国行政处罚法》《出版管理条例》等。《中华人民共和国行政处罚法》第 22 条规定："行政处罚由违法行为发生地的县级以上地方人民政府具有行政处罚权的行政机关管辖。"《出版管理条例》第 6 条规定："县级以上地方各级人民政府负责出版管理的部门(以下简称出版行政主管部门)负责本行政区域内出版活动的监督管理工作。县级以上地方各级人民政府其他有关部门在各自的职责范围内，负责有关的出版活动的监督管理工作。"第 21 条规定："出版行政主管部门应当加强对本行政区域内出版单位出版活动的日常监督管理。"

以上两个原则对于有效管理新闻单位发挥了积极作用，同时我们也应看到在执行过程中出现的偏差。例如，党管媒体的原则被执行为地方党委

① 《毛泽东文集》第 2 卷，人民出版社 1993 年版，第 454 页。

管理地方媒体，导致地方媒体无法报道当地的负面新闻，出现新闻报道“灯下黑”现象，新闻媒体的监督功能弱化。属地管理原则强化了各地方新闻主管部门的职责，有利于加强对新闻单位的管理。但在实际操作过程中，属地管理原则存在很大的漏洞，在执行过程中往往会出现偏差，如地方公检法粗暴地对外来媒体或外地媒体记者进行人身限制等。

（三）管理手段

1.法律手段

我国尽管没有专门的新闻法，但《中华人民共和国宪法》《中华人民共和国刑法》《中华人民共和国保密法》《中华人民共和国民法典》等法律中有大量法条涉及新闻单位和新闻记者，相关新闻机构和新闻记者的违法行为会遭到严厉查处。“因涉及新闻敲诈、有偿新闻和虚假新闻等问题，2013 年以来中国已有 216 家违规报刊被查处。”[①]新闻记者因触犯相关法律遭到处罚的案例也不鲜见，例如《新快报》原记者陈永洲因损害商业信誉罪、非国家工作人员受贿罪被判处 1 年零 8 个月的有期徒刑。除了以上法律外，有关部门还出台了为数众多的法规、文件，如《新闻记者证管理办法》《报刊记者站管理办法》《报纸期刊审读暂行办法》等，对新闻机构的新闻报道和出版活动进行规范。

2.行政手段

对新闻媒体的行政管理，从媒体发起成立之时就已经开始。在我国，发起成立一家新闻媒体要到相关部门进行申请，获得批准后方能开展新闻报道活动。《出版管理条例》第十二条规定：“设立出版单位，由其主办单位向所在地省、自治区、直辖市人民政府出版行政主管部门提出申请；省、自治区、直辖市人民政府出版行政主管部门审核同意后，报国务院出版行政主管部门审批。”《互联网新闻信息服务管理规定》同样对提供互联网新闻服务的单位提出申请审批要求。申请审批制度从源头上对新闻单位进行管理，可以避免新闻单位过多过滥等问题。

除此以外，新闻出版管理部门还可以通过行政手段对某些新闻单位作出关停、调整、重组等决定。在报业集团化趋势下，国内多家报业集团进行合并改组，其中行政力量发挥了重要推动作用。

---

① 《2013 年以来全国 200 余家报刊因违规被查处》，2014 年 4 月 22 日，http://www.gov.cn/govweb/xinwen/2014-04/22/content_2664392.htm。

3.财政手段

我国的新闻媒体是党的宣传事业的一部分，承担着宣传方针政策、营造舆论环境、弘扬社会主义核心价值观的重任。在新的媒体环境下，传播主体更加多元，传播方式更加灵活，传播平台形式多样。2020 年 9 月，中共中央办公厅、国务院办公厅印发了《关于加快推进媒体深度融合发展的意见》，要求推动主力军全面挺进主战场，以互联网思维优化资源配置，把更多优质内容、先进技术、专业人才、项目资金向互联网主阵地汇集，向移动端倾斜，让分散在网下的力量尽快进军网上、深入网上，做大做强网络平台，占领新兴传播阵地。

主流媒体要占领互联网舆论阵地，离不开资金、人才、政策等方面的支持。近年来，全国各地越来越重视新媒体平台的建设，投入大量资金建设新媒体平台，澎湃新闻、九派新闻、观海新闻等的影响力与日俱增，网上、网下同心圆的圆心越来越接近。这背后，政府财政发挥了重要作用。

第三节　媒介产业经营的目标与原则

媒介产业经营的目标可以分为战略目标和战术目标：战术目标强调新闻媒体通过新闻报道活动获得传播力、引导力、影响力和公信力。战略目标强调在实现“四力”的基础上实现社会目标和经济目标。无论为了哪个目标，新闻媒体的经营活动都要在法律法规规定的范围内进行，自觉接受新闻管理部门的监督和管理，坚持社会效益至上等经营原则。

一、媒介产业经营的目标

新闻媒介产业经营的战术目标是战略目标的前提，战略目标是战术目标的最终归处。

（一）媒介经营的战术目标

媒介经营的战术目标是媒介经营者通过新闻报道活动所要达成的直接的、眼前的、短期的目标，主要包括传播力目标、引导力目标、公信力目标和影响力目标。2016 年 2 月 19 日，在党的新闻舆论工作座谈会上，习近平总书记强调要“尊重新闻传播规律，创新方法手段，切实提高党的新闻舆论传播力、引导力、影响力、公信力”[①]。“四力”成为新闻媒体的重要目标，也是实现经济目标、社会目标的基础。

1.传播力目标

传播力是新闻媒介将其生产的新闻产品进行有效传播的能力，最直观地体现就是报纸的发行量、电视电台的收视收听率、新闻网站的点击率等。获得较大的传播力，是新闻媒体实现其他经营目标的基础。较强的传播力是实现其他经营目标的基础，离开传播力，其他经营目标就成了无源之水、无本之木。

过去，新闻媒体对自己的传播力讳莫如深，对外公布的发行量等往往存在很大水分。而以微信阅读数据可视化等为标志的传播数据的公开，使新闻媒体的传播力直观地呈现在网友面前。同时，传播力大小也进一步具体到一篇作品上。然而，这一做法也带来两方面的负面影响。一方面是为吸引点击率不择手段。许多机构媒体的网络新闻产品标题哗众取宠，部分新闻标题故意缺失关键信息以提高打开率。而网民看到新闻全貌后往往发现新闻与自己没有任何关系，浪费注意力。另一方面是流量造假。利用人工或机器手段刷流量可以在短时间内提高阅读量，然后是对大众和广告商赤裸裸的欺骗。新媒体时代，传播力已经不仅仅是发行量、收视率那么简单，点击率也不能代表传播力的全部，粉丝数、点赞数、转发数、评论数、客户端装机量等都成为衡量传播力的重要指标。

2.引导力目标

“引导力一般是指新闻媒体根据自己设置的议程或议题引导受众进行思考，或者是引导他们朝着什么方向去认识和理解新闻的一种能力。”[②]新闻媒体的引导力事关社会舆论走向。当前我国处于社会转型和高速发展期，媒体引导力尤为重要。在这种背景下，主流媒体的舆论引导力尤其重要。比较有代表性的事件是2021年5月的成都四十九中学生坠楼事件。事件发生初期网络上传出各种谣言，引发网民对学校、公安系统和政府部门的质疑。面对汹涌的舆情，5月13日新华社发布报道，详细还原事件经过，澄清相关谣言，舆情才逐渐平息，在此次事件中新华社展现出了非常强的引

① 习近平：《坚持正确方向创新方法手段 提高新闻舆论传播力引导力》，2016年2月19日，http://www.xinhuanet.com/politics/2016-02/19/c_1118102868.htm。

② 沈正赋：《新媒体时代新闻舆论传播力、引导力、影响力和公信力的重构》，《现代传播》2016年第5期。

导力。

3.影响力目标

罗杰斯在《创新的扩散》中将传播活动区分为“信息流”和“影响流”，认为良种和新技术的采用是沿着“革新者—早期采用者—早期追随者—晚期追随者—落后者”这一影响轨迹进行的。对于媒体来说，信息传播和影响的实现是两回事。与传播力、引导力相比，影响力更多的是一个综合的、宏观的概念，影响力的获得，是新闻媒体日积月累的结果。影响力的一个重要表现是监督性报道的成效。例如，对一些监督性新闻报道，报道发布之后是否对相关单位产生影响，相关单位是否立即整改，有关负责人是否承担了相应的职责等。

4.公信力目标

公信力强调新闻媒体在长期的新闻报道活动中，所形成的获得社会普遍信任的能力。公信力要求新闻媒体在每一次报道活动中都恪守新闻报道的基本原则，做到真实、客观、公正、平衡。在新闻报道活动中，对公信力损害最大的就是虚假新闻。例如，2013 年发生的陈永洲事件，给《新快报》媒体公信力造成重大负面影响。事件发生后，《新快报》不从自身的新闻生产和新闻报道中找原因，反而两度发表言论要求司法机关“放人”，公开以新闻舆论介入司法活动。事后，当事记者供认了自己的违法事实，《新快报》公信力大打折扣。2018 年 7 月 19 日，《鲁中晨报》报道称“淄博从未进过长春长生生产的疫苗”。事后有淄博网友在微博上晒出自己的孩子接种长春长生疫苗的疫苗本，《鲁中晨报》最终登报致歉。经此事件，该报的公信力也受到质疑。公信力丧失后，舆论引导、社会影响乃至发行传播等都会遭受重大损失。

总之，传播力、引导力、影响力和公信力互相关联、相互影响。只有四力得到提升，社会、经济方面的目标才有可能实现。提升四力，需要媒体不断提高报道水平，严守新闻职业伦理，积极承担社会责任，从而为其他经营目标的实现奠定坚实基础。

（二）媒介经营的战略目标

媒介经营的战略目标包括社会目标和经济目标。社会目标主要指提供信息、引导公众、监督企业和政府、传播知识、提供娱乐等。经济目标分为两个方面：针对整个社会的宏观经济目标和针对媒介自身的微观经济目标。

宏观经济目标强调新闻媒体通过经济信息的传递，促进商品销售、促进产业发展，新闻事业成为整个社会经济发展的重要神经系统。微观经济目标强调新闻单位也是经济组织，需要参与市场竞争获得经济利润。经济目标是由新闻媒介的经济属性决定的。

1.社会目标

（1）提供信息。新闻事业的基本职能就是及时迅速提供信息，满足读者对信息的需求，使读者通过对信息的掌握了解周边环境从而做出相应的决策。所以，提供信息是媒介组织的首要目标。近代报纸出现早期，刊载内容主要是船期、货价等实用性商业信息。随着新媒体的发展，新闻媒介生产的内容越来越广泛，拓展了新闻的外延。

（2）引导公众。引导公众主要表现在两个方面，一是对新闻舆论的引导，二是对公众思想观念行为的引导。就第一方面来看，新闻媒体通过对事实的报道，让公众了解事实真相，从而对舆论产生影响。此外，发布新闻评论也是新闻媒体引导公众的重要手段。遇到社会热点事件和影响重大的社会现象、社会问题时，需要新闻媒体以言论性文字直接表达观点、态度、看法和主张，从而对舆论实现引导。新闻评论是舆论引导的重要工具，是新闻媒体彰显影响力、引导力的重要手段。然而，从实际情况来看，越来越多的新闻媒体取消或者缩减评论板块，这将会对实现引导公众的经营目标的实现带来负面影响。就第二个方面来看，新闻媒体通过其报道活动激浊扬清、惩恶扬善，对公众的思想、行为、认知、态度产生影响。实现这一目标需要新闻媒体对有损社会公德、违法乱纪的行为进行曝光和批评，对弘扬社会正能量的人物、事件积极报道，引导读者树立并积极践行正确价值观。

（3）监督政府和企业。西方将新闻媒体称为“第四权力”“看门狗”，突出新闻媒体对社会监督之责，监督的主要对象是政府和企业。政府掌握公权力，不加以监督容易出现公权滥用等情况。企业以盈利为目标，不加以监督容易利润至上而不择手段。新闻媒体通过新闻报道将政府和企业的不法行为曝光，从而使相关行为得到纠正。媒体监督公权力机关，比较突出的就是对各类贪污受贿渎职等行为的报道。其中最典型的是2003年《南方都市报》对孙志刚事件的报道，《被收容者孙志刚之死》的报道引发一系列连锁反应，最终导致收容遣送制度的废止。新闻媒体对企业进行监督的例子更是不胜枚举，最具有代表性的是《东方早报》对三鹿问题奶粉的报道。2008年，《东方早报》发表记者简光洲的通讯作品《甘肃14名婴儿同患肾病疑因喝三鹿奶粉所致》。报道引发强烈反响，最终三鹿奶粉企业破产，相关责任人获刑。对政府和企业的监督，成为媒介组织承担社会责任的重要体现，也是媒介经营的重要社会目标。

2.经济目标

(1)传播经济信息，促进商品销售，带动经济发展。新闻媒介是经济信息的重要传播者。报刊以发行和广告获得收入，广告对扩大商品影响力和知名度、促进商品销售发挥了积极作用。1979年1月28日，上海电视台播出了中国第一条电视广告：参桂补酒广告。尽管定价昂贵，该酒在广告的刺激下取得了很好的销售效果。同时，新闻报道还通过传递经济政策，引导人们的经济活动，从而促进经济发展。例如，1978年，柳传志正是在《人民日报》上看到一条介绍如何养牛的报道，感受到社会形势的变化，从而萌生了自己创办企业的想法。

随着市场经济的深入发展，媒介对经济的作用日益突出，其中一个重要方面就是对消费主义的宣扬。学者孙玮在对都市报的研究中认为，都市报对于社会消费的积极作用包括传播消费信息、唤起民众的消费意识、维护消费者合法权益等。[①] 消费是拉动经济增长的三驾马车之一，新闻媒体对消费主义的宣扬，对于经济增长能发挥重要作用。同时也应看到，当下广告、新闻报道等对消费主义的过度宣扬也带来了过度消费、超前消费等问题。

(2)在市场竞争中获得利润。新闻媒介作为一个组织，其日常运转、人员工资等都需要支出，经济目标是新闻媒介得以生存的根本。对于国外的私营媒体来说，获得利润是媒介经营的首要目标。我国新闻改革以来，“事业单位性质，企业化管理”这一属性也强化了新闻媒介获得利润的重要性。过去传媒市场向好的时期，各媒体集团纷纷创办市场类子媒体，这些子媒体融入市场竞争，通过广告经营获得利润，部分利润上交给所属的媒体集团，成为媒体集团做大做强的重要基础。近年来，在互联网尤其是移动互联网的冲击下，新闻媒介的经营状况出现恶化，大量报纸停刊。

二、媒介产业经营的原则

媒介经营的原则主要包括两个方面：一是社会效益至上，二是采编经营分离。

---

① 孙玮：《现代中国的大众书写——都市报的生成、发展与转折》，复旦大学出版社2006年版，第215页。

（一）社会效益至上原则

新闻事业的社会效益强调新闻单位通过新闻报道给社会、民众、国家带来的实际效果和益处。新闻单位将社会效益至上作为经营管理的首要原则，是由新闻媒介的属性决定的。新闻单位具有很强的政治性和社会性，新闻报道能对社会风气、人们的思想观念和日常行为产生重要影响，如果处理不当极易带来道德滑坡、社会风气败坏的后果。追求社会效益是新闻媒介承担社会责任的体现。

社会效益和经济效益是辩证统一的。一方面，经济效益是社会效益的必要前提。经济效益好的媒体未必有好的社会效益，但经济效益差的媒体也很难实现良好的社会效益。如果一家新闻单位经济效益不好，则意味着传播力较差，即便有正能量的内容也难以对公众发挥作用。此外，经济效益不好，除非有源源不断的财政支持，否则可能要破产倒闭，社会效益更是无从谈起承担。

另一方面，新闻媒体要想获得良好的经济效益也离不开对社会效益的有效承担和维护。新闻媒体通过监督企业或政府、为弱势群体发声等能积累良好的媒体形象，从而获得传播力、影响力以及随之而来的广告效益。

当然，新闻媒介经济效益和社会效益分离的情况也时有发生。例如，美国历史上的黄色新闻潮以及当前的一些低俗、炒作的新闻媒体。这进一步凸显了坚持社会效益至上原则的重要性，也是需要国家有关部门、相关行业组织着力的地方。

（二）采编经营分离原则

采编经营分离，强调在新闻媒体的采编部门和广告经营部门之间设立一道防火墙，以防止广告经营对新闻采编活动的干扰和介入，最大限度地保障新闻报道的客观、全面和平衡。在国外，采编经营分离被新闻行业组织和新闻媒体奉为圭臬。1996 年，美国职业新闻工作者协会的《伦理规范》要求新闻与广告应分开，避免广告新闻。[①] 在我国，这一原则也被视为一个基本的新闻伦理，得到有关部门的确认。

目前，在新媒体环境下，采编经营分离原则受到了一定程度的冲击。近

① 辜晓进：《走进美国大报》，南方日报出版社 2002 年版，第 315 页。

年来，面对经营状况的持续恶化，新闻媒体经营的一个重要变化是就是采取打通采编和经营的“事业部制”。所谓“事业部制”，就是媒体将传统的广告部裁撤，将广告经营人员和新闻生产部门一起组建新的事业部，如汽车事业部、房产事业部、医疗事业部、教育事业部、旅游事业部等。这些事业部既有负责广告经营的业务人员，也有负责新闻采编的记者和编辑，彼此配合为广告客户服务。在具体的服务方式上，也从过去的刊发广告变为策划活动、舆情服务等多种方式。2014 年，传媒学者张志安指出：“过去这一年，不少报社的转型采取最主要的一招就是‘事业部制’，这种转型策略背后的逻辑是把采编部门和经营部门彻底打通，实际上整个编辑部门开始为广告和客户服务——原来强调的专业伦理正在消失。”①

事业部制客观上拓宽了媒体单位的盈利来源，对于应对纸媒寒冬产生了一定作用。然而，打通采编经营的事业部制也遭到诸多诟病。其中一点是这种做法违反国家相关政策和规章。早在 20 世纪 90 年代中国推进文化体制改革、试水传媒市场化时期就出台了《关于禁止有偿新闻的若干规定》，该规定第 8 条要求“新闻报道与广告必须严格区别，新闻报道不得收取任何费用，不得以新闻报道形式为企业或产品做广告。凡收取费用的专版、专刊、专页、专栏、节目等，均属广告，必须有广告标识，与其他非广告信息相区别”。第 10 条要求“新闻报道与经营活动必须严格分开。新闻单位应由专职人员从事广告等经营业务，不得向编采部门下达经营创收任务。记者、编辑不得从事广告和其他经营活动”②。在此后的报业集团化探索中又出台了《关于新闻采编人员从业管理的规定》等，该规定第八条重申：“要严格实行新闻报道与经营活动相分开的规定。不得以记者、编辑、审稿人、制片人、主持人、播音员等身份拉广告，不得以新闻报道换取广告，不得以新闻形式变相播发广告内容，不得为经营牟利操纵新闻报道。”

尽管采编经营分离以文件的形式从制度层面上予以确认，但在日常实践中却并非完全没有争议。研究者对采编经营分离主要持两种观点，一种观点认为采编经营分开必须严格坚持、贯彻，持这一观点的主要是学界背景的学者，以新闻法制专家魏永征为代表。他认为：“采编和经营混同是造成新闻腐败的最大漏洞。也可以说，采编和经营不分本身就是一种新闻腐

① 张志安：《2024：新闻业和新闻生产》，《传媒评论》2014 年第 3 期。

② 《关于禁止有偿新闻的若干规定》，《党建》1997 年第 2 期。

败。”[①]另一种观点强调采编和经营是媒体价值链上的两个环节，二者彻底断裂，传媒将无法运转，持这一观点的主要是业界背景的学者。如范以锦认为：“在体制和机制的创新中实行‘两分开’时，决不能将生产产品完整过程的产业链条割断。”[②]目前来看，事业部制已经被大量新闻媒体采用，确实在一定程度上改善了经营状况，有关部门似乎也默认了媒体的这一做法。对于媒介改革过程中出现的新现象、新问题应该如何处理，也成为我国媒介管理的新命题。

第四节　我国媒介产业发展的机遇与挑战

据第47次《中国互联网络发展状况统计报告》，截至2020年12月我国网民规模为9.89亿，手机网民规模为9.86亿。[③] 互联网和移动互联网已经渗透进国人日常生活的方方面面。微博、微信、短视频、新闻资讯客户端等极大地分散了人们的注意力，传统媒体面临受众流失、传播力下滑、影响力减弱等困境。不仅如此，随着人工智能、5G、VR、AR等技术的演进和普及，媒介产业将迎来更大的变化。在经历过阵痛后，各新闻机构都积极开展媒介融合探索。新的传播环境给媒介产业发展带来机遇，同时也形成重大挑战。新闻媒体应适应发展趋势，抓住机遇才能迎难而上、应对挑战。

一、我国媒介产业发展面临的机遇

（一）技术进步为媒介产业发展提供无限可能性

1.新闻呈现上，全媒体提高新闻传播效能

技术进步的一个重要表现就是使用门槛降低、便利化水平提升，过去需要一辆新闻直播车才能完成的工作，现在仅仅需要一部手机就可以实现。技术的进步促进了媒介融合的有效实现。专业新闻机构有经验丰富的新闻采编人员，有严格的新闻生产流程，有体系化的新闻策划环节。他们能发挥

---

① 魏永征：《必须坚持采编和经营两分开的制度》，《中国新闻出版报》2015年3月3日。

② 范以锦：《“分开”，分而不断“联动”，联而不乱——南方报业创建采编与经营两分开机制初探》，《新闻战线》2005年第10期。

③ 参见中国互联网络信息中心：《中国互联网络发展状况统计报告》（第47次），2021年2月3日，http://www.cac.gov.cn/2021-02/03/c-1613923423079314.htm。

自身优势，利用技术带来的便利化条件，实现新闻生产、编辑、传播手段的更新。这对于新闻媒体扩大影响力和传播力、提升引导力和公信力具有重要作用。

例如，短视频新闻已经成为新闻呈现的重要方式。2019年封面新闻推出的短视频新闻产品《全乡村民化身'爬山侠'守护雪山！村民跋涉5000米高山捡垃圾》，记录了贡嘎雪山上一群村民自发组织上山拾捡垃圾这一事件。记者用跟踪式采访拍摄方式，见证了他们清运垃圾的整个过程。如果没有短视频这种报道形态和便利的拍摄设备，村民们的行为很难得到如此完整的呈现。又如，2019年10月，人民日报客户端推出的H5产品《复兴大道70号》，利用声效、换脸等多种技术手段，带给用户全维度、沉浸式使用体验，获得非常好的传播效果。

技术进步为新闻呈现方式提供了无限可能，也为媒介产业发展开拓了广阔空间。可以想象，在不远的将来，随着5G的普及，新闻呈现方式将更加多元，传播效果将进一步提升。

2.媒介经营上，多种经营方式拓展盈利空间

新媒体的发展对“二次销售”的经营模式带来冲击，同时也倒逼新闻媒体探索新的盈利方式，内容付费、电商直播等给新闻媒介经营提供了多种可能性。

(1)内容付费。近年来，互联网知识付费、音乐付费等内容售卖形式不断发展，网民为内容付费的意愿和习惯正在形成。欧美国家报纸、期刊的付费墙探索已走在前列，为我国媒体提供了很好的借鉴。2011年3月，《纽约时报》开始对网络版读者收费。《纽约时报》付费墙采用“计量收费”的办法，在线读者可以免费阅读数篇新闻，若想继续阅读则需要支付费用。在《纽约时报》实施付费墙模式之后的两年，其数字订阅收入首次超过广告收入。[①] 国内媒体网络付费墙探索以财新传媒和南方周末的探索较为典型。国际期刊联盟(FIPP)《2020 Q3全球数字订阅报告》显示，截至2020年上半年，财新付费订阅用户突破51万，名列全球第10位，每年用户付费阅读的收入或超过两亿元。内容付费成为媒介单位经营的一个新的机遇，但在目前的局面下，中国有付费意愿的用户占比较低，实行内容付费需要媒体持续产出优质内容，对媒体的专业性要求极高。

---

① 参见叶珂、贺咏柳：《付费墙模式为〈纽约时报〉蹚出新路》，《中国报业》2019年2月1日。

(2)电商直播。近年来,电商直播蓬勃发展,单场直播的成交额不断刷新,直播带货成为网络新风口。新闻机构也开始尝试直播带货这种新型经营方式。电商直播对于传统新闻媒体来说主要有两种方式:一是媒体主播直接出镜带货。这种方式电视台多有尝试,如康辉、朱广权、欧阳夏丹等多次出现在直播间里与用户分享好物。二是政府官员也频频出现在直播间为地方特色产品代言。不少媒体单位利用自身技术优势,为政府、企业等的直播活动提供技术服务,包括现场录制、制作视频、前期宣传等。

(3)媒体服务。随着移动互联网的深入发展和5G等技术的普及,万物皆媒的时代已经到来。企业、政府机构等都开设微信、微博、抖音等媒体账号,除了自己招聘运营人员外,大量机构将自己的媒体账号外包,而新闻媒体单位成为承载这些外包服务最合适的人选。除此之外,各媒体也纷纷开展舆情监控、智库服务、舆情处理服务等。提供媒体服务也成为新闻媒体在经营方面的重要机遇。

(二)政策支持媒介产业发展提供多重机遇

近年来,面对复杂的舆论环境,政府对新闻舆论宣传日益重视,高层领导人在不同场合多次对新闻舆论宣传工作提出要求、做出部署,如2013年召开的全国宣传思想工作会议、2016召开党的新闻舆论工作座谈会以及网络安全和信息化工作座谈会等。

1.媒介融合上升为国家战略

2013年11月,党的十八届三中全会通过的《中共中央关于全面深化改革若干重大问题的决定》提出“整合新闻媒体资源,推动传统媒体和新兴媒体融合发展”,“媒体融合发展”获得中央高层重视。2014年8月18日,习近平总书记主持召开中央全面深化改革领导小组第四次会议,审议通过《关于推动传统媒体和新兴媒体融合发展的指导意见》,这成为媒介融合的纲领性文件。2016年,传统媒体与新兴媒体融合发展写进政府工作报告。在中央的高度重视和积极推进下,媒介融合成为各级媒体着力探索的方向,产生了诸如《人民日报》“中央厨房”、澎湃新闻等代表性媒介融合产品,具有良好的示范效应。

2.县级融媒体中心建设全面推进

2018年8月,习近平总书记在全国宣传思想工作会议上发表重要讲话,指出“要扎实抓好县级融媒体中心建设,更好引导群众、服务群众”,建设县级融媒体中心成为国家着力推进的重大战略。同年9月，中宣部召开县级融媒体中心建设现场推进会，县级融媒体中心的建设路径逐渐清晰。11月召开的中央全面深化改革委员会第五次会议审议通过了《关于加强县级融媒体中心建设的意见》，明确了县级融媒体中心建设的基本思路。2019年以来，中宣部和国家广电总局联合发布《县级融媒体中心建设规范》《县级融媒体中心省级技术平台规范要求》等文件，县级融媒体中心建设有了具体规范。县级融媒体中心是解决基层新闻宣传"最后一公里"难题的重要依托，县级融媒体中心的推进部署为媒体单位拓展经营空间提供了契机，省级广电的技术服务、市级媒体的人力输出等都成为新闻媒体经营方面的重要机遇。

3.地方各级宣传部门积极投入

近年来，地方各级政府也极为重视网络宣传平台建设，上海蹚出的澎湃新闻模式引发众多城市效仿。在实践过程中，地方各级宣传部门通过资金支持等方式推动新闻媒体产业向前发展，如武汉市打造九派新闻、青岛市支持观海新闻等。

二、我国媒介产业发展面临的挑战

(一)观念保守妨碍媒介融合实践

新闻媒介拥抱新媒体实现融合发展，首先需要观念的融合。观念保守成为媒介融合实践的重大阻力，主要表现在以下几个方面：一是受众观，二是媒介观，三人才观，四是新闻观。

受众观强调新闻从业者要重新认识受众。过去原子化的、匿名的、被动的受众已经变为主动性强、交互性强、表达欲强的用户。用户是在使用新闻媒介产品，而不仅仅是接收内容。媒介观是指对什么是媒介的根本看法。随着人工智能、5G、物联网等技术的持续深入发展，我们已经进入"万物皆媒"的时代，媒介早就不限于报纸广播电视，手机、互联网等在一定程度上沦为旧媒介。人才观强调在招聘和培养新闻人才时应该从全媒体的角度出发，着重发掘和培养掌握新媒体传播规律、擅长操作视频、直播等新工具的人才。就新闻观来说，近百年来，新闻的边界处于不断扩大的过程中，曾经不被视为新闻的娱乐、体育资讯等都被纳入新闻的范畴。随着媒体融合的不断推进，新闻的边界还在持续扩大。例如，越来越多不具备时效性、动态性的知识类内容被新闻机构生产发布，这些内容往往能产生良好的传播效果。这些媒介融合的现实，要求新闻从业人员尤其是新闻媒体管理者打破陈旧观念，这样才能在媒介融合的道路上不断迈开步伐。

（二）体制僵化限制改革创新探索

在新媒体不断发展的背景下，新闻媒介体制上的限制越来越明显。从具体实操来看，主要有以下几个方面的限制。一是人员编制和薪酬安排。新闻机构在人员招聘上往往受到一定限制，也无法给出有竞争力的薪酬，致使优秀记者编辑不断流失。二是报道尺度上的限制。新闻媒介受到宣传部门的严格管理，刊发监督性稿件、批评性稿件时会受到一定限制。而这些稿件恰恰能引发读者转发，形成传播力和影响力。三是投融资体制的限制。新闻媒介作为国家宣传机器，在吸引商业投资方面有着严格的限制。然而，在新媒体环境下，吸引投资对于新闻产业发展意义重大。商业资本进入上的限制，成为阻碍新闻单位扩大规模、改进技术、采购设备等的不利因素。

（三）技术落后造成市场竞争劣势

随着人工智能、大数据、算法推荐等技术的不断进步和深度应用，技术已经成为驱动新闻媒体发展的关键力量。技术为新闻传播带来更多可能，人工智能主播、机器写稿、虚拟现实直播等已经形成广泛应用前景。从技术来看，互联网公司、科技巨头等成为传媒技术的主要垄断者，新闻媒体在技术方面的探索相对落后。当5G时代真正到来，技术的重要性将日渐凸显，新闻媒体如何充分利用技术红利，提高新闻传播效能，是一个值得思考的问题。

推荐阅读

1.支庭荣：《媒介管理》，暨南大学出版社2009年版。

2.胡正荣：《媒介管理研究》，北京广播学院出版社2000年版。

3.［美］艾莉森·亚历山大等编：《媒介经济学：理论与实践》，丁汉青译，中国人民大学出版社2008年版。

思考题

1.试述西方国家对新闻产业的管理方式及其体现出的西方新闻自由的虚假性。

2.新媒体环境下,应该如何应对媒介管理原则遭受的冲击?

3.我国新闻媒介产业发展面临哪些挑战?应该如何应对这些挑战?

参考文献

一、著作

1.《马克思恩格斯全集》第 1 卷，人民出版社 1995 年版。

2.《马克思恩格斯全集》第 2 卷，人民出版社 2009 年版。

3.《马克思恩格斯全集》第 6 卷，人民出版社 1961 年版。

4.《马克思恩格斯全集》第 10 卷，人民出版社 2009 年版。

5.《马克思恩格斯全集》第 16 卷，人民出版社 1957 年版。

6.《马克思恩格斯全集》第 38 卷，人民出版社 2020 年版。

7.《马克思主义新闻观十二讲》编写组编：《马克思主义新闻观十二讲》，高等教育出版社 2019 年版。

8.《列宁全集》第 11 卷，人民出版社 2007 年版。

9.《毛泽东文集》第 2 卷，人民出版社 1993 年版。

10.《毛泽东选集》第 4 卷，人民出版社 1991 年版。

11.《邓小平文选》第 1 卷，人民出版社 1994 年版。

12.《邓小平文选》第 2 卷，人民出版社 1994 年版。

13.《邓小平文选》第 3 卷，人民出版社 1993 年版。

14.习近平：《干在实处　走在前列——推进浙江新发展的思考与实践》，中共中央党校出版社 2006 年版。

15.习近平：《决胜全面建成小康社会　夺取新时代中国特色社会主义伟大胜利——在中国共产党第十九次全国代表大会上的报告》，人民出版社 2017 年版。

16.习近平：《论党的宣传思想工作》，中央文献出版社 2020 年版。

17.习近平:《习近平谈治国理政》,外文出版社 2014 年版。

18.《新闻学概论》编写组编:《新闻学概论》,高等教育出版社 2020 年版。

19.白传之、闫欢:《媒介教育论:起源、理论与应用》,中国传媒大学出版社 2008 年版。

20.陈力丹:《世界新闻传播史》,上海交通大学出版社 2002 年版。

21.陈绚、王恩文:《新闻传播与媒介法治年度研究报告(2018—2019)》,中国人民大学出版社 2021 年版。

22.程曼丽、乔云霞主编:《新闻传播学辞典》,新华出版社 2012 年版。

23.丁柏铨:《新闻理论新探》,新华出版社 1999 年版。

24.樊荣编著:《H5 交互融媒体作品创作》,中国人民大学出版社 2020 年版。

25.方汉奇主编:《中国新闻事业通史》第 3 卷,中国人民大学出版社 1999 年版。

26.甘惜分:《新闻理论基础》,中国人民大学出版社 1982 年版。

27.辜晓进:《走进美国大报》,南方日报出版社 2002 年版。

28.顾理平:《新闻侵权与法律责任》,中国广播电视出版社 2001 年版。

29.侯建:《表达自由的法理》,上海三联书店 2007 年版。

30.姜椿芳、梅益主编:《中国大百科全书》(新闻出版卷),中国大百科全书出版社 1990 年版。

31.蒋晓丽、侯雄飞等:《舆擎中国——新形势下舆论引导力提升方略研究》,中国社会科学出版社 2013 年版。

32.雷跃捷、薛宝琴等:《舆论引导新论》,社会科学文献出版社 2018 年版。

33.李广智、李培元、贾宏图主编:《舆论学通论》,黑龙江教育出版社 1989 年版。

34.李良荣、高冠钢等编著:《宣传学导论》,福建人民出版社 1989 年版。

35.李良荣:《新闻学概论》,复旦大学出版社 2021 年版。

36.刘建明:《新闻学前沿——新闻学关注的 11 个焦点》,清华大学出版社 2005 年版。

37.刘建明编著:《当代新闻学原理》,清华大学出版社 2003 年版。

38.刘建明等:《新闻学概论》,中国传媒大学出版社 2017 年版。

39.陆晔等:《媒介素养:理念、认知、参与》,经济科学出版社 2010 年版。

40.骆正林:《新闻理论教程》,北京大学出版社 2010 年版。

41.邵华泽主编:《马克思主义新闻观及其在当代中国的运用和发展》,人民出版社 2009 年版。

42.沈固朝:《欧洲书报检查制度的兴衰》,南京大学出版社 1999 年版。

43.孙玮:《现代中国的大众书写——都市报的生成、发展与转折》,复旦大学出版社 2006 年版。

44.孙旭培:《新闻学新论》,当代中国出版社 1994 年版。

45.孙旭培主编:《新闻侵权与诉讼》,人民日报出版社 1994 年版。

46.童兵:《理论新闻传播学导论》,中国人民大学出版社 2000 年版。

47.王灿发主编:《新闻舆论学基础教程》,中国广播电视出版社 2018 年版。

48.王军编著:《传媒法规与伦理》,中国传媒大学出版社 2010 年版。

49.王中:《王中文集》,复旦大学出版社 2004 年版。

50.王中义:《记者传播模式论》,新华出版社 1996 年版。

51.魏学宏等:《传媒与受众:传媒多样化下的舆论能力提升与受众生态环境》,甘肃文化出版社 2012 年版。

52.魏永征:《新闻传播法教程》,中国人民大学出版社 2006 年版。

53.魏永征:《中国新闻传播法纲要》,上海社会科学院出版社 1999 年版。

54.吴廷俊:《马列新闻活动与新闻思想史》,华中理工大学出版社 1992 年版。

55.新华通讯社课题组编:《习近平新闻舆论思想要论》,新华出版社 2017 年版。

56.徐宝璜:《新闻学》,中国人民大学出版社 1994 年版。

57.徐耀魁:《西方新闻理论评析》,新华出版社 1998 年版

58.许静:《舆论学概论》,北京大学出版社 2009 年版。

59.杨保军:《新闻理论教程》,中国人民大学出版社 2019 年版。

60.杨保军:《新闻真实论》,中国人民大学出版社 2006 年版。

61.喻国明、刘夏阳:《中国民意研究》,中国人民大学出版社 2003 年版。

62.张光杰主编:《中国法律概论》,复旦大学出版社 2005 年版。

63.张澧生:《社会组织治理研究》,北京理工大学出版社 2015 年版。

64.张穗华主编:《媒介的变迁》,中国对外翻译出版公司 2002 年版。

65.赵振宇:《新闻报道策划》,武汉大学出版社 2008 年版。

66.郑邦俊主编:《宣传学概论》,辽宁大学出版社 1987 年版。

67.郑保卫:《新闻理论教程》,北京师范大学出版社 2012 年版。

68.郑保卫:《新闻学导论》,新华出版社 1990 年版。

69.中共中央文献研究室、新华通讯社编:《毛泽东新闻工作文选》,新华出版社 2014 年版。

70.中共中央文献研究室编:《邓小平关于建设有中国特色社会主义的论述专题摘编》,中央文献出版社 1992 年版。

71.中共中央文献研究室编:《十三大以来重要文献选编》(中),人民出版社 1991 年版。

72.中共中央文献研究室编:《习近平关于全面建成小康社会论述摘编》,中央文献出版社 2016 年版。

73.中共中央文献研究室编:《习近平总书记重要讲话文章选编》,中央文献出版社、党建读物出版社 2016 年版。

74.中共中央文献研究室、新华通讯社编:《毛泽东新闻工作文选》,新华出版社 2014 年版。

75.中共中央宣传部新闻局编:《习近平总书记党的新闻舆论工作座谈会重要讲话精神学习辅助材料》,学习出版社 2016 年版。

76.中国社会科学院新闻研究所、中国新闻学会联合会编:《中国新闻年鉴(1990)》,中国社会科学出版社 1990 年版。

77.中国社会科学院新闻研究所编:《中国共产党新闻工作文件汇编》下卷,新华出版社 1980 年版。

78.周俊:《新闻失范论》,人民日报出版社 2014 年版。

79.朱金城:《白居易集笺校》第六册,上海古籍出版社 1988 年版。

80.(宋)孟元老等:《东京梦华录　都城纪胜　西湖老人繁胜录　梦粱录　武林旧事》,中国商业出版社 1982 年版。

81.[奥]斯蒂芬·茨威格:《昨日的世界——一个欧洲人的回忆》,舒昌善等译,生活·读书·新知三联书店 1991 年版。

82.[德]汉斯-约阿希姆·诺伊鲍尔:《谣言女神》,顾牧译,中信出版社 2004 年版。

83.[法]皮埃尔·阿尔贝、[法]费尔南·泰鲁:《世界新闻简史》,许崇山等译,中国新闻出版社 1985 年版。

84.[法]贝尔纳·瓦耶纳:《当代新闻学》,丁雪英、连燕堂译,新华出版社 1986 年版。

85.[法]卡普费雷:《谣言》,郑若麟、边芹译,上海人民出版社 1991 年版。

86.[古希腊]柏拉图:《理想国》,郭斌和、张竹明译,商务印书馆 1994 年版。

87.[荷]斯宾诺莎:《斯宾诺莎读本》,洪汉鼎译,中央编译出版社 2007 年版。

88.[加]赫伯特·马歇尔·麦克卢汉:《理解媒介:论人的延伸》,何道宽译,商务印书馆 2000 年版。

89.[美]E.阿伦森:《社会性动物》,邢占军译,华东师范大学出版社 2017 年版。

90.[美]阿尔文·托夫勒:《未来的冲击》,孟广均等译,新华出版社 1996 年版。

91.[美]爱德华·L.伯内斯:《宣传》,胡百精、董晨宇译,中国传媒大学出版社 2014 年版。

92.[美]比尔·科瓦齐、[美]汤姆·罗森斯蒂尔:《新闻的十大基本原则:新闻从业者须知和公众的期待》,刘海龙、连晓东译,北京大学出版社 2011 年版。

93.[美]比尔·科瓦奇、[美]汤姆·罗森斯蒂尔:《真相:信息超载时代如何知道该相信什么》,陆佳怡、孙志刚译,中国人民大学出版社 2014 年版。

94.[美]弗雷德里克·S.西伯特等:《传媒的四种理论》,戴鑫译,中国人民大学出版社 2008 年版。

95.[美]哈罗德·D.拉斯韦尔:《世界大战中的宣传技巧》,张洁、田青译,中国人民大学出版社 2003 年版。

96.[美]卡斯珀·约斯特:《新闻学原理》,王海译,中国传媒大学出版社 2015 年版。

97.[美]克利福德·G.克里斯蒂安等:《媒介公正:道德伦理问题真的不证自明吗?》,蔡文美等译,华夏出版社 2000 年版。

98.[美]理查德·桑内特:《公共人的衰落》,李继宏译,上海译文出版社 2014 年版。

99.[美]利昂·纳尔逊·弗林特:《报纸的良知——新闻事业的原则和问题案例讲义》,萧严译,中国人民大学出版社 2005 年版。

100.[美]罗伯特·K.默顿:《社会理论和社会结构》,唐少杰、齐心等译,译林出版社 2015 年版。

101.[美]梅尔文·门彻:《新闻报道与写作》,展江主译,华夏出版社 2004 年版。

102.[美]米切尔·斯蒂芬斯:《新闻的历史》,陈继静译,北京大学出版社 2014 年版。

103.[美]尼古拉·尼葛洛庞帝:《数字化生存》,胡泳、范海燕译,海南出版社 1997。

104.[美]乔根森、[美]哈尼奇编著:《当代新闻学核心》,张小娅译,清华大学出版社 2014 年版。

105.[美]托马斯·杰斐逊:《杰斐逊选集》,朱曾汶译,商务印书馆 1999 年版。

106.[美]韦尔伯·施拉姆:《大众传播媒介与社会发展》,金燕宁等译,华夏出版社 1990 年版。

107.[美]沃尔特·李普曼:《公共舆论》,阎克文、江红译,上海世纪出版集团 2006 年版。

108.[美]新闻自由委员会:《一个自由而负责的新闻界》,展江等译,中国人民大学出版社 2004 年版。

109.[英]丹尼斯·麦奎尔:《受众分析》,刘燕南等译,中国人民大学出版社 2006 年版。

110.[英]密尔顿:《论出版自由》,吴之椿译,商务印书馆 1958 年版。

111.[英]詹姆斯·密尔:《论出版自由》,吴小坤译,上海交通大学出版社 2008 年版。

二、期刊论文

1.崔欣、许加彪:《美国法律框架与新闻自由的冲突与平衡》,《新闻知识》2018 年第 11 期。

2.蔡雯:《从面向“受众”到面对“用户”——试论传媒业态变化对新闻编辑的影响》,《国际新闻界》2011 年第 5 期。

3.陈力丹:《我国传媒职业意识缺失的现状及解决的对策》,《现代传播》2005 年第 4 期。

4.丁柏铨:《略论宣传兼及新闻与它的关系》,《新闻爱好者》2015 年第 5 期。

5.丁柏铨:《新闻舆论引导与新闻规律》,《新闻记者》1997 年第 9 期。

6.董广安:《穆青的舆论监督和舆论引导观》,《新闻战线》2006 年第 4 期。

7.董天策:《网络媒体在新闻价值取向上的变化》,《现代传播》2004 年第 6 期。

8.高蕊:《浅谈融媒体时代主流媒体的新闻宣传策划》,《数字传媒研究》2021 年第 3 期。

9.黄燕:《中国对外传播:从单向传播到多向传播》,《对外传播》2018 年第 11 期。

10.李瑞环:《坚持正面宣传为主的方针:在新闻工作研讨班上的讲话》,《求是》1990 年第 5 期。

11.李贞芳、韦路:《影响新闻工作者新闻价值框架形成的因素》,《国际新闻界》2007 年第 4 期。

12.李良荣、张春华:《论知情权与表达权——兼论中国新一轮新闻改革》,《现代传播》2008 年第 4 期。

13.刘海龙:《西方宣传概念的变迁:从旧宣传到新宣传》,《国际新闻界》2007 年第 9 期。

14.陆定一:《新闻必须完全真实》,《新闻战线》1982 年第 12 期。

15.罗彬:《国外公共媒介管理制度借鉴研究》,《新闻爱好者》2015 年第 4 期。

16.明安香:《美国新闻传媒与政府的关系剖析》,《社会科学管理与评论》2005 年第 1 期。

17.史安斌、杨云康:《后真相时代政治传播的理论重建和路径重构》,《国际新闻界》2017 年第 9 期。

18.王中:《论新闻》,《新闻大学》1982 年第 1 期。

19.吴飞、林敏:《政府的节制与媒体的自律——英国传媒管制特色初探》,《浙江大学学报》(人文社会科学版)2005 年第 2 期。

20.徐徐:《试析"网络问政"所折射的政府、媒体、公众关系》,《新闻记者》

2009 年第 10 期。

21.徐迅:《以自律换取自由》,《国际新闻界》1999 年第 5 期。

22.杨保军:《“共”时代的开创——试论新闻传播主体“三元”类型结构形成的新闻学意义》,《新闻记者》2013 年第 12 期。

23.杨保军:《论新媒介环境中新闻报道真实的实现》,《编辑之友》2017 年第 4 期。

24.杨保军:《新媒介环境下新闻真实论视野中的几个新问题》,《新闻记者》2014 年第 10 期。

25.杨保军:《新闻真实的特点分析》,《山东视听》2005 年第 3 期。

26.杨保军:《“新闻主体论”论纲》,《国际新闻界》2016 年第 1 期。

27.易艳刚:《“后真相时代”新闻价值的标准之变——以“罗尔事件”为例》,《青年记者》2017 年第 4 期。

28.张艳梅、安平:《西方发达国家政府舆论宣传管理措施述论》,《中州学刊》2009 年第 7 期。

29.张志安:《2024:新闻业和新闻生产》,《传媒评论》2014 年第 3 期。

30.张昱辰:《理解“用户”:受众研究的拓展与创新》,《青年记者》2019 年第 33 期。

31.《关于禁止有偿新闻的若干规定》,《党建》1997 年第 2 期。

32.童兵:《新闻舆论监督的主体解析》,《新闻爱好者》2008 年第 3 期。

33.梁小建:《媒介融合中提升主流媒体舆论引导能力的思考》,《中国出版》2011 年第 16 期。

34.魏永征:《传统传播形态的颠覆和新闻传播法的架构——写于〈新闻传播法教程〉第六版出版之际》,《青年记者》2019 年第 9 期。

35. 周葆华、陆晔:《从媒介使用到媒介参与:中国公众媒介素养的基本现状》,《新闻大学》2008 年第 4 期。

36.路鹏程、骆杲、王敏晨、付三军:《我国中部城乡青少年媒介素养比较研究——以湖北省武汉市、红安县两地为例》,《新闻与传播研究》2007 年第 3 期。

37.楚亚杰、唐榕蔚:《社会化媒体时代的媒介素养与跨文化适应》,《新闻界》2020 年第 11 期。

38.隋岩:《群体传播时代:信息生产方式的变革与影响》,《中国社会科学》2018 年第 11 期。

39.潘忠党:《新闻改革与新闻体制的改造——我国新闻改革实践的传播社会学之探讨》,《新闻与传播研究》1997 年第 3 期。

40.沈正赋:《新媒体时代新闻舆论传播力、引导力、影响力和公信力的重构》,《现代传播》2016 年第 5 期。

41.范以锦:《"分开",分而不断"联动",联而不乱——南方报业创建采编与经营两分开机制初探》,《新闻战线》2005 年第 10 期。

三、报纸

1.《习近平致信祝贺中国国际电视台(中国环球电视网)开播》,《人民日报》2017 年 1 月 1 日。

2.崔海教:《深刻把握正面引导与舆论监督的辩证统一:学习贯彻习近平同志在党的新闻舆论工作座谈会上重要讲话精神》,《人民日报》2016 年 4 月 19 日。

3.梁启超:《论报馆有益于国事》,《时务报》1896 年创刊号。

4.彭伟步:《平衡性报道是必须坚守的原则》,《时代周报》2009 年 5 月 8 日。

5.魏永征:《必须坚持采编和经营两分开的制度》,《中国新闻出版报》2015 年 3 月 3 日。

6.俞文:《完善坚持正确导向的舆论引导工作机制》,《光明日报》2019 年 12 月 11 日。

7.叶珂、贺咏柳:《付费墙模式为〈纽约时报〉蹚出新路》,《中国报业》2019 年 2 月 1 日。

四、电子文献

1.江泽民:《舆论导向正确是党和人民之福》,2008 年 10 月 6 日,http://www.71.cn/2008/1006/507610.shtml。

2.《中华人民共和国行政处罚法》,2021 年 1 月 23 日,https://baijiahao.baidu.com/s? id=1689603503770539507&wfr=spider&for=pc。

3.《2013 年以来全国 200 余家报刊因违规被查处》,2014 年 4 月 22 日,http://www.gov.cn/govweb/xinwen/2014-04/22/content_2664392.htm。

4.习近平:《坚持正确方向创新方法手段 提高新闻舆论传播力引导力》,2016 年 2 月 19 日,http://www.xinhuanet.com//politics/2016-02/19/

c_1118102868.htm。

5.《习近平在党的新闻舆论工作座谈会上强调:坚持正确方向 创新方法手段 提高新闻舆论传播力引导力》,2016 年 2 月 19 日,http://tv.cctv.com/2016/02/19/VIDEvTv4Too4tzsiVfntaMdq160219.shtml。

6.国家新闻出版署:《出版管理条例》,2017 年 12 月 26 日,https://www.nppa.gov.cn/nppa/contents/309/5966.shtml。

后 记

本书是在马克思主义新闻观指导下,吸收国内外相关新闻理论研究成果,结合中国国情与传媒业界的新实践、新探索编著而成,真诚希望本书能对学生系统学习新闻理论知识提供帮助。

本书由戴俊潭统筹,会同王淑芹、杜明艳制定全书的编写体例和框架,并全面组织了编写工作。本书得到了来自山东大学、青岛大学、烟台大学、临沂大学等同仁的大力支持与帮助。王淑芹、王殿英、杜明艳、李燕燕、高存玲参与了本书编写工作,具体分工如下:第一、三、四章由烟台大学王殿英撰写,第二、五章由临沂大学杜明艳撰写,第六、七章由烟台大学李燕燕撰写,第八、九、十章由临沂大学王淑芹撰写,第十一、十二章由青岛大学高存玲撰写。最后由戴俊潭、王淑芹对全书内容进行统稿、修改。

本书在编写过程中还得到了山东省新闻传播学类专业教学指导委员会专家学者和山东大学出版社编辑老师的全程指导和大力支持。教育部高等学校新闻传播学类专业教学指导委员会副主任林如鹏、张涛甫、强月新等教授,委员张举玺、刘明洋、黎明洁等教授对本书框架、内容等提出了宝贵意见,在此一并表示诚挚的谢意。

由于编者学识与能力所限,本书的不足之处在所难免,恳请读者批评指正。

编　者

2021 年 8 月